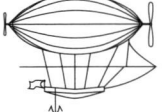

# Vorbild und Vorurteil

Lesbische
Spitzensportlerinnen
erzählen

Corinne Rufli
Marianne Meier
Monika Hofmann
Seraina Degen
Jeannine Borer

HIER UND JETZT

# Inhalt

| | |
|---|---|
| Auftakt von Sarah Akanji | 7 |
| Vorwort der Autorinnen | 9 |
| Über lesbische Heldinnen im Spitzensport, Marianne Meier | 11 |
| Katharina Sutter, Bob | 29 |
| Lara Dickenmann, Fussball | 39 |
| Christa Wittwer, Speerwurf | 47 |
| Sabina Hafner, Bob | 55 |
| Rosmarie Oldani, Handball | 65 |
| Tyna Fritschy, OL | 73 |
| Nathalie Schneitter, MTB Cross-Country | 83 |
| Monika Bühlmann, Turniertanz | 91 |
| Martina Aeschlimann, Ski Alpin | 101 |
| Evelyne Tschopp, Judo | 111 |
| Tatjana Haenni, Fussball | 119 |
| Eveline Lehner, Kickboxen | 127 |
| Emilie Siegenthaler, MTB Downhill | 137 |
| Maja Neuenschwander, Marathon | 145 |
| Ruth Meyer, Volleyball | 153 |
| Nora Häuptle, Fussball | 161 |
| Jasmin Hauck / Cecilia Wretemark, Tanz | 169 |
| Jacqueline Blatter, Handball | 183 |
| Ramona Bachmann, Fussball | 191 |
| Marianne Rossi, Triathlon | 199 |
| Barbara Ganz, Radsport | 207 |
| Tanya Ertürk, Unihockey | 215 |
| Renata Bucher, Cross-Triathlon | 223 |
| Bettina Schelker, Boxen | 231 |
| Isabel Jud / Simona Meiler / Carla Somaini, Snowboard | 239 |
| Nachwort von Patricia Purtschert | 261 |
| Autorinnen und Fotografin | 266 |
| Abbildungsverzeichnis | 269 |
| Dank | 270 |

# Vom Wert der Vorbilder

Sarah Akanji

Fussball sei ein Männersport, wurde mir als Kind immer gesagt. Obwohl sich mir nie ganz erschlossen hat, was den Sport «männlich» macht. Ich wusste schon damals, dass ich auf dem Fussballplatz unerwünscht war. Als eines der wenigen Fussball spielenden Mädchen kam ich früh mit Ausgrenzung und Diskriminierung in Kontakt. Man(n) habe keinen Platz für Mädchen und Frauen, die Fussball spielen wollen, hiess es. Für mehrere Hundert Jungs und Männer hingegen schienen die Fussballklubs keinen Aufwand zu scheuen. Ich spielte jedoch zu gut, als dass man mich bei den Jungs hätte auf der Bank sitzen lassen können. Dies bekam ich mit harten Fouls zu spüren. Und für das später gegründete Juniorinnenteam spielte ich zu aggressiv. Ich passte in keine Kategorie. Das verunsicherte mich, und ich versuchte, so unauffällig wie möglich zu sein, was mir nicht gelang. Denn ich wollte ja nur den Sport ausüben, den ich so liebte.

Meine Vorbilder waren allesamt männlich: Zidane, Henry, Beckham. Thierry Henry und das französische Nationalteam begeisterten mich besonders, da in dieser Mannschaft Menschen mit unterschiedlicher Hautfarbe miteinander spielten, funktionierten und brillierten, was damals eine Seltenheit war. Die Diversität dieses Teams ermutigte mich im Glauben, dass der Fussball für alle da sei, egal, welche Hautfarbe oder welches Geschlecht. Erst viel später hatte ich mein erstes weibliches Sportidol: Marta. Ich wusste vorher von keiner Frau, die professionell Fussball spielte. Und ich wusste damals auch nicht, dass sie lesbisch ist.

Dass das Vorbildsein eine wichtige Aufgabe ist, hat mir einmal ein Mädchen gezeigt. Sie sagte mir, dass sie sich durch mein Auftreten stärker fühle und mehr an sich glaube. Wie nur kann eine Gesellschaft auf weibliche Vorbilder verzichten? Und wie kann man erwarten, dass der Frauensport ohne finanzielle Unterstützung populärer wird? Wenn sich die Strukturen in den Sportklubs nicht ändern, also wenn dem Frauensport nicht genügend Mittel zugesprochen werden, können die Sportlerinnen auch nicht besser und somit auch nicht bekannter werden.

Während im Männerfussball an veralteten Mustern und starren Idealen festgehalten wird, ist der Frauenfussball vorwärtsgewandt. Sexismus und Homophobie scheinen innerhalb des Frauenfussballs abwesend. Das Vorurteil, dass die Mehrheit der Fussballerinnen lesbisch sei, hat sich zu einer Stärke entwickelt: Die Toleranz und Offenheit gegenüber unterschiedlichen Sexualitäten führen zu Gemeinschaft, Kraft und Zusammenhalt innerhalb unseres Sports. Mit der wachsenden Popularität kann der Frauenfussball zu einem Motor für die Weiterentwicklung unserer Gesellschaft werden. Erfolgreiche, sichtbare, lesbische Sportlerinnen aus allen Sportarten spielen hier eine entscheidende Rolle – sie sind Pionierinnen und können gesellschaftlich etwas bewegen. Sie brechen mit starren Rollenbildern für Frauen und Männer, lassen uns die Heteronormativität hinterfragen und sind neben Vorbildern auch Quelle der Inspiration.

Sarah Akanji (*1993) spielte in der höchsten Schweizer Fussballliga und ist Spielerin und Mitbegründerin des ersten Frauenteams des FC Winterthur. Sie politisiert seit 2019 im Zürcher Kantonsrat.

# Mehr Vorbilder, weniger Vorurteile

Die Autorinnen

Sind alle Fussballerinnen lesbisch? Nein, natürlich nicht. Es ist nur eines von tausend Vorurteilen. Aber was ist schlimm oder besonders daran, wenn eine Fussballerin Frauen liebt? Lesbische Spitzenathletinnen gibt es in allen Sportarten; auch dort, wo sie niemand vermutet. Doch ganz so selbstverständlich, wie man meinen könnte, ist diese Tatsache nach wie vor nicht. Dazu kommt, dass der jeweilige Umgang mit Homosexualität je nach Sport, aber auch Alter und Elternhaus der Frauen unterschiedlich ist. Das hat uns interessiert. Zu fünft haben wir uns auf Spurensuche begeben.

Unser erstes gemeinsames Treffen als Autorinnenquintett fand Anfang 2017 im Bahnhofbuffet Olten statt. Einige kannten sich bereits, andere lernten sich erst dort kennen. Doch die Idee, gemeinsam ein Buch über lesbische Vorbilder im Spitzensport zu schreiben, verband uns rasch. Aus einem Flämmchen wurde ein Feuer. Aus unserer Leidenschaft ein Projekt. Und wir wuchsen schnell zu einem Team zusammen.

Zu Beginn mussten wir die Sportlerinnen erst finden. Unsere grossen Netzwerke waren dabei sehr hilfreich. Aber nicht selten kam es zu diffizilen Anfragen per Mail oder Telefon, bei denen wir mit viel Fingerspitzengefühl erfragen mussten, ob das Gegenüber überhaupt der Zielgruppe angehört. Durch die Suche sind wir auf viele weitere spannende Athletinnen gestossen, sodass wir mehrere Bücher mit ihren Geschichten hätten füllen können.

Wir sind eine Gruppe von Journalistinnen, Wissenschaftlerinnen und Aktivistinnen, jede mit ergänzenden und unterschiedlichen Fähigkeiten. Gemeinsam arbeiteten wir an der Entstehung dieses Buches und waren oft übermütig, manchmal stark gefordert, meistens effizient und zwischendurch übermüdet. Wenn eine nicht mehr konnte, halfen die anderen aus. Jede konnte ihre individuellen Stärken einbringen und hat somit zu einer konstruktiven Arbeitsatmosphäre beigetragen. In unseren Sitzungen diskutierten wir intensiv über Inhalte. Gleichzeitig lachten wir viel und lernten uns auch persönlich immer besser kennen. Es entstanden Freundschaften.

Wir alle haben einen sportlichen Hintergrund. Uns allen haben weibliche Vorbilder im Sport gefehlt – auch lesbische Vorbilder. Mit diesem Porträtbuch soll es für kommende Generationen anders sein. Doch nicht nur junge Sportlerinnen sprechen wir mit diesem Projekt an, sondern alle, die sich für mehr als nur Normbiografien interessieren. Nur wenn lesbische Frauen im Sport wahrgenommen werden, können sie zu Vorbildern werden. Wenn dieses Buch nur schon einer Person Mut macht oder jemanden sensibilisiert, dann haben wir unser Ziel erreicht.

Noch immer gibt es viele Sportlerinnen, die sich nicht outen. Aus Angst vor negativen Reaktionen innerhalb der Familie oder des Sportklubs, aber auch, um Sponsoren nicht zu verlieren. Andere gehen mit ihrer Homosexualität offen um. Wir möchten mit diesem Buch aufzeigen, wie vielfältig die Biografien lesbischer Athletinnen sind. Jede Frau hat ihre eigene Geschichte, mit ihren schönen und schwierigen Momenten. Unser grosser Dank gilt jenen mutigen Sportlerinnen, die uns ihr Vertrauen geschenkt und uns in sehr persönlichen Interviews aus ihrem Leben erzählt haben, uns einen nahen und intimen Einblick gewährt haben. Hie und da flossen Tränen, weil das Erlebte auch Jahre später noch schmerzhaft sein kann. Das uns entgegengebrachte Vertrauen hat uns berührt und beeindruckt.

Dieses Buch ist eine Herzensangelegenheit, geschrieben und erarbeitet mit viel Leidenschaft und Freude. Dies wünschen wir nun auch Ihnen, liebe Leserin, lieber Leser – viel Freude bei der Lektüre.

Auf dass wir alle mehr Vorbilder haben – und weniger Vorurteile!

# Über lesbische Heldinnen im Spitzensport

Marianne Meier

Tränen, Umarmungen und Küsse nach errungenen Siegen oder bitteren Niederlagen – Emotionen sind das Highlight einer jeden Sportberichterstattung. Solche öffentlichen Gefühlsbekundungen im Ziel oder auf der Tribüne sind häufig heterosexuellen Sportstars vorbehalten. Sport wird oftmals als Spiegel der Gesellschaft bezeichnet. Durch seine Popularität und die mediale Öffentlichkeit vermag er Trends zu setzen, aber auch Diskriminierungen wie Sexismus, Rassismus oder Homophobie zu thematisieren.

Diese Einführung ordnet frauenliebende Frauen und Spitzensport im wissenschaftlich-historischen Kontext ein. Nebst internationalen Richtlinien gegen Homophobie im Sport geht es auch um die Sichtbarkeit lesbischer Frauen im Spitzensport und deren Entwicklung in den letzten Jahren, mit speziellem Fokus auf die Schweiz. Zudem werden Voraussetzungen aufgezeigt, die sportliche Grössen zu Vorbildern werden lassen, und Funktionen dargelegt, die diese Personen einnehmen können.

Weshalb braucht es dieses Buch?
Die Sporthochschule Köln hat im Mai 2019 Resultate der Outsport-Studie veröffentlicht. Dabei wurden 5524 Menschen in 31 europäischen Ländern befragt. Es ging darum, herauszufinden, welche Massnahmen gegen Homophobie und Transphobie im Sport zu ergreifen sind. Die Studie kam zum Ergebnis, dass vor allem Sportstars, die offen zu ihrer Sexualität und/oder Geschlechtsidentität stehen, eine wichtige Rolle als Vorbild spielen können.[1] Auch einige Autorinnen dieses Buches hätten sich in ihrer Jugend lesbische Sportvorbilder gewünscht, nur schon weibliche waren selten. Dabei ist es müssig zu spekulieren, ob es frauenliebende Athletinnen damals wirklich gab. Auf jeden Fall waren sie nicht sichtbar und sind es bis heute nur begrenzt. Entsprechend den gängigen Klischees sind die heute bekannten homosexuellen Topathletinnen in Sportarten wie etwa Fussball aktiv, die in unseren Breitengraden als «typisch männlich» bezeichnet werden. Dieses Buch zeigt auf, dass frauenliebende Protagonistinnen in allen Sportarten zu finden sind, und möchte diesen ein Gesicht und eine Stimme geben. Gerade im Sport dominieren immer noch starre Vorstellungen, wie *man* und *frau* zu sein hat. Insbesondere der Spitzensport wird von wirtschaftlichen Interessen sowie einem patriarchalen Weltbild beherrscht. Dagegen schreiben wir fünf Autorinnen an. Obwohl die

Ablehnung von Lebensentwürfen, die nicht der althergebrachten Norm entsprechen, im Jahr 2020 in der Schweiz eigentlich kein Thema mehr sein sollte, ist dieses Anderssein nach wie vor mit Unbehagen, Befremden und Unwissen behaftet. Dieses Buch zeigt die Hintergründe und die Komplexität des Lesbischseins im Sportbusiness auf und stellt gleichzeitig die erfrischende Vielfalt einem breiteren Publikum vor. Die ehemalige stellvertretende Generaldirektorin der SRG, Ladina Heimgartner, bringt die Notwendigkeit dieser Publikation auf den Punkt: «Es braucht Bücher wie dieses, damit es Bücher wie dieses in Zukunft einmal nicht mehr braucht.»

Wer sind die Akteurinnen dieses Buches?

Dieses Buch befasst sich mit frauenliebenden Spitzensportlerinnen in der Deutschschweiz. Bewusst wurde darauf geachtet, dass möglichst verschiedene Sportarten und Altersgruppen vertreten sind. Als Methode haben sich die Autorinnen für die Oral History entschieden, um den eigenen Erzählungen und Sichtweisen der porträtierten Frauen in offen geführten Interviews möglichst viel Raum zu geben.[2] Als Spitzensportlerin wurde eingestuft, wer jemals in der höchsten schweizerischen Liga einer Sportart aktiv oder Mitglied eines Nationalkaders war oder ist. Der Profistatus war dabei kein Kriterium. Insbesondere im helvetischen Frauensport gibt es sowieso nur wenige Athletinnen, die vom Sport leben können. Gerade in Randsportarten wie Orientierungslauf oder Kanu bedeuten sportliche Höchstleistungen für Frauen und Männer keine finanzielle Absicherung. Bei in der Schweiz beliebten Teamsportarten wie beispielsweise Fussball oder Eishockey haben nur die Männer in der obersten Liga finanziell quasi ausgesorgt. Als Paradebeispiel für diesen eklatanten Geschlechterunterschied im gleichen Sport sorgte im November 2018 der FC Basel. Während das Männerteam beim Galadinner sass, verkauften die FCB-Spielerinnen beim gleichen Jubiläumsanlass Tombolalose und erhielten danach in einem Nebenraum Sandwiches.[3] Die Definition von Spitzensport muss also relativiert werden und unterscheidet sich, je nach Geschlecht, enorm bezüglich des gesellschaftlichen Stellenwerts und natürlich des Lohnes.

Nebst der sportlichen Höchstqualifikation wird die Gruppe der porträtierten Athletinnen auch durch ihre sexuelle Orientierung definiert. Dabei geht es um homosexuelle Menschen, die als Frauen gelesen werden möchten. In einer verkürzten Form wird im Buch von «lesbischen Frauen» geschrieben, aber dieses Kriterium ist sehr breit zu verstehen und beinhaltet zum Beispiel auch bisexuelle oder queere Frauen. Obwohl die porträtierten Sportlerinnen mit Frauen liiert sind oder waren, bezeichnen sich selbst nicht alle als lesbisch. Um eine Schubladisierung zu vermeiden, verwenden die Autorinnen daher auch den inklusiveren Begriff «frauenliebend».

Wie wurden die in diesem Buch porträtierten Frauen ausgewählt? Die genannten Kriterien der frauenliebenden Spitzensportlerin bildeten den Ausgangspunkt. Die Auswahl geschah nach dem Schneeballprinzip und stützte sich auf das breite Netzwerk der fünf Autorinnen. Es ging darum, mutige Frauen zu gewinnen, die bereit waren, ihre privaten Lebensgeschichten inklusive Fotoporträt einer breiten Öffentlichkeit zugänglich zu machen. Nebst Sportarten und Alter gab es grosse Bemühungen, zusätzliche intersektionale Aspekte zu berücksichtigen. Eine porträtierte Schweizer Athletin hat türkisch-italienische Wurzeln und stammt aus einem muslimisch-katholischen Elternhaus. Doch es ist wohl kein Zufall, dass beispielsweise lesbische Women of Colour im Schweizer Spitzensport kaum sichtbar sind respektive nicht sein möchten.

Bei der sogenannten Intersektionalität geht es um die Überschneidung verschiedener Formen der Diskriminierung und Privilegierung in einer Person. Die Realität einer lesbischen Spitzensportlerin könnte durch eine körperliche Beeinträchtigung oder das Tragen eines Kopftuches aufgrund der Religion anders aussehen. Die verschiedenen Formen der Diskriminierung oder der Bevorzugung sind miteinander verflochten und können sich gegenseitig auch abschwächen oder verstärken. Die Judo-Olympiasiegerin von Rio 2016, Rafaela Silva, sah sich zum Beispiel nach den verpatzten Sommerspielen in London 2012 in ihrem Heimatland Brasilien mit massiven Anfeindungen konfrontiert. Aufgrund ihrer Favela-Herkunft und Hautfarbe wurde sie in den Medien rassistisch verunglimpft.[4] Zwei Tage nachdem sie 2016 in Rio die Goldmedaille gewonnen hatte, gab sie ihr Coming-out. Sie sagte, dass sie sich durch ihren Erfolg weniger angreifbar fühle.[5] Trotz der klaren Notwendigkeit, über alle Facetten von Sport und LGBTIQ+ zu schreiben, haben sich die Autorinnen dieses Buches entschieden, den Fokus auf homo- und bisexuelle Spitzensportlerinnen zu legen, welche auf diese Weise sichtbarer werden und eine Vorbildfunktion einnehmen können.

Wer wollte sich in diesem Buch nicht porträtieren lassen? Nebst spontanen oder gut überdachten Zusagen haben die Autorinnen auch zahlreiche Absagen erhalten. Die Motive dafür sind sehr individuell und zu respektieren. Die Gründe jener Frauen, die lieber nicht im Buch erscheinen wollten, lassen sich grob in vier Kategorien einteilen: Erstens gab es Absagen aufgrund der Tatsache, dass die eigene Familie, die Nachbarschaft oder das Berufsumfeld (noch) nicht offiziell über das Lesbischsein der Sportlerin informiert ist. Der Sportsoziologe Eric Anderson nennt diese Art des Umgangs «Don't ask, don't tell».[6] Dies in Anlehnung an eine Richtlinie, die von der US-amerikanischen Armee jahrelang praktiziert wurde, um mit offen lebenden Homosexuellen in den eigenen Truppen umzugehen. Solche Absagen erhielten wir insbesondere von älteren Frauen, die zwar mit ihren langjährigen Partnerinnen mehr oder weniger offen liiert sind und teilweise auch zusammenleben, aber darüber trotzdem nicht explizit kommunizieren möchten. Eigentlich wissen alle Bescheid, aber es wird nicht benannt. Denn «was nicht sein darf, gibt es auch nicht», wie sich eine Sportlerin ausdrückte, die nicht im Buch erscheinen wollte.

Zur zweiten Kategorie gehören Absagen von Frauen, die überzeugt sind, dass eine solche Auflistung lesbischer Athletinnen dem Frauensport insgesamt eher schadet. Diese Personen haben sich zum Teil jahrzehntelang dafür eingesetzt, dass zum Beispiel Frauenfussball das «lesbische Label» verliert. Sie berichten über unzählige Gespräche als Trainerin mit Eltern, die Angst davor hatten, dass sich ihre Töchter beim Fussball «anstecken» und lesbisch werden würden. Insbesondere in der Gender-Fachliteratur zu «typisch männlichen» Sportarten ist diese Form der Homophobie gut dokumentiert. Die angefragten Personen, welche dem Frauensport mit einem Buchbeitrag «keinen Bärendienst erweisen» wollten, hatten ihre eigene sexuelle Orientierung als Trainerin, Funktionärin oder Athletin nie publik gemacht. Die Mädchen und insbesondere deren Familien sollten nicht noch mehr abgeschreckt werden. Sie wollten sich lediglich als sportliches Vorbild präsentieren. Ein Teil ihrer Identität sollte jedoch – mit bester Absicht, sozusagen zum «Schutz» der Kinder und Jugendlichen – verborgen bleiben. Dieses Verheimlichen kann signalisieren, dass Homosexualität schlecht und nicht nachahmenswert ist. Die Handhabung des Out-Seins, also offen zum eigenen Lesbischsein zu stehen, ist sehr kontextabhängig und persönlich.

Einige noch aktive Spitzensportlerinnen lehnten ein Porträt in diesem Buch ab, weil sie ihre aktuellen und künftigen Sponsoring-Verträge nicht gefährden wollten. Aus Respekt vor diesen jüngeren Frauen werden die spezifischen Sportarten an dieser Stelle nicht genannt. Der wohl bekannteste Sponsoring-Rückzug nach einem Coming-out im Frauensport ereignete sich vor knapp vierzig Jahren in den USA. Billie Jean King, die damals beste Tennisspielerin der Welt, beschloss nach Jahren der Vertuschung offen über ihre Homosexualität zu sprechen. Sie stand unter Druck und befürchtete, von jemandem geoutet zu werden. Entgegen allen Empfehlungen beschloss sie 1981 die Wahrheit zu sagen – mit fatalen Folgen: «Ich habe all mein Geld über Nacht verloren. Jeder einzelne meiner Sponsoring-Verträge wurde innert 24 Stunden aufgelöst. [...] Ich musste wieder ganz von vorne beginnen.»[7] Kaum zu glauben, dass frauenliebende Sportlerinnen im heutigen Europa solche Konsequenzen noch immer fürchten müssen.

Absagen der vierten und letzten Kategorie können mit der Befürchtung umschrieben werden, allein auf das Lesbischsein reduziert zu werden. In den Medien und der Öffentlichkeit würde nicht mehr die Athletin im Vordergrund stehen, sondern vor allem die «Lesben-Schublade», aus der kein Weg mehr herausführe. Dies beinhaltet auch die Angst vor einer Schmälerung der sportlichen Höchstleistung. Zudem kommt generell die Furcht dazu, als Lesbe als abnormal zu gelten und nicht mehr gemocht zu werden. Auch mit Goldmedaille würde da immer noch dieser «Homo-Makel» bleiben, wie sich eine Athletin ausdrückte, der auch eine mögliche Vorbildfunktion sowie den «Stolz der Nation» beeinträchtigen würde. Dies wirkt sich wiederum auf die Attraktivität und Vermarktbarkeit sowie auf eine damit verbundene finanzielle Unabhängigkeit aus. Nur sehr weiblich wirkende Athletinnen wie zum Beispiel die mit einem Mann verheiratete Skifahrerin Lara Gut-Behrami kommen als Werbeträgerinnen gewisser Produkte überhaupt infrage. Eher burschikos anmutende Sportlerinnen, ob lesbisch oder nicht, haben dabei das Nachsehen.[8]

Grosse Kluft zwischen Richtlinien und Wirklichkeit

Der olympische Gedanke steht für Fair Play, Frieden, Respekt und Solidarität. Dabei gilt die «Olympische Charta» als Schlüsseldokument für unzählige Sportverbände weltweit. Trotz Reformbestrebungen gilt das Internationale Olympische Komitee (IOC) nach wie vor als konservative, überalterte, elitäre, eurozentrische und von Männern dominierte Organisation. Die Charta sprach sich zwar gegen «jede Form von Diskriminierung eines Landes oder einer Person aufgrund von Rasse, Religion, Politik, Geschlecht oder aus sonstigen Gründen» aus, doch Homophobie wurde dabei nicht erwähnt. Auf diese Kritik antwortete das IOC stets beschwichtigend, dass die sexuelle Orientierung unter «sonstigen Gründen» natürlich mitgemeint sei. Der internationale Druck auf das IOC stieg weiter an. Die «Agenda 2020» sah in der Folge vor, «sexuelle Orientierung» explizit in den Anti-Diskriminierungsparagrafen aufzunehmen. Ende 2014 wurde die Charta entsprechend ergänzt. Ein wichtiger formaler Schritt war damit erreicht. Nach wie vor besteht aber der Widerspruch, dass sich unter den 204 IOC-Mitgliedländern immer noch Staaten befinden, welche Homosexualität mit der Todesstrafe sanktionieren.[9] Gemäss Angaben von Amnesty International stellten 2015 insgesamt 76 Länder gleichgeschlechtliche Beziehungen und nicht geschlechtskonformes Verhalten unter Strafe.[10] Mit denselben Herausforderungen muss sich auch der Weltfussballverband FIFA auseinandersetzen. Auch unter den 211 FIFA-Mitgliedern befinden sich Staaten mit homophober Rechtsprechung. Trotz des festgeschriebenen Diskriminierungsverbots aufgrund sexueller Orientierung in den FIFA-Statuten wirft dessen Umsetzung grosse Fragen auf. Wie kann es sein, dass die FIFA-WM 2022 in Katar stattfindet, wo Homosexualität mit dem Tod bestraft werden kann?[11]

In der Schweiz ereignete sich der wohl bekannteste Fall von Diskriminierung durch einen Fussballklub aufgrund sexueller Orientierung 1994 im Kanton Zürich. Der Vorstand des FC Wettswil-Bonstetten suspendierte seine Frauenabteilung mit der Begründung: «Der Verein wird ausgenützt für das Ausleben von abnormalen Veranlagungen.»[12] Dem Team wurde vorgeworfen, dass zwei Drittel der Spielerinnen homosexuell seien und «jugendgefährdende lesbische Aktivitäten auf dem Spielfeld und in den Garderoben» stattfinden würden. Die Fussballerinnen legten beim kantonalen Verband Rekurs ein, worauf die Auflösung widerrufen wurde.[13] Noch im April 1994 lautete der Titel der Fernsehsendung «Zischtigsclub»: «Lesben im Damenfussball: Angst vor homosexueller Ansteckung?». Und der Moderator formulierte die zu diskutierende Fragestellung: «Ist diese Angst berechtigt oder handelt es sich dabei um einen weiteren Akt der Diskriminierung?»[14] Danach dauerte es mehr als zwanzig Jahre, bis Swiss Olympic in der Schweiz 2015 die Kampagne «Rote Karte gegen Homophobie im Sport» mit klaren Statements ins Leben rief: «Schwul oder lesbisch zu sein lässt einen nicht langsamer laufen, weniger weit werfen oder springen – die sexuelle Orientierung hindert niemanden an seiner sportlichen Leistungsfähigkeit – die Homophobie schon!»[15] Durch internationale und nationale Richtlinien wird Homophobie von den wichtigsten Sportverbänden theoretisch nicht mehr geduldet. Doch zwischen diesen hehren Prinzipien und der realen Umsetzung besteht nach wie vor eine grosse Kluft.

## Sichtbare Homosexualität im Sport

Im August 2016 stellte das deutsche Lesben-Magazin *L.Mag* die Frage: «Was haben sportliche Erfolge mit der sexuellen Orientierung zu tun?», und gab im Text gleich selbst die Antwort: «Gar nichts! Deshalb ist es umso schöner, dass immer mehr Lesben und Schwule bei Olympia nicht mehr das Gefühl haben, das verstecken zu müssen.»[16] Die Tatsache, dass Lesben im Spitzensport immer selbstverständlicher werden, beweist auch die Präsenz des ersten verheirateten Frauenpaares in der olympischen Geschichte in Rio 2016. Helen und Kate Richardson-Walsh spielten gemeinsam im britischen Hockey-Nationalteam. Kate meinte in einem Interview: «Es freut uns, wenn sich Menschen bei uns melden und sagen, dass unsere offene Art ihnen geholfen hat, sich mit ihrer eigenen Homosexualität zu befassen oder sich gegenüber ihren Eltern zu öffnen.»[17] Eine andere Geschichte wurde ebenfalls an den Olympischen Spielen in Rio 2016 geschrieben: Eine brasilianische Rugbyspielerin, Isadora Cerullo, erhielt vor laufender Kamera und über das Stadionmikrofon von ihrer Freundin einen Heiratsantrag mit rotem Herzluftballon, den sie mit einem Kuss annahm.[18] Auch die Küsse der Fussballweltmeisterinnen aus den USA, welche ihren Partnerinnen auf der Tribüne galten, gingen im Juli 2019 von Frankreich aus um die Welt. Und mit dem US-Star Megan Rapinoe, einer Aktivistin für LGBTIQ-Rechte, wurde die beste WM-Spielerin auch zur Weltfussballerin 2019 ausgezeichnet. Sie nahm bei ihrer Dankesrede vor der versammelten Weltfussballprominenz kein Blatt vor den Mund und prangerte Sexismus, Homophobie und Rassismus im Sport an. Im Gegensatz dazu: Noch bei der FIFA-Nomination 2012 der Schwedin Pia Sundhage zur weltbesten Trainerin wurde die Kameraeinstellung bei der Liveübertragung sofort umgestellt, als sie ihre Partnerin küssen wollte. Die öffentliche Sichtbarkeit lesbischer Spitzensportlerinnen ist insgesamt zunehmend, aber noch lange keine Selbstverständlichkeit.

Gemäss L. Mag nahmen an den Olympischen Spielen 2016 «mindestens 64 offen lesbische und schwule Sportler» teil. Davon waren nur elf Männer, die fast ausschliesslich im Reit- und Wassersport starteten.[19] Offen schwule Topathleten sind vor allem in Einzeldisziplinen und Randsportarten anzutreffen. Obwohl die Anzahl sichtbarer lesbischer Sportstars nicht sehr hoch ist, sieht es bei den schwulen Sportlern noch prekärer aus. Die Kulturwissenschaftlerin Tatjana Eggeling berät unter anderen schwule Profisportler, die ihre Homosexualität nicht öffentlich machen wollen. Eggeling meint, dass schwule Athleten noch ein grösseres Tabu brechen als lesbische Sportlerinnen.[20] Bei Letzteren scheint Homosexualität weniger Verwunderung hervorzurufen als bei den Männern, da Sportlichkeit historisch gesehen eng mit Männlichkeit verknüpft ist. Das Schwulsein wird oftmals mit weiblichen Attributen beschrieben.[21] Dieser Widerspruch führt zum Desinteresse der Massenmedien und des potenziellen Sponsorings.

Bei der Sichtbarkeit von Persönlichkeiten im Sport spielen Medien eine Schlüsselrolle. Dabei bietet die «Machtallianz zwischen Sport, Medien und Wirtschaft» – offenkundig oder subtil – einen idealen Nährboden für die patriarchale Vorherrschaft und Heteronormativität. Von der Norm abweichende Menschen, wie zum Beispiel lesbische Sportlerinnen, entsprechen den Mainstream-Medien und den damit verbundenen Prinzipien der Vermarktbarkeit nicht.[22] Frauenliebende Athletinnen sollen entweder über ihre Sexualität offen kommunizieren, oder sie gelten automatisch als heterosexuell. Dazwischen gibt es kaum Optionen. Eher burschikos wirkende Athletinnen, die von einem weiblichen Idealbild abweichen, sind im glamourösen Sport- und Medienbusiness kaum sichtbar. Da ein heterosexuelles Publikum angesprochen werden soll, wird eine erfolgreiche Vermarktung dieser Athletinnen nicht erwartet. In einer Gesellschaftsordnung der quasi obligatorischen Heterosexualität geraten aber auch Athletinnen, die auf Männer stehen, unter Druck. Sie müssen sich einerseits vom Männlichsein und andererseits vom möglichen Lesbischsein distanzieren. Der sogenannte Kournikova-Effekt[23] ist durch Studien in verschiedenen Ländern bestätigt. Dies bedeutet kurz gesagt: Je hübscher und sexyer sich eine Athletin präsentiert, desto mehr Zeitungsspalten,

Werbefläche und Übertragungsminuten werden ihr gewidmet.[24] Demnach wäre es vermessen, alle Sportlerinnen als Opfer der Werbebranche darzustellen, weil sie oftmals selbst zur Aufrechterhaltung der althergebrachten Stereotypen beitragen und davon profitieren. In den letzten Jahren scheint sich diese heteronormative Sportphalanx auch in der Schweiz punktuell aufgeweicht zu haben. So war etwa der schwule Fussballschiedsrichter Pascal Erlachner 2018 für den Prix Courage nominiert.[25] Dies kann einerseits als Durchbruch in der öffentlichen Wahrnehmung bewertet werden, aber verdeutlicht andererseits auch die Einordnung seines Comingouts als äusserst mutiger Akt. Auch andere Homo- oder Bisexuelle der Schweizer Sportwelt rückten ins Rampenlicht der Medienaufmerksamkeit. Ramona Bachmann und Alisha Lehmann wurden zum Beispiel vom Boulevardblatt *Blick* wiederholt als «Schweizer Traumpaar des Frauenfussballs» bezeichnet. Weiter schrieb der *Blick:* «Was in der Welt des Männerfussballs noch undenkbar wäre, ist bei Ramona und Alisha inzwischen Realität: Frauen stehen offen zu ihrer homosexuellen Beziehung. Und die Fans liegen ihnen dafür zu Füssen.»[26]

Die Sportredaktion des Schweizer Fernsehens hielt sich in all den Jahren über das Privatleben von Athletinnen – insofern diese nicht gerade Mutter wurden und mit einem Mann liiert waren – bedeckt. Lesbische Sportlerinnen und sogar Frauenpaare wurden im beliebten «Sportpanorama» zwar auch privat gezeigt, aber als Kolleginnen oder WG-Bewohnerinnen.[27] Natürlich müssen bei einer Reportage auch die Sportlerinnen einwilligen. Diese Voraussetzung schien beim «Sportpanorama» im September 2019 erstmals gegeben: Die beiden Downhillcracks Emilie Siegenthaler und Camille Balanche wurden sowohl als Liebespaar als auch als Spitzensportlerinnen gezeigt. Dies war ein Novum. Mit der gleichen Selbstverständlichkeit porträtierte kurz darauf auch die *Luzerner Zeitung* die Fussballerin Géraldine Reuteler. Dabei war auch ihr Heimweh ein Thema, an dem sie als in Deutschland spielende Profisportlerin manchmal leidet: «Spätestens seit in diesem Sommer ihre Freundin Laila Koch zu ihr nach Frankfurt gezügelt ist, fühlt sich Reuteler sichtlich wohl.»[28] Die Frauenbeziehung als solche fand keine Erwähnung im Artikel. So unaufgeregt und simpel könnte es sein.

Fehlende Vorbilder und hartnäckige Vorurteile

Vorbilder, Helden und Heldinnen existieren nicht einfach so, sondern werden gesellschaftlich konstruiert. Sie werden von Menschen dazu gemacht.[29] Im Sport bevorzugen viele Frauen und Mädchen männliche Vorbilder, weil diese Kraft und Macht geradezu verkörpern. Zudem werden absolute Höchstleistungen normalerweise in der Männerkategorie erreicht und nicht bei den Frauen. Zu weiblichen Sportvorbildern werden generell jene Athletinnen erkoren, die einem hetero-sexy Image entsprechen.[30] Sportheldinnen, die von dieser Norm abweichen, gibt es, aber sie werden kaum sichtbar gemacht.[31] Und genau diese Vorbilder fehlen. Das über die Jahre einzige und wohl bekannteste lesbische Sportvorbild war die Tennisspielerin Martina Navratilova, die noch heute international hohes Ansehen geniesst.

Konstruierte Helden und Heldinnen
Das Heldenhafte im Sport verbindet sich mit Mythen, Traditionen und Werten einer Nation oder Gemeinschaft. Wenn eine sportliche Ausnahmeerscheinung zum Held oder zur Heldin aufsteigen möchte, dann muss er oder sie Werte verkörpern, die gesellschaftlich hohe Anerkennung geniessen. Allerdings werden Frauen und Männer unterschiedlich beurteilt. Deshalb wird auch von einem «gendered heroism» gesprochen.[32] Traditionellerweise werden bei Heldinnen Fürsorglichkeit, Güte und Mütterlichkeit betont, Helden hingegen werden an ihrem Mut, ihrem Selbstbewusstsein, an ihrer Stärke und an ihrem Durchsetzungsvermögen gemessen. Wenn nun aber eine Frau im Sport erfolgreich sein möchte, muss sie männliche Attribute an den Tag legen. Eine passive, sanfte und zurückhaltende Sportlerin wird nie einen Exploit schaffen. Dies führt zum vermeintlichen Widerspruch zwischen dem «Frausein» und dem «Sportlerinsein».[33] Diese Unvereinbarkeit von Sport und Weiblichkeit bewirkt, dass erfolgreiche Athletinnen besonders weiblich wirken müssen, um trotzdem noch als Heldinnen der Nation gelten zu können. Sportliche Spitzenleistungen alleine reichen nicht aus, um die öffentliche und mediale Aufmerksamkeit als gefeierte Heldin zu erhalten. Der Faktor «Frau im Sport» muss sogar wettgemacht werden durch markantes Make-up, lange Haare und kurze Röcke. Dies gilt vor allem für Athletinnen, welche in «typisch männlichen» Sportarten aktiv sind wie zum Beispiel Eishockey oder Rugby. Zwischen dem Privat- und Berufsleben

von Männern im Spitzensport besteht hingegen kein Widerspruch zum gesellschaftlich erwarteten Männlichkeitsbild. Im Gegensatz zu den Athletinnen müssen Spitzsportler ihre Härte, ihre Leistungsfähigkeit und Muskeln nicht kaschieren.[34] Erfolgreiche Sportlerinnen, die von gängigen Weiblichkeitsnormen abweichen, geraten in den Verdacht, keine richtigen Frauen oder eben lesbisch zu sein. Der Konstruktionsprozess von sportlichen Helden oder Heldinnen hängt von der Medienberichterstattung sowie dem Publikumszuspruch ab. Dieses Umfeld entscheidet, ob Sportstars zu Helden oder Heldinnen emporstilisiert werden oder nicht.[35]

Auswahl weiblicher Sportvorbilder
Was für einen Einfluss können Vorbilder haben? Und wie werden Vorbilder ausgewählt? Erreichbarkeit und Relevanz wurden von renommierten Psychologinnen bei der Auswahl von Vorbildern als entscheidende Aspekte identifiziert.[36] So ist zum Beispiel für ein Kind in Sambia, wo nie Schnee fällt, eine Schweizer Skifahrerin als Vorbild weder erreichbar noch relevant. Dabei spielt, gestützt auf Albert Bandura, auch die Ähnlichkeit zwischen einem Vorbild und der beobachtenden Person eine Rolle.[37] Das heisst, dass in diesem Kontext eine sambische Regionalsportlerin wohl mehr Einfluss auf das Verhalten der Kinder haben könnte als eine helvetische Topathletin. Sportstars und Vorbilder sind also dann besonders einflussreich, wenn ihr Leben Parallelen zur Realität der Beobachtenden aufweist und ihr Erfolg als grundsätzlich erreichbar und relevant eingestuft wird.[38] Nebst Alter und Geschlecht wird die Auswahl von Vorbildern auch durch den wirtschaftlichen und gesellschaftlichen Status einer Person bestimmt. Wenn die Unterschiede als zu gross empfunden werden, kann dies sogar kontraproduktiv sein und zu Frustration führen.[39] Wenn eben Sichtbarkeit in den Sportmedien heisst, dass eine Person «hetero, weiss und männlich»[40] sein muss, kann dies demotivierend sein für eine dunkelhäutige Sportlerin, die auf Frauen steht. Die Philosophin Iris Marion Young hat in ihrem Werk «Throwing like a Girl» hervorgehoben, dass weibliche Teenager soziokulturell angepasste Bewegungsmuster vor allem durch Imitation erwerben.[41] Dies steigert die Bedeutung von verfügbaren weiblichen Vorbildern, die den gängigen Normvorstellungen aufgrund ihres Haarschnitts, ihres Körperbaus, ihrer Kleidung und/oder der sexuellen Orientierung nicht entsprechen, umso mehr. Dadurch wird der Fächer des als normal Empfundenen erweitert und die Akzeptanz gegenüber dem Anderssein erhöht.

Heterosexualität als Mass aller Dinge im Sport
Heteronormativität geht davon aus, dass Heterosexualität normal und natürlich ist. Die meisten Sportarten werden mit heteronormativen Werten und patriarchalen Männlichkeitsidealen assoziiert.[42] Dies stuft alle anderen sexuellen Neigungen automatisch als abnormal und unnatürlich und somit minderwertig herab. Dabei werden nicht nur sexuelle Lebensweisen abgewertet, sondern direkt jene Personen, die von der Norm abweichen. Dadurch wird die Wahrung der unantastbaren Würde des Menschen verletzt. Das ist auch der Nährboden für Homophobie, was als irrationale Angst und Aversion gegenüber Homosexualität und Homosexuellen definiert wird. Insbesondere in «typisch männlichen» Sportarten bestehen Vorurteile, dass homosexuelles Verhalten bei Frauen durch Körperkontakt gefördert würde. Zudem werden pathologisierende Mythen über das Lesbischsein als «ansteckendes Übel» benutzt, um homophobe Sanktionen gegen frauenliebende Sportlerinnen zu ergreifen und die Jugend vor schlechten Vorbildern zu schützen.[43] Im Fall Wettswil-Bonstetten wurde auch befürchtet, dass homosexuelle Spielerinnen eine Magnetwirkung auf weitere «Andersgepolte» haben könnten und der Klub von Lesben überrannt würde.[44] Viele Vorurteile basieren auf dem im Namen der Sittlichkeit konstruierten Schreckbild lesbischer Frauen, die sich triebgesteuert auf Mädchen stürzen, um diese hemmungslos zu verführen.[45] Vor allem in Bezug auf Vorbildfunktionen ist dieses hartnäckige Klischee des Jägerinnen-Beute-Schemas äusserst schädlich für homosexuelle Topathletinnen und Trainerinnen.[46]

Zusammenfassend kann Homophobie gegenüber Sportlerinnen, gemäss der Sportwissenschaftlerin Pat Griffin, in sechs Kategorien eingeteilt werden: Stillschweigen, Abstreiten, Entschuldigen, Fördern eines hetero-sexy Images, Angriffe auf Lesben sowie die Bevorzugung von Männern in Schlüsselpositionen.[47] Zum Abstreiten zählt beispielsweise auch das proaktive Tarnen homosexueller Lebensweisen durch Klubs oder Verbände. In Deutschland ist bei schwulen Sportlern sogar das Führen von heterosexuellen Scheinehen belegt, um Zweifel auszuräumen.[48] Solche Doppelleben zugunsten einer erfolgreichen Sportkarriere sind mit psychischem Stress und Leid verbunden. Je nach soziokulturellem Kontext wird auch physische Gewalt gegen lesbische Athletinnen eingesetzt. Der Mord an der südafrikanischen Fussballerin Eudy Simelane sorgte 2008 für internationale Entrüstung. Die lesbische Nationalspielerin wurde Opfer eines sogenannten «corrective rape». Simelane wurde vergewaltigt, um an ihre «wahren Pflichten als Frau» erinnert zu werden, und danach erstochen.[49] Auch in anderen Ländern wie beispielsweise Russland bedeutet ein Comingout nicht nur das Karriereende, sondern auch eine Bedrohung für Leib und Leben. Jede Form der Diskriminierung und Gewalt ist inakzeptabel und tangiert die unantastbare Menschenwürde. Der Sport könnte dabei als Exempel für Respekt und Fair Play voranschreiten und durch seine Popularität und die Emotionen, die er auslöst, die vorhandene Vielfalt präsentieren und salonfähig machen. Dazu braucht es ein Um- und Durchsetzen der vorhandenen Sportverbandsrichtlinien auf allen Ebenen und eine Entpathologisierung von Menschen, die nicht exakt der Norm entsprechen. Vielfältige Sportvorbilder haben das Potenzial, die Gesellschaft zu beeinflussen und neue Impulse zu setzen. Auf dass die Porträts der mutigen Sportlerinnen in diesem Buch unzählige Menschen erreichen mögen.

# Anmerkungen

1 Menzel et al. 2019.
2 Leavy 2011; Abrams 2010.
3 Watson, 25.11.2018: https://www.watson.ch/schweiz/fussball/426797271-das-sexismus-dinner-des-fc-basel-sorgt-weltweit-fuer-schlagzeilen (Zugriff am 26.09.2019). Wohlgemerkt spielen die FCB-Frauen – genau wie die Männer – auch in der obersten Schweizer Fussball-Liga. Internationale Medien wie CNN, BBC und der Stern berichteten über diesen Vorfall.
4 Neue Zürcher Zeitung, 13.08.2016: https://www.nzz.ch/olympia2016/indigene-bogenschuetzen-athleten-aus-dem-regenwald-ld.110753 (Zugriff am 02.10.2019).
5 Queer, 11.08.2016: https://www.queer.de/detail.php?article_id=26806 (Zugriff am 02.10.2019).
6 Anderson 2002, S. 870–874.
7 Übersetzung der Autorin einer Interviewsequenz aus dem Dokumentarfilm «Coming Out» mit Billie Jean King: https://www.youtube.com/watch?v=EZpPgwaNaWI (Zugriff am 28.09.2019). Die Aktivistin hatte bereits 1973 die bis heute existierende Women's Tennis Association (WTA) gegründet und setzt sich immer noch für Geschlechtergleichstellung und gegen Homophobie ein. Ursprünglich wollte King einen Verband für beide Geschlechter ins Leben rufen, doch die Verantwortlichen der männlichen Association of Tennis Professionals (ATP) lehnten dies ab.
8 Schaaf 2012; Hargreaves 1994.
9 Neue Zürcher Zeitung, 28.06.2019: https://www.nzz.ch/international/in-diesen-staaten-leben-homosexuelle-immer-noch-gefaehrlich-ld.1491964 (Zugriff am 01.10.2019); Mendos 2019 / International Lesbian, Gay, Bisexual, Trans and Intersex Association.
10 https://www.amnesty.ch/de/themen/diskriminierung/lgbti/integration-und-ausschluss (Zugriff am 02.10.2019).
11 International Lesbian, Gay, Bisexual, Trans and Intersex Association (ILGA): Diese Regelung gilt übrigens auch in Mauretanien, Pakistan, Afghanistan und den Vereinigten Arabischen Emiraten.
12 Blick, 02.04.1994, Nr. 77, Titelseite und S. 9.
13 Neue Zürcher Zeitung, 02./03.04.1994, Nr. 77, S. 59.
14 Schweizer Fernsehen, Sendung «Club» vom 12.04.1994 in voller Länge: https://www.srf.ch/play/tv/club/video/lesben-im-damenfussball-angst-vor-homosexueller-ansteckung?id=e7b623 15-d692-4752-9656-ebca8e51ea84 (Zugriff am 01.10.2019).
15 Swiss Olympic 2015, S. 2. Bereits die Ethik-Charta von 2013 sah im 6. Prinzip die Gleichbehandlung aller Personen unabhängig von «Nationalität, Alter, Geschlecht, sexueller Orientierung, sozialer Herkunft und religiöser oder politischer Ausrichtung» vor. 2014 lancierten die Arbeitsgemeinschaft Schweizerischer Sportämter (ASSA) und Swiss Olympic eine nationale Sensibilisierungskampagne zu Homophobie im Sport.
16 L.Mag, 07.08.2016: https://www.l-mag.de/news-1010/lesben-in-rio-teil-2.html?L=dpsnqxen (Zugriff am 01.10.2019).
17 Spiegel online, 17.08.2016: https://www.spiegel.de/sport/sonst/olympia-2016-verheiratet-mit-der-spielfuehrerin-na-und-a-1108183.html (Zugriff am 27.09.2019).
18 Siehe https://www.bento.de/sport/lgbt-bei-olympia-so-viele-queere-sportler-haben-noch-nie-teilgenommen-a-00000000-0003-0001-0000-000000780970 (Zugriff am 24.09.2019).
19 Gemäss L.Mag zählt als «offen lesbisch/bisexuell, wer sich in einem Interview geoutet hat oder sich auf seinem öffentlichen Social Media-Profil eindeutig dazu geäussert hat. Fotos von mutmasslichen Freundinnen und ‹offene Geheimnisse› genügen nicht». Siehe https://www.l-mag.de/news-1010/lesben-in-rio-teil-2.html?L=dpsnqxen (Zugriff am 08.10.2019).
20 Eggeling 2010.
21 Pfister 1999, S. 165f.
22 Schaaf / Nieland 2011.
23 Dieser Begriff bezieht sich auf die

russische Tennisspielerin Anna Kournikova. Obwohl sie im Tennis nie einen Einzeltitel gewonnen hat, war sie aufgrund von Werbeverträgen eine der bestbezahlten Athletinnen. Sie wurde als Sexsymbol vermarktet. Kournikova hat sich neben dem Court in Erotikmagazinen und der Regenbogenpresse vor allem durch ihr Aussehen einen Namen gemacht.
24 Rulashe 2004; Kugelmann 2005.
25 Beobachter, 13.09.2018: https://www.beobachter.ch/prix-courage/prix-courage-2018-kandidat-8-pascal-erlachner (Zugriff am 10.10.2019).
26 Blick, 17.06.2019: https://www.blick.ch/people-tv/schweiz/die-lesbischen-die-nati-stars-alisha-lehmann-20-und-ramona-bachmann-28-sind-ein-glamour-paar-die-fans-freuen-sich-fuer-unsere-liebe-id15373822.html (Zugriff am 29.09.2019).
27 Sportpanorama, 06.05.2012 mit Bernhard Thurnheer: https://www.srf.ch/play/tv/sportpanorama/video/inka-grings-im-portraet?id=f044305b-070e-4b75-98b1-ae59f4bdc7a0 (Zugriff am 30.09.2019).
28 Luzerner Zeitung, 08.10.2019: https://www.luzernerzeitung.ch/sport/die-unscheinbare-torjaegerin-geraldine-reuteler-ld.1158313 (Zugriff am 12.10.2019).
29 Maguire 2009.
30 Bailey et al. 2005; Meier / Saavedra 2009.
31 Gibson / Cordova 1999; Singh et al. 2006.
32 Hargreaves 2000, S. 139.
33 Palzkill 1990.
34 Knight / Giuliano 2003; Meier 2015.
35 Maguire 2009; Hargreaves 2000; Horne et al. 1999.
36 Lockwood / Kunda 1997, S. 92.
37 Bandura 1986, 1997.
38 Bailey et al. 2005, S. 6.
39 Lockwood / Kunda 1997.
40 In Anlehnung an den Buchtitel von Degele / Janz (2011): «Hetero, weiß und männlich? Fußball ist viel mehr!»
41 Young 2005.
42 Biskup / Pfister 1999; Vescio et al. 2005; Meier / Saavedra 2009.
43 Lenskyj 1991, 1992; Griffin 1998, 2002; Mennesson / Clément 2003.
44 Die Weltwoche, 14.04.1994, Nr. 15, S. 52.
45 Hargreaves 2000, S. 139.
46 Griffin 2002, S. 202.
47 Griffin 2002, S. 195.
48 Neue Zürcher Zeitung, 26.10.2011: https://www.nzz.ch/bundesliga_philipp_lahm_arne_friedrich-1.13124122 (Zugriff am 16.10.2019).
49 Solche Hassdelikte gehören in Südafrika zum Alltag. Der Fall von Eudy Simelane ist in zweierlei Hinsicht bemerkenswert: Erstmals überhaupt wurde Homophobie in Südafrika als Tatmotiv vom zweitinstanzlichen Gericht anerkannt. Und erstmals in der Justizgeschichte des Landes kam es auch zu einer Verhaftung und Verurteilung der vier Täter.

# Bibliografie

Abrams, L. (2010): Oral History Theory. London.
Anderson, E. (2002): Openly Gay Athletes: Contesting Hegemonic Masculinity in a Homophobic Environment, in: Gender and Society 16/6, S. 860–877.
Bailey, R. / Wellard, I. / Dismore, H. (2005): Girls' Participation in Physical Activities and Sports: Benefits, Patterns, Influences and Ways Forward. World Health Organization (WHO) technical paper, Berlin.
Bandura, A. (1986): Social Foundations of Thought and Action. A Social Cognitive Theory. Jersey.
Bandura, A. (1997): Self-Efficacy. The Exercise of Control. Stanford University, New York.
Biskup, C. / Pfister, G. (1999): I Would Like to Be Like Her/Him: Are Athletes Models for Boys and Girls?, in: European Physical Education Review 5/3, S. 199–218.
Degele, N. / Janz, C. (2011): Hetero, weiß und männlich? Fußball ist viel mehr! Studie zu Homophobie, Rassismus und Sexismus im Fußball. Berlin.
Eggeling, T. (2010): Homosexualität und Fußball – ein Widerspruch?, in: Homosexualität. Aus Politik und Zeitgeschichte 15-16/2010, Bundeszentrale für politische Bildung, S. 20–26.
Gibson, D. E. / Cordova, D. I. (1999): Women's and Men's Role Models: The Importance of Exemplars, in: Murrell, A. J. / Crosby, F. J. / Ely, R. J. (Hg.): Mentoring Dilemmas: Developmental Relationships within Multicultural Organizations. Mahwah, NJ/London, S. 121–141.
Griffin, P. (1998): Strong Women, Deep Closets. Lesbians and Homophobia in Sport. Champaign, IL.
Griffin, P. (2002): Changing the Game: Homophobia, Sexism and Lesbians in Sport, in: Scraton, S. / Flintoff, A. (Hg.): Gender and Sport: A Reader. London/New York, S. 193–208.
Hargreaves, J. (1994): Sporting Females. Critical Issues in the History and Sociology of Women's Sports. London/New York.
Hargreaves, J. (2000): Heroines of Sport. The Politics of Difference and Identity. London/New York.

Horne, J. / Tomlinson, A. / Whannel, G. (1999): Understanding Sport. An Introduction to the Sociological and Cultural Analysis of Sport. London/New York.
Knight, J. L. / Giuliano, T. A. (2003): Blood, Sweat, and Jeers: The Impact of the Media's Heterosexist Portrayals on Perceptions of Male and Female Athletes, in: Journal of Sport Behaviour 26/3, S. 272–284.
Kugelmann, C. (2005): A Pedagogical Approach towards Playing with Gender in Sports, in: Hofmann, A. / Trangbaek, E. (Hg.): International Perspectives on Sporting Women in Past and Present. Copenhagen, S. 67–81.
Leavy, P. (2011): Oral History. Understanding Qualitative Research. New York.
Lenskyj, H. (1991): Combatting Homophobia in Sport and Physical Education, in: Sociology of Sport Journal 8/1, S. 61–69.
Lenskyj, H. (1992): Unsafe at Home Base: Women's Experiences of Sexual Harassment in University Sport and Physical Education, in: Women in Sport and Physical Activity Journal 1/1, S. 19–34.
Lockwood, P. / Kunda, Z. (1997): Superstars and Me: Predicting the Impact of Role Models on the Self, in: Journal of Personality and Social Psychology 73, S. 91–103.
Maguire, J. (2009): The Social Construction and Impact of Champions, in: Spaaij, R. / Brown, S. (Hg.): Sport in Society Journal 12/9, Special Issue on the Social Impact of Sport, S. 1250–1264.
Meier, M. / Saavedra, M. (2009): Esther Phiri and the Moutawakel Effect in Zambia: An Analysis of the Use of Female Role Models in Sport for Development, in: Spaaij, R. / Brown, S. (Hg.): Sport in Society Journal 12/9, Special Issue on the Social Impact of Sport, S. 1158–1176.
Meier, M. (2015): The Value of Female Sporting Role Models, in: Chawansky, M. / Hayhurst, L. (Hg.): Sport in Society Journal, Special Issue on Girls, International Development and the Politics of Sport, S. 968–982.

Mendos, L. R. (2019): State-Sponsored Homophobia 2019, International Lesbian, Gay, Bisexual, Trans and Intersex Association. Geneva.

Mennesson, C. / Clément, J.-P. (2003): Homosociability and Homosexuality: The Case of Soccer Played by Women, in: International Review for the Sociology of Sport 38/3, S. 311–330.

Menzel, T. / Braumüller, B. / Hartmann-Tews, I. (2019): The Relevance of Sexual Orientation and Gender Identity in Sport in Europe. Findings from the Outsport Survey, Cologne: German Sport University Cologne, Institute of Sociology and Gender Studies.

Palzkill, B. (1990): Zwischen Turnschuh und Stöckelschuh. Die Entwicklung lesbischer Identität im Sport. Bielefeld.

Pfister, G. (1999): Sport im Lebenszusammenhang von Frauen. Ausgewählte Themen, Schriftenreihe des Bundesinstituts für Sportwissenschaft, Bd. 104. Köln.

Rulashe, L. (2004): Reporting Women's Sport, in: IOC, International Olympic Committee / NOC, National Olympic Committee Morocco: New Strategies, New Commitments, Report on the 3rd World Conference on Women and Sport, 7–8 March 2004, Marrakech/ Morocco, S. 137–140.

Schaaf, D. / Nieland, J.-U. (Hg.) (2011): Die Sexualisierung des Sports in den Medien. Sportkommunikation, Bd. 10. Köln.

Schaaf, D. (2012): «Lieber Barbie als Lesbe?» Dispositionen von Sportjournalisten und Sponsoren zum heteronormativen Körperideal im Frauenfußball, in: Sobiech, G. / Ochsner, A. (Hg.): Spielen Frauen ein anderes Spiel? Geschichte, Organisation, Repräsentationen und kulturelle Praxen im Frauenfußball. Wiesbaden, S. 139–154.

Singh, V. / Vinnicombe, S. / James, K. (2006): Constructing a Professional Identity: How Young Female Managers Use Role Models, in: Women in Management Review 21/1, S. 67–81.

Swiss Olympic (2015): Rote Karte gegen Homophobie im Sport! Haus des Sports, Bern.

Vescio, J. / Wilde, K. / Crosswhite, J. J. (2005): Profiling Sport Role Models to Enhance Initiatives for Adolescent Girls in Physical Education and Sport, in: European Physical Education Review 11/2, S. 153–170.

Young, I. M. (2005): On Female Body Experience. «Throwing Like a Girl» and Other Essays, Studies in Feminist Philosophy. New York.

29 Katharina Sutter, *1968, Weltmeisterin im Bob

«Es ging um mehr als nur Medaillen, es ging um Anerkennung.»

Duct Tape – das silbergraue, wasserfeste Universalklebeband war jahrelang so etwas wie meine Lebensversicherung als Bobfahrerin. Es gehörte zu meiner Grundausrüstung. Damit ersetzte ich notfallmässig kaputte Reissverschlüsse und gerissene Schuhbändel. Mit dem Duct Tape klebten wir aber auch unsere Bobs zusammen. Denn oft fuhren wir mit den alten Schlitten der Männer, mit denen sie keine Rennen mehr bestreiten wollten. Das war zu Beginn der 1990er-Jahre. Frauenbob hatte zu dieser Zeit keine grosse Bedeutung. Wir waren Sportlerinnen zweiter Klasse und wurden von manchen Männern belächelt. Als Pionierinnen kämpften wir deswegen nicht nur um Medaillen und Titel, sondern auch für Anerkennung und Akzeptanz. Rückblickend mit Erfolg.

Im November 1992 sass ich das erste Mal in einem Bob. Das war im deutschen Winterberg während einer Trainingswoche. Die Frauenbobszene war damals klein und familiär. Am Start waren nur etwa acht Schlitten aus fünf verschiedenen Nationen. Alle unterstützten einander mit Wissen und halfen sich gegenseitig mit Werkzeugen aus. In den Anfangsjahren war Frauenbob amateurhaft und hatte nichts mit dem Spitzensportbetrieb der Männer gemein. Es gab für uns Frauen auch keinen Weltcup. Unsere Rennserie mit zwei bis vier Doppelrennen pro Saison hiess «Ladies Cup» und wurde von einzelnen Personen aus Goodwill organisiert. Nebst Pokalen gab es Naturalpreise wie Haushaltsgeräte oder Waschmittel. Der Verband interessierte sich nicht wirklich für uns. Aussagen wie «Bob ist nichts für Frauen» oder «Weiberbob» waren nicht selten zu hören. Trotz anfänglich schwieriger Rahmenbedingungen bin ich 15 Jahre lang auf oberstem Niveau Bob gefahren. In dieser Zeit habe ich vieles erlebt: Einzigartiges, Grossartiges, Aufwühlendes und Schwieriges. Auf alle Fälle war es aber die beste Lebensschule für mich.

Ich erinnere mich gut an ein Rennen in Calgary in der Saison 1993/94. Meine Pilotin Caroline Burdet und ich flogen mit einem Billigflug nach Kanada. Den Bob nahmen wir nicht mit. Dafür fehlte uns das Geld. Im Handgepäck hatten wir aber die eigenen Kufen. Rückblickend unvorstellbar. Heute wird der ganze Bob in eine Aluminiumbox verpackt und verfrachtet. Wir waren damals froh, hatten wir wenigstens unsere eigenen Kufen mit dabei. Vor Ort mieteten wir einen gebrauchten Männerschlitten. Der war zwar robust, aber etwas beschädigt. Mit Duct Tape flickten wir ihn und verbesserten die Fiberglass-Aerodynamik mit mehreren Rollen Klebeband. Es wundert mich nicht, dass es im Frauenbob zahlreiche Stürze gab, mehr als bei den Männern. Einerseits hatten wir schlechteres Material, andererseits wurden wir nicht professionell betreut. Oft waren wir auf uns alleine gestellt. Niemand sagte den Pilotinnen, wie sie die Kurven optimal fahren sollen. Nur manchmal hatten wir einen Trainer dabei, doch rückblickend muss ich sagen: Es waren nicht die Besten. Oft waren es diejenigen, die es bei den Männern nicht geschafft hatten.

Ich stürzte selten. Das hat damit zu tun, dass ich viele Jahre zu den besten Anschieberinnen der Schweiz gehörte. Ich durfte meine Pilotinnen auswählen und wählte logischerweise immer die talentiertesten. Dennoch hatte ich einmal einen schlimmen Sturz. Es geschah im selben Jahr 1993/94 in Calgary. Während der Fahrt im Eiskanal mit etwa 120 km/h klemmte auf einmal der Steuerkopf, und die Pilotin konnte den Schlitten nicht mehr steuern. Wir stürzten und donnerten ungebremst von der einen in die andere Kurve. Seitlich rutschte der Schlitten dann ins Ziel. Caroline Burdet hatte einen doppelten Schlüsselbeinbruch. Ich kam glimpflich davon und zerrte mir nur den Rückenmuskel.

Im Bob gehöre ich zu den Pionierinnen. Während meiner Karriere waren wir, meine Pilotinnen und ich, mehrmals die allerersten Frauen auf einer Bobbahn. So auch in Altenberg bei Dresden, einer Bobbahn in der damaligen DDR, ganz nah an der deutsch-tschechischen Grenze. Knapp fünf Jahre nach der Wende entschlossen wir uns, diese Bahn aufzusuchen. Suchen ist das richtige Wort, denn die Bobbahn lag versteckt in einem Waldgebiet. Zu DDR-Zeiten diente sie als geheimer Trainingsort für DDR-Athleten. Ohne einen genauen Plan zu haben, machten wir uns auf den Weg von der Schweiz nach Altenberg. Zwei Frauen, ein Auto, ein Bob auf einem Anhänger, ein Ziel: Als erstes Frauenteam der Welt wollten wir diese Bobbahn erobern. Und das taten wir dann auch.

Ende der 1990er-Jahre veränderte sich einiges im Frauenbob, denn 2002 in Salt Lake City sollten wir ins olympische Programm aufgenommen werden. Aus dem «Ladies Cup» wurde der Weltcup. Und im Jahr 2000 fand die erste Weltmeisterschaft statt. Austragungsort war Winterberg. Ein Fiasko. Nach dem ersten Lauf war unser Schweizer Team mit der Pilotin Françoise Burdet, der älteren Schwester von Caroline Burdet, und mir auf Platz zwei. Das deutsche Team war auf Platz sechs. Im zweiten Lauf, man startet in umgekehrter Reihenfolge, übernahmen die Deutschen die Führung. Was danach geschah, war unglaublich. Kein Team kam an die Zeit der Deutschen heran, auch nicht die favorisierten Amerikanerinnen. Bis heute vermuten wir, dass die Veranstalter nach dem zweiten Lauf der Deutschen die Kühlanlage abgestellt haben. Heute wäre das unmöglich, die Kühlung unterliegt dem Rennreglement. Aber eben, wir standen im Frauenbobsport wirklich noch am Anfang. Zwar haben die Amerikanerinnen und wir Schweizerinnen nach dem Rennen rekurriert, aber erfolglos. Das deutsche Bobteam gewann WM-Gold vor den USA. Wir holten an den ersten Weltmeisterschaften der Geschichte Bronze. Eine Ehre mit einem bitteren Beigeschmack, der ein Jahr später dann vergessen war.

2001 wurde ich Weltmeisterin. Es war ein «Hundertstelkrimi»: in den Hauptrollen die favorisierten Amerikanerinnen und wir Schweizerinnen. Bei minus 25 Grad in Calgary entschieden wir das Rennen ganz knapp für uns, was grosse Emotionen auslöste. Was wir mit dieser Goldmedaille erreicht hatten, begriff ich aber erst später, als wir zurück in die Schweiz kamen. Am Flughafen wurde ich mit Kuhglocken empfangen. Plötzlich interessierte sich die Schweizer Presse für uns, und zum allerersten Mal habe ich eine Prämie erhalten: 1500 Franken von der Schweizer Sporthilfe. Am schönsten aber war die Feier, die meine Familie in meinem Heimatdorf Beringen im Kanton Schaffhausen organisierte. Die Mehrzweckhalle war bis zum letzten Platz gefüllt, die Dorfmusik spielte, der Gemeindepräsident hielt eine Ansprache, und es wurde gefeiert. Mit mir. Wegen mir. Das war der schönste Moment meiner Karriere, denn zum ersten Mal erfuhr ich tiefe und weitgehende Anerkennung. Zumindest in meinem persönlichen Umfeld.

Im Bobverband war es damals noch anders. Wurden Männer Weltmeister, erhielten sie unter anderem ein Auto. Einen Audi für ein Jahr beispielsweise. Ich wollte auch einen, also fragte ich nach. Mit Erfolg. Mir wurde temporär ein Auto zur Verfügung gestellt. Ich musste zwar die Versicherung und die Winterreifen selbst bezahlen, trotzdem fuhr ich stolz mit dem mit «Schweizer Bobverband» beschrifteten Auto herum. Das tat meinem Ego gut.

Nach den ersten Weltmeisterschaften standen die ersten Olympischen Spiele an. Salt Lake City 2002. Mein Ziel. Mein Traum. Seit bekannt geworden war, dass Frauenbob ins Olympische Programm aufgenommen würde, wechselten immer mehr schnelle Leichtathletinnen zum Bob. Die Konkurrenz in der Schweiz wuchs, und so fand kurz vor den Spielen ein interner Qualifikationswettkampf der Anschieberinnen statt. Drei Frauen. Ein Startplatz. Die Tagesform entschied, die schnellste Starterin würde nach Salt Lake City reisen. Jede hatte drei Startversuche, die schlechteste Zeit wurde

Katharina Sutter gehört zu den Schweizer Bobpionierinnen und wurde 2001 Weltmeisterin. Als sie in den 1990er-Jahren anfing, Bob zu fahren, gab es noch keinen Weltcup. Das Bild stammt vom «Ladies Cup» 1999. Sie scheint mit jeder Faser ihres Körpers bereit zu sein für den sekundenschnellen Einsatz als Anschieberin.

gestrichen, die anderen beiden Zeiten addiert. Die Ausgangslage war somit klar und die Stimmung dementsprechend angespannt. Und sie wurde noch angespannter, als wir nach drei Läufen, in denen wir höchst fokussiert alles aus uns herausgeholt hatten, feststellen mussten, dass die mobile Infrarotzeitmessung falsche Zeiten mass. Da am nächsten Tag Meldeschluss für die Olympischen Spiele war, blieb den Verbandsverantwortlichen nichts anderes übrig, als die Wiederholung des Wettkampfs auf den nächsten Tag zu verschieben – auf einen Montag. Wir Athletinnen mussten unsere Chefs anrufen und ihnen mitteilen, dass wir nicht zur Arbeit erscheinen würden und im Engadin übernachteten. Schliesslich ging es um Olympia.

Dann wurde mein Traum Realität. Ich qualifizierte mich für Salt Lake City 2002. Auch wenn wir dort um fünf Hundertstelsekunden die Bronzemedaille verpassten, gehören die Spiele zu meinem Karrierehöhepunkt. Olympische Spiele sind etwas Einmaliges: viel Rummel, viel Presse, viel Aufmerksamkeit. Etwas, was ich als Athletin kein zweites Mal erleben durfte. Die Olympischen Spiele 2006 in Turin hätten ein besonderer Anlass werden sollen. Einerseits wollte ich danach zurücktreten, andererseits wollte ich mich mit der noch jungen Pilotin Sabina Hafner qualifizieren, die schon damals meine Partnerin war. Was für ein Abschluss wäre das gewesen!? Doch es kam nicht dazu. Ich war am Knie verletzt, konnte vier Wochen lang nicht trainieren und verpasste den Leistungstest, der als Selektion für uns Starterinnen zählte. Die letzte Chance bot sich an den Schweizermeisterschaften. Sabina und ich gewannen überlegen Gold mit über eineinhalb Sekunden Vorsprung. Das überzeugte die Verbandsverantwortlichen dennoch nicht: Sie zogen eine andere Anschieberin vor. Die Art und Weise, wie ich von diesem Entscheid erfuhr, war sehr schmerzhaft.

Es war der Tiefpunkt meiner 15-jährigen Karriere: Der Verband organisierte an den Schweizermeisterschaften eine Medienkonferenz, an der er bekannt gab, wer für die Schweiz an die Olympischen Spiele fahren würde. Ich war in St. Moritz vor Ort. Doch niemand sprach im Vorfeld mit mir und klärte mich auf. Nach der offiziellen Medienkonferenz, bei der ich nicht dabei war, erfuhr ich von den Journalisten, dass ich nicht mit meiner Freundin Sabina Hafner auf dem Olympiaschlitten sitzen würde. Ich sei «ausser Rang und Traktanden» gefallen. Meine Sportlerinnenwelt brach zusammen, ich konnte den Entscheid nicht verstehen, denn Sabina und ich waren das beste Schweizer Team, auch wenn ich zu diesem Zeitpunkt aufgrund meiner Verletzung noch nicht ganz die Schnellste war – aber ich hätte noch über einen Monat Zeit gehabt, mich in Bestform zu bringen. Und so fand Turin 2006 ohne mich statt. Ich ging auch nicht hin. Ich wollte den Verbandsmännern nicht begegnen. Ich war sauer, enttäuscht, traurig. Am Fernsehen verfolgte ich das Rennen von Sabina. Es lief ihr nicht gut.

Sabina und ich. Seit Silvester 2004 sind wir ein Paar. Mit Sabina ging ich meine erste Frauenbeziehung ein – meine allererste richtige Beziehung überhaupt. Die Liebe hatte in meinem Leben lange keinen Platz. Sport war mein Leben – zuerst die Leichtathletik, dann der Bob. Sabina verknallte sich sofort in mich, als wir 2003 angefangen haben, zusammen Bob zu fahren. Sie war offensiv, suchte meine Nähe. Manchmal kam sie mir näher, als mir lieb war. Ich war damit überfordert: Einerseits wollte ich ihre Nähe zulassen, andererseits wehrte sich mein Kopf dagegen. Doch dann war das Herz stärker als der Kopf.

Wir führten ein halbes Jahr lang eine Beziehung, dann begann ich erneut zu zweifeln. Bin ich nicht zu alt für sie? Sind 16 Jahre Altersunterschied nicht zu viel? Liebe ich Sabina? Bin ich wirklich lesbisch? Wenn ja, möchte ich es ausleben, oder kämpfe ich dagegen an? Es begann eine schwierige Zeit für uns beide, vor allem aber für Sabina, die fast verzweifelte wegen meiner Unsicherheiten. Ich haderte mit mir selbst und fürchtete mich auch vor den Reaktionen in meinem privaten und sportlichen Umfeld. Warum ich mich dennoch auf die lesbische Liebe und auf Sabina eingelassen habe, weiss ich nicht mehr genau. Es hatte sicher damit zu tun, dass ich auf etwas so Schönes nicht verzichten wollte. Seither bin ich zufriedener denn je.

Im Bob haben wir unsere Liebe verheimlicht. Im Verband gab es einige konservative, traditionell eingestellte Leute. Wir hatten Angst, dass das Lesbischsein zum Karrierekiller werden könnte. Vielleicht unterstelle ich damit den Verbandstrainern etwas, aber ihre Reaktionen waren unberechenbar, und wir wollten unsere Karrieren nicht riskieren. Wir waren schon froh und dankbar, dass wir mittlerweile als Frauen im Bobsport akzeptiert waren. So lebte ich meine Liebe zu Sabina während meiner Aktivzeit versteckt. Diese endete 2007 nach den Weltmeisterschaften in St. Moritz. Dem Bobsport blieb ich danach treu, denn ich betreute Sabina als Mechanikerin. Zusammen erlebten wir die Olympischen Spiele 2010 in Vancouver und 2018 in Pyeongchang. Seit einigen Jahren stehen wir zu unserer Liebe. Die negativen Reaktionen blieben aus – im privaten Umfeld, im Beruf und auch im Sport.

Mein Sportlerinnenleben war nicht nur geprägt vom Kampf um Medaillen und Titel, sondern auch vom Kampf um Anerkennung und Akzeptanz. Auf allen Ebenen. Darauf bin ich stolz.

— Katharina Sutter, *1968
— Aufgewachsen in Beringen, Kanton Schaffhausen
— Selbstständige diplomierte Bauleiterin
— WM-Bronze 2000, Weltmeisterin 2001, WM-Vierte 2005, Team-WM-Bronze 2007
— Olympische Spiele: Salt Lake City 2002 (4.)

Lara Dickenmann, *1985, achtfache Schweizer Fussballerin des Jahres

«Lange wusste ich nicht, wer ich sein will.»

In den USA habe ich mich selbst gefunden. Das war für mich eine Befreiung, denn zuvor hatte ich mich selbst verleugnet. Damals konnte ich nicht akzeptieren, dass ich lesbisch bin. Ich hatte ein Problem damit und spielte eine Rolle, die für alle stimmte – ausser für mich. Wie ich mich dabei fühlte, war mir nicht so wichtig. Als Teenager war ich schüchtern, hatte wenig Selbstvertrauen. Das kam erst mit der Zeit, dank dem Fussball. Mit 14 Jahren spielte ich bereits in der höchsten Schweizer Liga, kam bald ins Nationalteam. Das ging alles sehr schnell und liess mein Selbstvertrauen wachsen. Ich hatte etwas erreicht. Neben dem Platz war ich allerdings zurückhaltend, verwirrt über meine eigene Gefühlslage. Lange wusste ich nicht, wer ich sein will. So gesehen kam mir das Stipendium der Ohio State University 2004 gerade recht. Wirtschaftsstudium und College-Fussball, eine gute Kombination. Es war der Aufbruch in ein Abenteuer, bei dem ich mir selbst nicht vorstellen konnte, wie es herauskommen würde. Vor allem sah ich in Amerika die Chance für einen Neustart. Denn ich nahm mir vor: Ab jetzt stehe ich auf Männer. Das war mein Ziel. Ich wollte nicht dort ankommen und sagen: «Hallo zusammen, ich stehe auf Frauen.» Das habe ich durchgezogen. Also am Anfang. Aber die Realität hat mich ziemlich schnell eingeholt. Denn es führte dazu, dass ich Dinge ausprobierte, bei denen ich eigentlich wusste, dass ich das gar nicht wollte. Es war anstrengend, ja. Aber es war mir auch schnell bewusst, dass mein Vorhaben mit den Männern nicht klappte. Amerika wurde also zum Neustart – aber anders als gedacht.

Mit Carla hatte ich meine erste Beziehung in den USA. Sie gab mir zu verstehen, dass lesbisch sein in Ordnung und ganz normal ist. Je mehr sie das sagte, desto mehr glaubte ich ihr. Irgendwann gab es für mich keine andere Möglichkeit mehr, und wir standen offen zu unserer Beziehung. Das war ein befreiender Moment, der Startschuss zu meinem Öffnungsprozess. Aber ich war in den USA, die Schweiz war weit weg. Und so dauerte es bis zum öffentlichen Coming-out in meiner Heimat noch ein paar Jahre.

In meiner Jugend in der Schweiz versteckte ich mich lange Zeit. In der Schule wusste niemand, wer ich wirklich war. Wobei, wahrscheinlich war es mir selbst nicht so richtig klar. Im Nachhinein denke ich, dass ich das Coming-out anders hätte machen sollen – früher darüber reden oder dazu stehen. Aber eben: Ich hatte zu wenig Selbstvertrauen. Und als ich einem Kollegen einmal sagte, dass ich lesbisch sei, nahm er mich nicht ernst. Er glaubte mir einfach nicht. Was hätte ich sonst noch machen sollen? Deshalb habe ich lange geschwiegen.

Der Fussball war meine Flucht. Ein schöner Ort, an dem ich sein konnte, wie ich bin. Auf dem Kleinfeld in Kriens gab es einen roten Hartplatz, dort habe ich als Kind einen grossen Teil meiner Freizeit verbracht und bin dann mit sechs Jahren dem Verein beigetreten. Es war eine gute Zeit, wenn auch manchmal nicht ganz einfach. Ich war das einzige Mädchen und noch talentiert dazu. Jede Saison spielte ich in einem guten Team und konnte daher viel profitieren. Auch mein Bruder spielte Fussball, und so gab es am Sonntagabend nach den Spielen immer Diskussionen am Familientisch. Mein Vater war einmal Profifussballer gewesen und deshalb kritisch mit Joel und mir. Meine Mutter hat die Wogen jeweils geglättet. Doch diese Sonntagabende, sie waren prägend für meine spätere Entwicklung als Fussballerin. Mein Vater war oft der Meinung, dass ich mein Potenzial nicht ausschöpfe. Er hatte recht. Aber ich musste es auch nicht. Und genau das hat ihn gestört. Er war damals wahrscheinlich nicht sicher, ob ich das jemals begreifen würde. Mit dem Jonglieren war das zum Beispiel so eine Sache. Manchmal sagte er zu mir: «Wenn du zwanzig Mal jonglieren kannst, darfst du wieder hereinkommen.» Das war für mich wirklich sehr schwer, ich war ja noch ein Kind. Ich habe dann geübt, bis ich es konnte. Aber nicht immer hat es geklappt. Manchmal gelangte ich auch an den Punkt, an dem ich einfach wütend wurde und getobt habe. Aber aus solchen Situationen habe ich immer etwas gelernt. Denn genau das hat mich weitergebracht. Selbstkritisch zu sein, ist ein wichtiger Teil meines Wesens. Ich will mich nie zufriedengeben und immer besser werden. Und sowieso: Mit Kritik kann ich besser umgehen als mit Komplimenten. Durch den Spitzensport habe ich viel gelernt. Eigentlich das meiste, was mich und mein Leben ausmacht: sich einen Platz im Team zu suchen, verschiedene Kulturen kennenzulernen und zu bemerken, dass es Leute gibt, die anders ticken. Und dass dies gut so ist. Dass man sich nicht immer nur die eigenen Wünsche erfüllen kann, sich auch anpassen und seine Rolle akzeptieren muss.

Auch die Zeit bei Olympique Lyon war sehr lehrreich. Nach dem Studium in Amerika wechselte ich 2009 nach Frankreich und war erstmals in meinem Leben Profi – in einem richtig guten Team, das international erfolgreich war. Ich die junge Schweizerin – und zack, da war es wieder, das fehlende Selbstvertrauen. Ich kam natürlich nicht nach Lyon und sagte: «Hallo, da bin ich jetzt.» Ich

Lara Dickenmann schaffte es vom Krienser Kleinfeld auf die grosse Bühne des Frauenfussballs. Bis zu ihrem Rücktritt aus dem Schweizer Nationalteam im August 2019 wurde die Teamälteste von ihren Kolleginnen liebevoll «Grosle» genannt. Sie war Captain und ist mit 135 Länderspielen Rekordspielerin. Lara Dickenmann ist eines der Aushängeschilder des Schweizer Frauenfussballs – auf und neben dem Platz.

war anfänglich zurückhaltend und habe beobachtet, wie das Team funktionierte. Und bin erst mit der Zeit in meine Rolle hineingewachsen. Ich war nie die Lauteste, aber ich wurde wichtig für das Team. Das hat mich als Person gestärkt. Von den Fans und auch vom Verein wurde ich sehr gut behandelt – es war eine wunderbare Zeit. Und eine sehr erfolgreiche. Mit Lyon verbinde ich auch mein schönstes Fussballerlebnis auf Klubebene: den erstmaligen Gewinn der Champions League. Dieser Titel war immer mein Traum – 2011 wurde er Wirklichkeit, und ich habe sogar das Siegestor erzielt. Unglaublich. Weniger gut war in Lyon der Umgang mit dem Thema Homosexualität, das war eher ein Tabu. Wir wussten es untereinander, aber nicht einmal von allen. Und an die Öffentlichkeit trugen wir es schon gar nicht. Man versteckte sich. Auch, weil der Verein – bei allem Erfolg und dem vielen Geld – konservativ ist und nicht offen mit dem Thema umgehen konnte. Ich habe mich im Verein oder in der Stadt nie versteckt, aber des vorherrschenden Klimas war ich mir schon bewusst.

Bei meinem aktuellen Verein, dem VfL Wolfsburg, ist das zum Glück ganz anders, da sind alle viel toleranter. Der Klub ist offen, was das Thema Homosexualität anbelangt, und in Wolfsburg fühle ich mich sehr wohl, mit dem Team und dem Staff und auch in der Stadt. Auf Initiative unserer ehemaligen Mitspielerin und Spielführerin Nilla Fischer trägt der ganze Verein – von den U-Teams bis zu den männlichen Profis – Captain-Armbinden in Regenbogenfarben. Das finde ich speziell und gut, weil es zu unserer Sichtbarkeit beiträgt und hoffentlich einen positiven Effekt hat.

Beim Nationalteam war der grösste Moment die definitive WM-Qualifikation für Kanada 2015. Das war unglaublich und emotional. Wenn etwas das erste Mal passiert, ist es für mich immer am eindrücklichsten. So auch mein erstes Länderspiel im August 2002, damals in Frankreich. Mit 16 war ich die Jüngste im Team – und bei meinem Rücktritt im Herbst 2019 dann die Älteste. Von meinen Nati-Teamkolleginnen wurde ich «Grosle» genannt.

Im September 2018, ein Jahr vor dem Rücktritt aus dem Nationalteam, habe ich mich öffentlich geoutet. Im Schweizer Fernsehen wurde ein Porträt über mich ausgestrahlt, in dem auch meine Homosexualität thematisiert wurde und auf das ich persönlich nur positive Reaktionen bekommen habe. Ich war endlich dazu bereit, öffentlich über mein Lesbischsein zu reden. Ich wollte das einfach machen. Denn irgendwann hatte ich mich entschieden: Ich lebe mein eigenes Leben, und wenn ich Lust habe, etwas zu tun, dann mache ich das auch. Sei es, diesen Porträtfilm über mich machen zu lassen oder ein neues Tattoo zu stechen. Ich habe lange genug Rücksicht genommen, damit ist jetzt Schluss. Es war und ist mir heute ein wichtiges Anliegen. Als Kind und Jugendliche hatte ich niemanden, mit dem ich darüber sprechen konnte. Es gab in der Öffentlichkeit und vor allem im Sport keine Person, die dazu stand, lesbisch oder schwul zu sein. Vielleicht kann ich nun einen Beitrag leisten und zeigen, dass man gut damit leben kann. Wenn es nur jemandem hilft, sich zu öffnen und sich wohler zu fühlen, dann hat sich mein Coming-out bereits gelohnt.

Mit 13 Jahren war mir klar, dass ich lesbisch bin. Meine Freizeit verbrachte ich sowieso lieber mit Mädchen, und irgendwann verliebte ich mich in eine Klassenkameradin. Wir haben uns geküsst, so habe ich das bemerkt. Es war ein natürlicher Prozess, ich war verliebt und wollte ihr nahe sein. So, wie das für andere mit Jungs der Fall war. In mir drin hat es sich nie schlecht angefühlt. Und trotzdem: Ich wollte nicht abgestempelt werden. Ich wollte nicht Fussball spielen und dann auch noch lesbisch sein. Dieses Klischee wollte ich nicht bestätigen. Es war für mich einfach zu früh, dazu zu stehen. Obwohl dies beim Frauenfussball eigentlich schön ist: Dass man so sein kann, wie man ist, und sich nicht rechtfertigen muss.

Ob ich jemals einen Freund hatte? Ja, sogar zwei. Aber das hat nie lange gehalten. Ich hatte sie zwar gerne, aber mehr war da nicht. Ich hatte damals schon etwas mit einer Frau gehabt und wusste, wie gut es sein kann. Mit einem Mann fühlte es sich für mich nie richtig an. Und natürlich war ich nicht glücklich zu dieser Zeit. Ich machte das alles nur, um normal zu erscheinen. Mir selbst musste ich wohl nichts beweisen, aber vielleicht meiner Familie. Meine Mutter war glücklich, als ich einen Freund hatte. Ich fand das schön, auch wenn es mich viel Energie kostete. Mit 17 kam dann der Moment der Wahrheit. Wir sassen am Tisch, und ich sagte zu ihr: «Mami, ich muss dir etwas sagen. Ich stehe auf Frauen.» Ich weiss es noch so genau. Es war für uns beide ein sehr emotionaler Moment. Für sie ein Schock, für mich eine Befreiung, auch wenn ich eigentlich gar nicht richtig bereit dazu war. Aber ich bin stolz, dass ich es bereits mit 17 gesagt habe. Im Nachhinein denke ich, dass ich meiner Mutter vieles hätte erklären müssen, was ich damals aber nicht konnte. Danach haben wir fünf Jahre nicht darüber geredet, weil ich in Amerika war. Wir blendeten das Thema einfach aus, weil ich wohl das Gefühl hatte, dass ich sie schützen musste. Aber ich hätte genau das Gegenteil tun sollen, sie in meinen Prozess miteinbeziehen. Aber in diesem Alter ist das schwierig. Es wäre einfacher, wenn die Eltern einem in diesem Prozess helfen würden, als umgekehrt. Heute ist es in Ordnung, und meine Mutter und ich reden viel über dieses Thema. Ich bin froh, dass ich das heute kann. Denn ich bin meinen Eltern sehr dankbar für alles. Was meinen Öffnungsprozess betrifft, da bin ich überzeugt: Die Entwicklung wird mein Leben lang andauern. Das hat aber nicht nur damit zu tun, dass ich lesbisch bin, sondern auch mit meiner Persönlichkeit. Ich bin immer noch nicht 100 Prozent zufrieden mit mir. Aber mit 34 bin ich schon weiter als mit 20. Ich versuche einfach, jeden Tag ein besserer Mensch zu werden. Jemand, der über alles offen reden kann, auch über die Homosexualität. Jemand, der anderen bei diesem Prozess helfen kann. Dasselbe gilt für den Fussball: Ich versuche, den jungen Mitspielerinnen Halt zu geben, wenn sie Probleme haben, und ich teile mit ihnen meine Erfahrungen. Ich habe viel erlebt und glaube, dass mein Wissen und meine Erfahrungen anderen helfen können.

— Lara Dickenmann, *1985
— Aufgewachsen in Kriens, Kanton Luzern
— Profifussballerin
— Studienabschluss in Internationaler Wirtschaft und General Management
— 2011 und 2012: Gewinnerin Champions League mit Olympique Lyon
— Siebenfache französische Meisterin; dreifache Meisterin mit VfL Wolfsburg; mehrfache Pokalsiegerin in Frankreich und Deutschland
— 2002–2019: Schweizer Nationalspielerin (135 Spiele / 53 Tore)
— Achtfache Schweizer Fussballerin des Jahres
— 2015: erstmalige WM-Teilnahme
— 2017: erstmalige EM-Teilnahme

47 Christa Wittwer, *1982, mehrfache Schweizer Meisterin im Speerwurf

«Neben dem Misthaufen warf ich den Speer in die Säuliwiese hinaus.»

Auf meinem Oberarm ist eine Blume tätowiert. Es ist eine Fantasieblume, die ich selbst gezeichnet habe. Sie symbolisiert meine Liebe zur Natur. Mit 15 habe ich mir dieses Tattoo stechen lassen, es gab mir das Gefühl, etwas Besonderes zu sein. Der Sport gab mir dasselbe Gefühl. Schon als Kind. Dabei erinnere ich mich an ein Ritual mit meinem Vater: Stundenlang standen wir manchmal an der Aare und warfen Steine ans andere Ufer. Wir zielten auf einen grossen Steinbrocken. Drei Mal sollte ich treffen, sagte mein Vater, erst dann würden wir zurückjoggen. Ich war ehrgeizig und hätte nie aufgegeben. Damals war ich neun Jahre alt, und ich liebte dieses Steinwurfritual mit ihm. In diesen Momenten war meine Welt in Ordnung. Wenn ich traf, fühlte ich mich wie eine kleine Königin. Ich war stolz, mein Vater war stolz. Rückblickend glaube ich, dass an der Aare der Grundstein für meine Speerwurfkarriere gelegt wurde. Mir gefiel das Gefühl, wahrgenommen zu werden. Sport machte mich sichtbar.

In meiner Kindheit war ich nicht immer sichtbar. Aufgewachsen bin ich auf einem Bauernhof in der Nähe von Bern mit zwei älteren Brüdern und Eltern, die viel und hart arbeiteten. Ich kann mich an kein harmonisches Zuhause erinnern. Bei uns gab es wenig Geborgenheit, dafür immer wieder heftige Streitereien. Ich flüchtete mich in den Sport, in die Leichtathletik, vor allem ins Speerwerfen. Meinen allerersten Wettkampf bestritt ich mit fünf Jahren. Ich war noch viel zu jung und hätte eigentlich gar nicht teilnehmen dürfen. Beim Ballweitwurf verblüffte ich aber alle. Als kleines, introvertiertes Mädchen warf ich den gelben Ball über die Absperrung. Die Leute lobten mich, und in mir kam dieses stolze Gefühl wieder auf. Wahrgenommen zu werden, tat mir gut. Diese Geschichte ist symbolisch: Ich bin ein ruhiger, zurückhaltender Mensch. Wenn ich aber weiss, dass ich etwas kann, will ich es zeigen. Diese Kraft und der Glaube an mich steckten schon immer in mir.

In meinem Leichtathletikklub LAG Zollikofen fühlte ich mich wohl. Die Menschen gaben mir Halt, und nach jedem Training waren meine «Batterien» wieder voll. In meinen Teenagerjahren trainierte ich viel im Verein, aber auch zu Hause auf dem Bauernhof. Mein Vater hatte eine Speerwurfanlage für mich und meinen Bruder aufgebaut: eine ausgerollte Tartanbahn direkt neben dem Misthaufen. Ich warf den Speer in die Säuliwiese hinaus. Dank meinem Trainingswillen und meinem Ehrgeiz wurde ich schnell besser: Mehrmals wurde ich Schweizer Meisterin im Speerwerfen in meiner Alterskategorie, und mit 16 kam ich ins Perspektivkader des

Schweizer Leichtathletikverbands. Sportlich lief es wie gewünscht, zu Hause aber wurde es für mich unerträglich. Meine Eltern trennten sich. Endlich, eigentlich. Mein Vater hatte eine neue Freundin, die kurz nach der Trennung bei uns auf dem Bauernhof einziehen wollte. Die neue Partnerin meines Vaters und ich verstanden uns gar nicht gut. Es gipfelte darin, dass mein Vater mich rauswarf. Ich war erst 17 Jahre alt und hatte keine Ahnung, wohin ich gehen sollte. Zu meiner Mutter wollte ich nicht, und so liess ich mich von der Frauenzentrale Bern beraten. Die Ausgangslage war klar: Ich brauchte eine Wohnung, hatte aber kein Geld, weil ich erst kurz vor dem Lehrbeginn als Goldschmiedin stand. Mein Traumberuf.

Schon immer zogen mich Mineralien und Steine an. Feines Arbeiten mit den Händen, Präzision und Geduld zeichneten mich bereits als Kind aus. Ich konnte beispielsweise stundenlang ganz alleine in meinem Zimmer sitzen und einen Scherenschnitt machen. War er am Ende nicht so perfekt, wie ich ihn mir vorgestellt hatte, schmiss ich ihn weg. Ich bin Perfektionistin. Auf den ersten Blick mag meine Affinität zum feinen Handwerk ein Kontrast zum kraftvollen Speerwerfen sein. Nicht für mich. Für mich hat Speerwerfen nichts mit Kraft zu tun. Es ist eine Kunst. Beide Künste, das Goldschmieden und das Speerwerfen, haben mir den nötigen Halt gegeben in einer wirklich schwierigen Zeit. Es wäre wohl das Einfachste gewesen, ich wäre nach der Trennung meiner Eltern zu meiner Mutter gezogen. Ich spürte jedoch, dass mir diese Dynamik nicht guttun würde. Auf mein Bauchgefühl konnte ich mich schon immer verlassen, und so bezog ich eine kleine Sozialwohnung im Fischermätteli in Bern. Ich lebte von staatlichen Unterstützungsgeldern, von der Kinderzulage, die meine Mutter mir gab, und von meinem Lehrlingslohn als Goldschmiedin. In dieser Phase entstand mein zweites Tattoo. Dieses Mal auf meinem Unterschenkel. Es war ein schwarzer Panther und symbolisierte das Grosse, Starke, Böse, was ich auch in mir haben wollte. Ich wollte einfach mehr sein als das zurückhaltende «Huscheli» vom Land.

Vom Land ins Ausland. Meine erste richtige Auslandserfahrung machte ich in Australien. Mit 17 ging ich für fünf Monate ans andere Ende der Welt und lebte bei einer Gastfamilie in Sydney. Schnell fühlte ich mich in dieser Familie wohl. Vielleicht fühlte ich mich zu wohl, denn meine Gastmutter wuchs mir ans Herz. Und ich ihr. Sie kümmerte sich um und interessierte sich für mich. Zwei Mal wöchentlich fuhr sie mich ins Trainingscenter in Sydney, wo ich mit Weltklasseathleten im olympischen Stützpunkt trainierte. Meine

Gastmutter hegte aber keine Muttergefühle für mich: Sie verliebte sich in mich. Das war eine unglaublich schwierige Situation. Einerseits schätzte ich die emotionale Nähe, andererseits war es mir extrem unangenehm. Die Umstände waren einfach zu speziell: Sie war zwanzig Jahre älter als ich, mit einem Mann verheiratet und hatte zwei Kinder. Reich an neuen Erfahrungen und mit einem vollen Herzen flog ich zurück in die Schweiz. Ich habe in dieser Zeit viel Liebe und Geborgenheit erfahren, dennoch war für mich klar, dass ich meine australische Gastmutter nicht in meinem Leben behalten konnte. Dafür waren die Umstände zu kompliziert. Was dieses Loslassen wirklich bedeutete, erfuhr ich erst Jahre später. Es ist eine traurige Geschichte, die dann Symbol für mein drittes Tattoo wurde.

Dass ich lesbisch bin, wusste ich mit 13, als ich mich in eine Schulfreundin verliebte, die mich faszinierte und die ich wunderschön fand mit ihren blauen Augen. Meine Gefühle behielt ich damals für mich. Ich hatte Angst, mit meinen Eltern darüber zu reden, denn bei uns zu Hause war Lesbischsein verpönt und wurde als nicht normal angesehen. Jahrelang sprach ich mit niemandem darüber. Mit einer Ausnahme: Als Kind stand mir meine Tante, die jüngere Schwester meiner Mutter, sehr nahe. Ihr vertraute ich. Mit 14, also 1996, sagte ich ihr, dass ich lesbisch sei. Sie umarmte mich einfach und zeigte mir so, dass ich nicht falsch fühlte oder abnormal war. Trotzdem verheimlichte ich meine Liebe zu Frauen noch elf Jahre lang. Vor allem im Sport.

Dabei hatte ich einige Freundinnen während dieser Zeit. Die erste mit 17, eine Coiffeuse aus Thun. Sie war ein paar Jahre älter als ich und war mir eine grosse Stütze. Mit ihr habe ich mich bei meiner Mutter ein erstes Mal geoutet, und zwar am Telefon. Rückblickend war das vielleicht eine schlechte Entscheidung, denn meine Mutter reagierte heftig. Für sie war mein Lesbischsein nicht akzeptabel. Ich fühlte mich danach so schlecht, dass ich eine Woche später wieder angerufen habe und ihr mitteilte, dass es ein Ausrutscher gewesen und ich jetzt nicht mehr lesbisch sei. Heimlich habe ich meine Beziehung mit meiner Freundin weitergeführt.

Mit meiner nächsten Freundin bin ich einige Jahre nach meinem Auslandaufenthalt nach Australien zurückgekehrt. Wir waren Anfang zwanzig. Auf unserer dreimonatigen Reise wollte ich ihr zeigen, wo ich gelebt hatte, und wir besuchten spontan meine Gastfamilie. Als wir beim Haus ankamen, irritierte mich die Unordnung rund ums Haus. Ich klingelte, aber niemand öffnete die Tür,

Christa Wittwer ist vierfache Schweizer Meisterin im Speerwerfen. An den Schweizermeisterschaften 2014 in Frauenfeld holte sie die Bronzemedaille mit einer Weite von 50,02 Metern. Christa Wittwer musste sich während ihrer Karriere drei Mal am Ellbogen und einmal an der Schulter operieren lassen.

so ging ich zur Nachbarin und erkundigte mich nach ihnen. Als sie mich sah, brach sie in Tränen aus und erzählte mir, dass sich meine Gastmutter vor einem halben Jahr das Leben genommen hatte. Die Nachricht erschütterte mich. Ich wusste, dass sich meine Gastmutter nach meiner Abreise heimlich mit Frauen getroffen hatte. Ich wusste, dass es sie innerlich zerrissen hatte. Dass sie daran zerbrechen könnte, hätte ich aber nie gedacht. Ich habe immer noch Schuldgefühle, auch wenn ich weiss, dass es nicht meine Schuld ist. In Erinnerung an meine Gastmutter liess ich mir vor vier Jahren das japanische Zeichen für Freundschaft auf meinen Oberarm tätowieren. Dasselbe Zeichen hatte auch sie als Tattoo. Es verbindet uns auch über ihren Tod hinaus.

Der Tod meiner Gastmutter bewegte etwas in mir: Soll man Liebe verheimlichen? Es dauerte zwar noch einige Jahre bis zum ersten Befreiungsschlag, aber mit 25 outete ich mich in meinem Freundeskreis und ein zweites Mal bei meiner Mutter. Diesmal sagte ich es mit Überzeugung. Ich habe das Gefühl, meine Mutter wünscht sich bis heute einen Mann an meiner Seite, und hat Mühe damit, dass ihre einzige Tochter lesbisch ist. Das macht mich manchmal traurig.

Meinen richtigen Befreiungsschlag vollbrachte ich mit 33, dank meiner Freundin. Sie hat mir geholfen, meine Ängste abzuschütteln und öffentlich zu meiner Liebe zu Frauen zu stehen – auch in der Leichtathletik. Im Sport habe ich mich zuletzt geoutet. Mein Coming-out gab ich im Schweizer Fernsehen in der Sendung «Liebesleben – im Bett mit Herr und Frau Schweizer». Als lesbisches Paar sprachen wir in dieser Sendung über unsere Beziehung und den Sex. Öffentlicher kann ein Coming-out kaum sein, umso nervöser machte mich der Gedanke an die Reaktionen im Klub und auf dem Sportplatz. Eine Woche nach der Ausstrahlung hatte ich einen Wettkampf. Was dort passierte, war eine wunderbare Erfahrung: So viele Athleten, Betreuer und Bekannte haben mir zu meinem Auftritt gratuliert. An diesem Tag stand ich im Fokus der Aufmerksamkeit und habe mich gefühlt, als wäre ich Europameisterin. Dabei ging es zum ersten Mal nicht um meine sportliche Leistung, sondern um meine Persönlichkeit. Ich wurde als Christa Wittwer wahrgenommen und akzeptiert. Ein befreiendes Gefühl, denn seit diesem Moment kann ich voll und ganz zu meiner Liebe stehen.

Meine Liebe zur Leichtathletik ist bis heute ungebrochen. Doch Ende 2017, mit 35 Jahren, beendete ich meine aktive Karriere – aus gesundheitlichen Gründen. Meine Schulter hatte wegen des jahrelangen Speerwerfens gelitten und musste operiert werden. Es folgten die schwierigsten Monate meines Lebens. Im Jahr meines Rücktritts habe ich mich selbstständig gemacht. Zusammen mit meiner Geschäftspartnerin eröffneten wir unser Goldschmiedeatelier «E Luda» in Bern. Elf Monate nach der Eröffnung habe ich meine Schulter operieren lassen. Geplant war ein kleiner Eingriff mit kurzer Ausfallzeit. Während der OP stellten die Ärzte jedoch fest, dass eine Sehne angerissen war und verstärkt werden musste. Der Eingriff wurde umfangreicher, und mir wurde nach der Operation mitgeteilt, dass ich für vier Monate krankgeschrieben werden sollte. Als Selbstständige, die ihr Geschäft gerade aufbaute und Schulden hatte, war das eine fast untragbare Belastung. Ich arbeitete natürlich bereits nach kurzer Zeit wieder, doch während Monaten hatte ich grosse Schmerzen und Existenzängste. Dazu kam, dass ich mich mit Sport nicht ablenken konnte, und so hatte ich zum ersten Mal in meinem Leben das Gefühl, dass ich an einer Krise nicht wachsen, sondern daran zerbrechen würde. Ich weinte tagelang, fühlte mich absolut hilflos und wurde depressiv. Ein Psychologe half mir, wieder auf die Beine zu kommen, mein Leben in die Hand zu nehmen und vorwärts zu schauen.

Heute geht es mir gut, auch wenn ich noch «Baustellen» habe. Zum Beispiel habe ich meinen Vater seit 15 Jahren nicht mehr gesehen. Seit meinem Rausschmiss mit 17 konnten wir uns nicht mehr annähern. Die Beziehungen zu meiner Mutter und zu meinen Brüdern mit ihren Familien wurden glücklicherweise besser. Halt gibt mir nach wie vor die Kunst: die Kunst des Goldschmiedens und die Kunst des Speerwerfens. Letztere lebe ich jetzt als Trainerin bei der Gymnastischen Gesellschaft Bern aus. Ich möchte in den Kindern das Feuer fürs Speerwerfen entfachen, wie damals mein Vater es in mir entfacht hatte.

Heute bin ich aber nicht mehr das schüchterne Kind und das «Huscheli» vom Land. Und darum musste der schwarzen Panther auf meinem Unterschenkel auch weg. Er hat mich genervt. Heute brauche ich ihn nicht mehr als Symbol für das Grosse, Starke, Böse. An ihn erinnert nur noch ein unerkennbarer blauer Fleck.

- Christa Wittwer, *1982
- Aufgewachsen in Zollikofen, Kanton Bern
- Goldschmiedin und Geschäftsführerin «E Luda»
- Schweizer Meisterin Speerwurf: 2006, 2008, 2011, 2012

Sabina Hafner, *1984, siebenfache Schweizer Meisterin im Zweierbob

«Ich hatte Angst, dass ich durch mein Coming-out Sponsoren verliere.»

In einem Bob den Eiskanal hinunterfahren: ein Kindheitstraum, der plötzlich greifbar wurde, als ich eines Tages die Zeitung öffnete und darin ein Inserat entdeckte, das Werbung fürs Bobanschieben machte. Träumen ist wichtig. Träume realisieren ist eher mein Ding, ich bin eine Macherin und Kämpferin. Also ging ich an die Expo Games zum Bobanschieben. Ich hoffte, entdeckt zu werden. Ganz unbegründet waren meine Hoffnungen nicht, denn als Leichtathletin und Sprinterin über 100 und 200 Meter war ich schnell. Mein Defizit war mein Gewicht: Damals wog ich 58 Kilogramm. Viel zu fein, klein und leicht, denn das Idealgewicht einer Bobfahrerin betrug im Jahr 2002 um die 80 bis 85 Kilos. Ein Umstand, der meine Bobkarriere jahrelang prägen sollte.

Wenige Monate später hatte ich es geschafft. Ich war 18 Jahre alt und sass zum ersten Mal als Anschieberin hinten in einem Bob. Das war in Frankreich auf der Bobbahn in La Plagne. Ich stand am Start und kannte meine Aufgabe: anschieben und reinspringen. Angst verspürte ich keine. Im Gegenteil: Ich war neugierig, freute mich auf meine erste Fahrt im Eiskanal, und ich hatte volles Vertrauen in meine Pilotin. Nach meiner ersten Bobsaison als Anschieberin wurde ich selbst Pilotin. Die Lust und die Leidenschaft in mir waren gross, der Widerstand von aussen ebenso. Ich war keine Modellathletin fürs Bobfahren. Von Beginn weg haftete in der Szene das Image des jungen Kükens an mir. Aufgrund meiner Physis trauten mir die wenigsten wirklich zu, schnell fahren zu können. Das verletzte mich. Es kostete viel Energie, mich zu behaupten. Und wer weiss, vielleicht habe ich auch ein wenig aus Trotz weitergemacht. Ich wollte allen beweisen, dass man auch als leichte Athletin erfolgreich Bob fahren kann. Allen Kritikern, mir selbst – und auch einer ganz bestimmten Frau: Katharina Sutter. Sie ist 16 Jahre älter als ich, Bobweltmeisterin und gehört zu den Schweizer Bobpionierinnen.

Kennengelernt hatte ich Katharina im Sommer vor meiner ersten Saison als Bobpilotin. Ich startete an den Leichtathletikschweizermeisterschaften 2003 in Frauenfeld. In der Leichtathletik bereitete ich mich auf meine Bobsaison vor. Katharina war Kugelstosserin, startete aber an diesen Schweizermeisterschaften nicht, sie war einfach als Zuschauerin vor Ort. Die erste Begegnung mit ihr war unschön. Katharina musterte mich abschätzig von oben bis unten, und ihr Blick verriet mir: «Du mit deiner Postur möchtest Bobpilotin werden?» Ihr Blick wirkte wie Salz in einer offenen Wunde. Wieder wurde ich aufgrund meiner äusseren Erscheinung unterschätzt. Doch auch dort weckte ihre Äusserung meinen Kampfinstinkt. Ich wusste sofort: Diese Frau möchte ich als Anschieberin in meinem Team haben, denn sie ist die Beste, und so ganz nebenbei möchte ich sie auch gleich noch persönlich näher kennenlernen. Wie gesagt: Träumen ist schön, Träume verwirklichen ist schöner. Und so bekam ich ein halbes Jahr später eine Chance. Es war an meinen ersten Schweizer Bobmeisterschaften in St. Moritz. Katharina und ich fuhren zusammen – sie war Anschieberin, ich Pilotin. Ich kann mich gut daran erinnern, wie nervös ich gewesen bin. Ich machte mir selbst grossen Druck, denn ich wollte beweisen, zu was ich als junge, unerfahrene Pilotin fähig war. Ich wollte die Schnellste sein und Katharina so für mein Team gewinnen. Denn eines war klar: Zu dieser Zeit war Katharina die beste Anschieberin in der Schweiz – schnell und mit viel Power und Gewicht. Ich brauchte eine wie sie, um erfolgreich zu sein. An diesen Meisterschaften wurden wir Zweite hinter Françoise Burdet. In der folgenden Saison war Katharina dennoch in meinem Team. Ausschlaggebend dafür dürfte wohl eine weitere Begegnung im Sommer an den Schweizer Leichtathletikmeisterschaften 2004 in Basel gewesen sein. Diesmal startete Katharina im Kugelstossen, ich war Zuschauerin. Katharina wollte die Goldmedaille gewinnen, hatte aber einen schlechten Tag. Im Moment der Enttäuschung war ich für sie da, habe zugehört und sie aufgefangen. Ich denke, dass dies der Grundstein für unsere sportliche und private Beziehung war. Im darauffolgenden Winter sind wir zusammen Bob gefahren und wurden Schweizer Meisterinnen sowie WM-Vierte. Es fühlte sich gut an, mit ihr zu fahren. Nicht nur, weil wir im Bob perfekt harmonierten, sondern auch, weil ich mich in sie verliebt hatte. Diese Harmonie zwischen uns im Bob gab mir das Gefühl, Grosses erreichen zu können. Ein Jahr vor den Olympischen Spielen 2006 in Turin spürte ich, dass ich zusammen mit Katharina die Chance hatte, eine Topplatzierung zu erreichen oder gar eine Medaille zu gewinnen. Doch es kam anders. Was auf dem Weg an die Olympischen Spiele passierte, ist vielleicht die grösste Enttäuschung in meiner Bobkarriere.

Katharina und ich liebten uns. Wir waren seit Ende 2004 ein Paar, lebten diese Liebe aber heimlich. Weder im Sport, im Job als Elektronikerin noch im Privaten habe ich mich geoutet. Im Sport hatte ich Angst, Sponsoren zu verlieren. Und dieses Risiko konnte und wollte ich nicht eingehen, denn ohne Sponsoren hätte ich nicht Bob fahren können. Eine Bobsaison kostet zwischen 45000 und 90000 Franken, je nachdem, ob man einen neuen Bob braucht oder nicht. Ich selbst habe jedes Jahr ungefähr 15000 Franken investiert. Das restliche Geld kam von Gönnern, von der Familie und von Freunden und eben – von Sponsoren. So haben wir unsere Liebe für uns behalten. Zumindest dachten wir das.

Dann kam die Selektion für die Olympischen Spiele. Katharina war zum Zeitpunkt der Selektion am Knie verletzt und konnte die Selektionswettkämpfe nicht bestreiten. Für den Verband war deshalb klar: Katharina fährt nicht als meine Anschieberin nach Turin. Für mich war das überhaupt nicht selbstverständlich, denn kurz nach Ablauf des Selektionsdatums konnte Katharina wieder mit dem Training beginnen und war innert Kürze wieder auf einem Topniveau, sodass wir zusammen mit über eineinhalb Sekunden Vorsprung unseren zweiten Schweizermeistertitel gewannen. Ich wollte und brauchte Katharina für die Olympischen Spiele. Mit ihr im Rücken war Bobfahren wie Fliegen. Einmal mehr begann ich zu kämpfen: für mich, für Katharina, für uns. Mein Widerstand nützte nichts. Im Gegenteil. Was folgte, war ein Schlag ins Gesicht. Die Verbandsverantwortlichen unterstellten mir Befangenheit. Ich wolle Katharina nur als meine Anschieberin mitnehmen, weil wir ein Paar seien. Mir stockte der Atem, als der Sportchef mich damit konfrontierte. «Warum wissen die das?», schoss es mir durch den Kopf. Erst im Nachhinein realisierte ich, dass sie es wohl nicht wussten, aber vermuteten.

Ich dementierte meine Liebe und meine Beziehung zu Katharina – aus Angst, fallen gelassen zu werden. Aber weder mein Kampf noch mein Dementi nützten etwas. Katharina musste zu Hause bleiben. Ich ging ohne sie nach Turin, habe aber im Vorfeld der Spiele aufgrund des psychischen Stresses vier Kilo abgenommen. Am Ende platzierten wir uns auf Rang zehn. Und wieder sahen sich alle darin bestätigt, dass ich eben doch zu klein und zu leicht war, um eine erfolgreiche Bobfahrerin zu sein. Das tat weh. Meine Enttäuschung war riesig.

Doch es gab auch wunderschöne Momente. Der schönste war 2010 an den Europameisterschaften in Innsbruck. Ich hatte die Medaille angekündigt. Dass ich sie dann geholt habe, die silberne, war das allerbeste Boberlebnis. Kaum einer hat mir diesen Erfolg zugetraut. Alle sagten, die Bahn sei ohnehin zu kurz und ich dadurch chancenlos. Dann kam der erste Lauf. Ein Feuer loderte in mir. Purer Wille und ein unglaublich gutes Gefühl. An die Fahrt kann ich

Sabina Hafner (rechts) ist siebenfache Schweizer Meisterin im Bob und war drei Mal an Olympischen Spielen dabei. Am Weltcup in St. Moritz 2018 erfüllte sie, zusammen mit Eveline Rebsamen, die A-Limite für die Olympischen Spiele in Pyeongchang. So durfte sie von ihrer eigenen Mechanikerin und Partnerin Katharina Sutter begleitet werden.

mich nicht mehr erinnern, nur noch an die Zieleinfahrt. Als ich auf die Anzeigetafel sah, dachte ich: «Was für eine geile Zeit.» Doch im Bob gibt es zwei Läufe, also musste ich Ruhe bewahren und mich auf den zweiten Lauf fokussieren. Die Nervosität machte mich hellwach. Im zweiten Lauf passierte mir dennoch ein kleiner Fehler, der mich vielleicht den Sieg gekostet hat, aber das war mir egal. Im Ziel sah ich nur die Zeit und wusste: «Ich habe sie! Ich habe die Medaille.» Ich war in Hochform, hatte perfektes Material und mit Hanne Schenk eine super Anschieberin – und das alles wenige Wochen vor den Olympischen Spielen 2010 in Vancouver. Dieses Mal würde es mit einer Topplatzierung klappen, ich spürte es.

Meine Karriere ist gezeichnet von Dämpfern. So auch in Vancouver. Wieder hatte die Geschichte mit Katharina zu tun. Wir waren immer noch ein Paar, und seit ihrem Rücktritt 2007 war sie als Mechanikerin in meinem Team. Für mich war klar, dass ich Katharina in Vancouver dabeihaben wollte. Diesen Wunsch hatte ich beim Verband eineinhalb Jahre vor den Spielen geäussert. Warum ich sie nicht mitnehmen durfte, weiss ich bis heute nicht. Es wurde mir nie erklärt. Tatsache war: Ich gehörte zum Team Schweiz 1 und durfte meine eigene Mechanikerin nicht mitnehmen. Bei den Männern hatten die ersten drei Bobteams ihren eigenen Mechaniker dabei. Ich fand das ungerecht und konnte es nicht akzeptieren. Also haben Katharina und ich Schlupflöcher gesucht und gefunden. Wir haben über den internationalen Bobverband eine Akkreditierung beantragt und erhalten. Obwohl Katharina letztendlich dabei war, verliefen die Spiele nicht wie erhofft. Weder für mich noch für das ganze Schweizer Bobteam. Wir haben uns für die falsche Linie entschieden. Ich wurde Zwölfte. Eine Enttäuschung mit Folgen.

Ich hatte genug. Genug davon, die Kleine zu sein. Ich hatte genug davon, bevormundet zu werden. Ich fühlte mich ausgebrannt vom ewigen Kampf, mich zu behaupten. Alle haben mich genervt. Ich hatte keine Lust mehr. Der Druck war einfach zu gross. Ich kehrte dem Bobsport den Rücken, nicht aber dem Spitzensport. Vom Bob wechselte ich zum Skeleton. Skeleton ist wunderschön. Skeleton bedeutete Freiheit pur. Man liegt bäuchlings auf dem Schlitten, so nah am Eis, dass feinste Bewegungen ausreichen, um den Skeleton zu steuern. Man braucht viel Körpergefühl und Gefühl für den Schlitten. Wie ich das genoss! Dazu kam: Niemand erwartete etwas von mir. Ich war endlich wieder in der Position, in der ich lernen und Fehler machen durfte. Und zum ersten Mal war mein leichter Körper kein Problem mehr. Im Gegenteil: Er war wie gemacht für Skeleton.

Ich bin nur eine Saison Skeleton gefahren, denn schon beim ersten Europacuprennen hatte ich einen schweren Unfall. Ich kann mich noch heute nicht richtig daran erinnern, aber ich muss mit dem Kopf ins Dach der Bobbahn gefahren sein. Ich war bewusstlos, zog mir eine schwere Hirnerschütterung zu und hatte noch ein Jahr nach dem Unfall phasenweise Wortfindungsstörungen. Von dem Moment an stand meine Familie nicht mehr im selben Masse hinter mir. Und ohne Familie, Gönner und Geldgeber hat man im Skeleton keine Chance. Ich trat mit 28 Jahren zurück. Zum ersten, nicht aber zum letzten Mal. Noch war ich mit mir nicht im Reinen.

Nach dem Rücktritt führte ich plötzlich ein normales Leben. Ich studierte an der Fachhochschule Elektrotechnik, spielte Fussball und lebte grösstenteils bei Katharina in ihrem Haus in Schaffhausen. Gemeinsam begannen wir mit dem Biken bei den BikeQueens, wo wir uns auch geoutet haben. Problemlos. Mein Coming-out zu Hause war ebenfalls unspektakulär. Irgendwann wussten es einfach alle. Und auch wenn wir nie darüber gesprochen haben, ist es einfach okay, und es geht mir gut dabei.

Ich habe mein Leben genossen. Das Bobfahren fehlte mir nicht. Bis zu diesem einen Tag, als ein Satz alles wieder änderte: «Sabina, du fährst wieder Weltcup?» Nein, ich fuhr keinen Weltcup mehr, war aber in St. Moritz und testete einen Bob, der verkauft werden sollte. Diese Frage hat den Stein ins Rollen gebracht. Ich spürte, dass ich wieder Lust aufs Training hatte. Ich fühlte mich nach vier Jahren Pause erholt. Von da an ging alles sehr schnell: Ein Gönner glaubte an mich und unterstützte mich mit viel Geld. Ich fand zwei geeignete Anschieberinnen, besorgte mir das beste Material, fühlte mich vom Verband unterstützt und war bereit, körperlich hart an mir zu arbeiten. Bis zu den Olympischen Spielen hatte ich eineinhalb Jahre Zeit. Das ist nicht viel. Der Countdown lief. Die ersten drei Monate nach dem Wiedereinstieg waren brutal. Ich habe im Krafttraining gelitten. Doch das Leiden hat sich gelohnt: Innert einem Jahr habe ich vier Kilo zugelegt und brachte vor den Olympischen Spielen siebzig Kilo auf die Waage. So viel wie noch nie.

Mit dem Ziel, ein olympisches Diplom zu erlangen, ging ich 2018 nach Pyeongchang. Zusammen mit Rahel Rebsamen, meiner Anschieberin, wurden wir Neunte. Ein versöhnlicher Abschluss. Nicht nur, weil es mein bestes Olympiaresultat überhaupt war. Es fühlte sich auch deshalb toll an, weil ich im zweiten Teil meiner Bobkarriere nie mehr als das kleine Küken behandelt wurde. Auch meine Liebe zu Katharina war seit meinem Wiedereinstieg kein Geheimnis mehr. Endlich.

— Sabina Hafner, *1984
— Aufgewachsen in Liestal, Kanton Basel-Landschaft
— Elektronikerin, Fachhochschulstudium der Elektrotechnik
— Siebenfache Schweizer Meisterin im Zweierbob
— Olympische Spiele: Turin 2006, Vancouver 2010, Pyeongchang 2018
— Weltmeisterschaften: Team Bronze und Silber (2007/2009)
— Europameisterschaften: Silber 2010

Rosmarie Oldani, *1954, Spielerin und später Captain des Handball-Nationalteams

«Lesbische Frauen waren ausserhalb des Sports kaum sichtbar.»

Mein erstes Handballtraining? Daran habe ich bleibende Erinnerungen. Ich war so begeistert, wollte brillieren, habe alles gegeben – und am Tag danach hatte ich den Muskelkater meines Lebens. Das war 1969. Zum Handball kam ich durch meinen älteren Bruder. Er spielte im Verein in unserem damaligen Wohnort Zürich-Seebach. Im Sommer fanden jeweils Kleinfeld-Meisterschaften statt. Als Jugendliche schaute ich wann immer möglich zu, da mich diese Sportart unglaublich faszinierte. Nachdem ich einen Artikel zu Frauenhandball gelesen hatte, wollte ich unbedingt auch spielen. Meine Eltern meinten: «Aber nicht mit Handballspielen anfangen und drei Monate später zum Fussball oder zu den Pfadfindern wechseln!» Mit 15 Jahren begann ich mit Handball und blieb dabei bis 40.

Auch wenn Handball als harte Sportart galt, gab es für mich als Mädchen in meinem Umfeld keine Vorbehalte. Meine Familie war immer stolz auf mich und meine Erfolge und begleitete mich regelmässig an die Spiele im In- und Ausland. Ich spielte meine ganze Aktivzeit beim Damenhandballclub Zürich in der Nationalliga. Das ist der älteste Frauenhandballverein der Schweiz. Gegründet 1947 von Ehefrauen und Freundinnen von Grasshopper-Handballspielern. Die Frauen spielten in den ausgemusterten Leibchen der Männer, weiss-blaue Stoffhemden, die man sogar bügeln musste. Ich trainierte, so oft es mir meine Eltern erlaubten. Die Spielerinnen im Klub waren bis zu zehn Jahre älter als ich, denn Juniorinnen gab es damals noch nicht. Doch ich war talentiert und machte schnell Fortschritte. Mit 17 – während meiner Lehre als technische Zeichnerin bei Oerlikon-Bührle – bekam ich das Aufgebot für die neu gegründete Schweizer Auswahl. Das erste Länderspiel bestritten wir gegen eine süddeutsche Auswahl. Kurz danach, 1973, wurde offiziell die Schweizer Frauennationalmannschaft gegründet.

In dieser Zeit verliebte ich mich zum ersten Mal in eine Frau – in eine Spielerin unseres Teams. Aber sie erwiderte meine Gefühle nicht, da sie bereits mit einer anderen Mitspielerin liiert war, was ich zuvor gar nicht bemerkt hatte. Meine Vermutung und die Gerüchte bewahrheiteten sich also: Meine Angebetete war lesbisch. Diese Erkenntnis hat mich aus der Fassung gebracht, mir war eine ganze Woche lang schlecht. Alle Emotionen schlagen mir auf den Magen. Doch es war ein Aha-Moment: Ich konnte mir eingestehen, dass ich lesbisch bin. Plötzlich erinnerte ich mich an vergangene Schwärmereien für Mädchen in den Sommerwanderlagern, für Lehrerinnen, für Freundinnen während der Schul- und Ausbildungszeit.

Nie hatte ich jedoch den ersten Schritt gewagt. Mir fehlte schlicht der Mut dazu. Mein unglückliches Verliebtsein wurde teamintern publik, und die Vereinspräsidentin machte sich Sorgen um mich. Sie bat eine Mitspielerin, mit mir zu reden. Auf einem Spaziergang sagte sie: «Knirps, hör zu, wir denken, dass du dir das noch mal überlegen solltest mit dem Lesbischsein. Denn da kommen sehr viele Schwierigkeiten auf dich zu in dieser Gesellschaft, du wirst immer am Rand stehen...» So dachten die meisten Leute Anfang der 1970er-Jahre noch. «Knirps» nannten sie mich, da wir drei Rosmaries im Team hatten und ich die Jüngste und Kleinste war.

Ich glaube nicht, dass ich mich habe «bekehren» lassen, aber das Lesbischsein war danach lange Zeit kein Thema mehr. In dieser Zeit versuchte ich es auch mit Männern. Das war nett, mehr aber nicht. Heute kann ich nicht mehr nachvollziehen, warum ich mich zurückzog. Ich war ja oft mit meinen lesbischen Teamkolleginnen unterwegs, auch mit den Fussballerinnen von Seebach. Das ging so lange, bis ich mich mit 22 Jahren wieder in eine Mitspielerin verliebte. Sie war 18, und wir waren vier Jahre zusammen. Im Team war das kein Thema mehr, dennoch führte ich mit ihr eine Art Doppelleben und belog mein Umfeld. Zu meinen Eltern sagte ich einmal, dass ich mit einer Mannschaftskollegin ein paar Tage wegfahren würde. Wir wohnten beide noch daheim und hatten wenig Privatsphäre. Doch anstatt wegzufahren, verbrachten wir schöne Wintertage in Zürich, in der Wohnung einer Handballfreundin, die gerade in den Ferien war. Damit niemand Verdacht schöpfte, fuhren wir für einen Tag nach Einsiedeln, mieteten Langlaufskis, machten Fotos und schickten Ansichtskarten nach Hause.

Auch im Berufsleben verschwieg ich meine Homosexualität. Das Thema war tabuisiert, und ich hatte Angst vor negativen Reaktionen. Ich realisierte erst später, dass es immer schwieriger wird, offen zu sein, wenn man sich zuvor lange Zeit versteckt hat. Unvorstellbar wäre es gewesen, eines Tages im Geschäft aufzutauchen und zu sagen: «Wir arbeiten zwar schon 15 Jahre zusammen, aber ich will euch jetzt noch sagen, dass ich eine Lesbe bin!» Nachdem ich die Firma gewechselt hatte, machte ich kein Geheimnis mehr um meine Lebensform. So organisierte ich 2004 einen Apéro zur Feier der eingetragenen Partnerschaft von meiner heutigen Partnerin Evi und mir. Bei meiner vorherigen Freundin hätte ich das noch nicht so offen leben können. Rückblickend bedaure ich das.

Im Handballteam war das Lesbischsein stets akzeptiert. Als junge Frau wurde mir damit eine Normalität vermittelt. Das war speziell, da lesbische Frauen ausserhalb des Sports kaum sichtbar waren. Wir mussten uns die Räume suchen, in denen wir so sein konnten, wie wir sind. Dazu gibt es eine Anekdote: Immer am Donnerstag nach dem Training gingen wir in unsere Beiz, tranken etwas, und dann verabschiedeten sich die Lesben im Team langsam. Denn wöchentlich fand im legendären Schwulenklub Hey am Bellevue in Zürich der Frauenabend mit Disco statt. Wir sagten den Heteras jeweils, wir gingen noch an die «Vorlesung», was zum geflügelten Wort wurde. Nicht selten tanzten wir bis nach Mitternacht, obwohl wir am nächsten Tag wieder arbeiteten. Wir hatten eine Gaudi und mussten uns nicht verstecken: tanzen, küssen, sich umarmen, Händchen halten, neue Frauen kennenlernen, sich verlieben – das war dort alles möglich ... Im «Hey» habe ich 1984 Evi kennengelernt. Seitdem sind wir zusammen. Schon über 35 Jahre. Ich war dreissig, sie ist vier Jahre jünger und war ebenfalls Handballspielerin.

Ich muss sagen, ich bin gut durchs Leben gekommen, ich erlebte weder Anfeindungen aufgrund meiner Sportart noch aufgrund meiner sexuellen Orientierung, auch dann nicht, als ich meine Frauenliebe öffentlicher zu leben begann. Dennoch gab es einige fragwürdige Situationen. Als der Damenhandballclub Zürich mit einem anderen Zürcher Klub fusionieren wollte, kam es zum Eklat: In letzter Sekunde wurde alles abgesagt, da sich die Eltern des anderen Vereins querstellten. Sie wollten ihre Töchter nicht in diesem «Lesbenklub» spielen lassen. Das war 1988. Warum die wussten, dass es bei uns lesbische Spielerinnen gab, weiss ich nicht. Zu dieser Zeit lebten wir das nicht offen. Ich wäre damals mit Evi nie Hand in Hand auf Zürichs Strassen spazieren gegangen.

Auch während meiner Zeit im Nationalkader trug sich Befremdendes zu: An einem Trainingswochenende wollte unser Trainer mit drei von uns Spielerinnen sprechen. Er teilte uns mit, dass man von «dem» wisse – er meinte unser Lesbischsein –, und sagte, er möchte keine Probleme im Nationalteam. Darum entschied er, dass das Pärchen in getrennten Zimmern schlafen müsse. Diese Weisung umgingen wir elegant: Ich bewohnte ein Doppelzimmer allein und tauschte heimlich das Zimmer mit dem Paar. Unter den Nationalspielerinnen war Lesbischsein nie ein Thema. Wir wussten es voneinander und feierten auch zusammen mit den Heteras immer fröhliche Feste. Wir waren aber zurückhaltend und schmusten nicht etwa vor den anderen herum.

Ein Erlebnis der besonderen Art hatten wir an der sogenannten B-Weltmeisterschaft in Norddeutschland 1977. Die Frauen sollten

Rosmarie «Knirps» Oldani war einer der Stars des 1973 neu gegründeten Handball-Nationalteams (2. v. r. unten). «Beste Propaganda für Damen-Handball» titelte eine Zeitung beim Spiel Schweiz gegen Italien 1974 (Bild unten). Rosmarie Oldani erzielt hier wohl gerade ein Tor.

vorgängig einen «Sexpass» machen: Ein Gynäkologe musste bestätigen, dass wir wirklich Frauen waren. Ich stand also vor meinem Arzt und liess die Hosen runter. Er schaute mir zwischen die Beine und sagte: «Ja, eine Frau», und unterschrieb das Formular. Im Nationalteam lachten wir darüber. Damals waren wir noch nicht so kritisch, wir machten, was von uns erwartet wurde. Dennoch diskutierten wir im Nationalteam über die Ungerechtigkeiten gegenüber den Frauen im Sport. Denn einmal gab es ein österreichisch-schweizerisches Doppelländerspiel der Männer- und Frauenhandball-Nationalteams. Wir fuhren mit dem Zug nach Wien – stundenlang! –, und die Männer durften fliegen. Hatten wir Nationalmannschaftszusammenzug, bekamen wir fünf Franken Taggeld, die Männer ein Mehrfaches. Heute würden die Spielerinnen das wohl kaum mehr akzeptieren. Doch für uns war jedes Länderspiel ein Highlight.

Für mich gab es damals nur Handball. Zu Spitzenzeiten trainierte ich bis zu fünf Mal die Woche. Der Damenhandballclub Zürich kämpfte in der Nationalliga A oft mit dem überragenden Brühl St. Gallen um den ersten Platz. Es reichte meistens nur zum Vize-Meister, was aber für eine Europacupteilnahme reichte. Damit wir uns diese Auslandsreisen überhaupt leisten konnten, arbeiteten wir als Team an sportlichen Grossanlässen, wie den Kantonalen Kunsturnertagen. Und trotzdem mussten wir einiges privat finanzieren. Einmal, draussen auf dem Kleinfeld, sind wir Schweizer Meisterinnen geworden. Mit 18 war ich bereits Beisitzerin im Vorstand des Damenhandballclubs Zürich, später auch dessen Präsidentin und nach der Aktivzeit in der Nationalmannschaft, in der ich auch Captain war, setzte ich mich im Schweizerischen Handballverband für Frauenbelange ein. Ich trainierte im Klub die Juniorinnen und manchmal die 2. Mannschaft. Schiedsrichterin war ich auch und leitete Spiele bis in die 2. Liga – Männer und Frauen.

Am Handball fasziniert mich die Geschwindigkeit. Gerne hätte ich im Rückraum als Aufbauerin gespielt und die Bälle verteilt. Doch mit meiner Grösse von 1.60 Metern hatte ich keine Chance – und so spielte ich als Kreisläuferin. Ich war schnell, wendig und trickreich. Handball ist nicht wie Fussball, wo es im Mittelfeld ein Gepländel geben kann. Beim Handball spurtet man immer hin und her, muss «Guzzi» geben, verteidigen, angreifen. Ausruhen kann man nur in der Pause oder auf der Bank. Doch nicht nur das gefiel mir: Handball war auch eine gute Lebensschule.

Mit vierzig wusste ich, es gibt auch ein Leben nach dem Handball. 25 Jahre sind genug. Ich beendete meine Karriere und gab alle

Ämter ab – mein Geschenk an mich selbst zum runden Geburtstag. Kurz danach war ich Mitgründerin einer Sportgruppe, die bis heute besteht. Wir sind vierzig Frauen, nur Lesben, und die sportlichen treffen sich wöchentlich in Zürich zum Training. Neben dem Sportmachen unternehmen wir auch privat viel miteinander. Das ist meine erweiterte Familie. Einige dieser Frauen kenne ich seit über vierzig Jahren! Mit 65 bin ich die Älteste.

Meine Träume wollte ich nicht bis in die Pensionierung verschieben. Mehrmals war ich für längere Zeit auf Reisen, einmal sogar rund um die Welt. Auch Tina Turner liess mich träumen, ihre Musik, ihre Geschichte – ich bin ein riesiger Fan von ihr. Doch egal, was für ein Hobby, nichts habe ich mit so viel Leidenschaft betrieben wie das Handballspielen. Doch das Wichtigste in meinem Leben ist und bleibt Evi. Wir haben von Beginn weg richtig gut zusammengepasst. Wir können uns für vieles begeistern und sind gerne miteinander unterwegs. Auch meine Eltern haben sie sogleich in ihr Herz geschlossen. In der Anfangszeit, als ich mich um Evi bemühte, war sie noch unsicher, ob sie nicht doch eine Familie gründen wollte. Ich musste viel Überzeugungsarbeit leisten, damit sie verstand, dass ich ihre Familie sein wollte. Wenn wir uns in der heutigen Zeit kennengelernt hätten, hätten wir vielleicht gemeinsam Kinder. Damals war das weder eine Frage noch ein Thema in einer lesbischen Beziehung. Wir hätten auch nie gedacht, dass es jemals ein Partnerschaftsgesetz geben würde. Umso schöner, dass es 2004 im Kanton Zürich Realität wurde. Zeitlich passte das zum 20-Jahr-Jubiläum unserer Beziehung, und wir hatten einen guten Grund, unsere Liebe standesamtlich registrieren zu lassen und Ringe zu tauschen. Das zelebrierten wir mit vielen lieben Menschen und feierten anschliessend auf dem Uetliberg ein grosses Fest. Evi und ich sagen uns jedes Jahr von Neuem, dass wir unser Leben zusammen verbringen möchten.

— Rosmarie Oldani, *1954
— Aufgewachsen in Zürich-Seebach
— Lehre als technische Zeichnerin; pensioniert
— Nationalliga A mit dem Damenhandballclub Zürich
— Ab 1973 für zehn Jahre im neu gegründeten Schweizer Nationalteam, auch als Captain
— 1976 / 1978: Europacupspiele
— 1977: Teilnahme B-Weltmeisterschaften

73  Tyna Fritschy, *1983, dreissig
    Schweizermeistertitel im OL

«Das Rebellische in mir ist meine Stärke.»

Die Frage lautet bei mir nicht, wie ich Spitzensportlerin geworden bin, sondern, wie ich da wieder herauskam. Es ist für mich nicht einfach, über diese Zeit zu reden. Einerseits, weil es schon so weit zurückliegt, andererseits, weil ich heute ein komplett anderes Leben führe. Orientierungslauf ist eine Familiensportart, das war bei mir nicht anders. Meine Eltern machten OL, und so kamen auch mein Bruder und ich dazu. Seit ich acht war, gehörte OL zu unseren Familienaktivitäten. In meiner Altersgruppe war ich die Überfliegerin, nahezu unschlagbar, und man wurde auch international schon früh auf mich aufmerksam. Langsam rutschte ich in die Professionalisierung hinein. Es war kein bewusster Entscheid, Weltklasseathletin zu werden, es war einfach immer klar, dass «Fritschy» das machen muss. Es gibt diese Annahme, dass wenn jemand besonders gut ist, er oder sie einfach weitermachen muss. Das ist ein gradliniger Prozess. Auch bei mir war das so. In der Anfangszeit als Juniorin hatte der Sport für mich etwas Frisches und Spielerisches – trotz des grossen Trainingsaufwands. Mit zwanzig gehörte ich zur Elite, und ab diesem Zeitpunkt nahm ich in mir eine Veränderung wahr. Das Neue und die Abwechslung wichen der Wiederholung und der Langeweile. Jedes Jahr wurde mir das Jahresprogramm vorgelegt, und jedes Jahr wiederholten sich die Anlässe. Ich trainierte 365 Tage im Jahr, davon war ich während 130 Tagen unterwegs, in Trainingslagern oder an Wettkämpfen.

Aufgewachsen bin ich in Rüfenacht, einem Vorort von Bern. Ich komme aus einer bürgerlichen Kleinfamilie, mein Vater ist Arzt, meine Mutter Chemikerin. Sie hat aber als Politikerin gearbeitet. Sport und Schule zu kombinieren, war für mich kein Problem, denn ich besuchte eine spezielle Talentförderklasse. Das war ein Pilotprojekt einer staatlichen Schule in Bern. Danach begann ich ein Philosophiestudium, muss aber zugeben, dass ich alles andere als fleissig war, denn OL stand für mich an erster Stelle. Trotzdem wollte ich auf allen Hochzeiten tanzen: Mein Lebenskonzept war, auf höchstem Niveau Sport zu treiben und gleichzeitig ein soziales und intellektuelles Leben zu führen. Das hat mich natürlich total überfordert.

Mit zwanzig bekam ich massive Schlafprobleme. Manchmal lag ich nachts einfach wach, und das mehrmals pro Woche. Mein System – das voll auf Funktionalität und Leistung ausgerichtet war – hatte eine Störung. Trainingsplan, Erholungsplan, Schlafplan, mentaler Plan – alles war geplant. Und auf einmal gab es dieses unkontrollierbare Element. Wütend bin ich im Nachhinein auf jene Ärzte, die meine Schlafstörungen nicht ernst genommen haben und mir lediglich Baldriantabletten verabreichten. Die Störung stellte mein Leben auf den Kopf. Ich vermute, dass meine Schlafprobleme die Ursache für die Verletzungen waren, die mich plötzlich plagten. Am linken Bein hatte ich konstant Schmerzen, vor allem im Fuss. Ich gehörte zwar zur Weltspitze, kämpfte fortan aber mit diesen Einbrüchen und Unberechenbarkeiten. Es gab keine Saison mehr, die unproblematisch verlief.

Die Beschwerden führten dazu, dass ich die OL-Welt zu hinterfragen begann. Ich realisierte, wie klein sie ist, und dass meine Zeit darin begrenzt sein würde. Das war erleichternd, führte aber auch zu Konflikten. Beim Sport gab ich Vollgas, führte gleichzeitig aber ein anderes Leben: Mit 21 wurde ich Velokurierin, und mit 22 zog ich in eine 9er-WG in der Berner Altstadt. So lernte ich neue, interessante Szenen und alternative Lebensweisen kennen. Ich übernahm in der OL-Community immer mehr eine rebellische Rolle, war eine Querdenkerin und machte Stunk, was nicht sonderlich gut ankam. Am Ende meiner Karriere war ich nur noch Teil des Kaders, weil ich leistungsmässig unbestritten dazugehörte, und nicht, weil ich mich den Strukturen besonders gut angepasst hätte.

Da kam Simone Niggli-Luder besser an. Sie war die unbestrittene Nummer eins – fünf Jahre älter als ich – und verkörperte ganz andere Werte. Sie wurde in den Medien als «Everybody's Darling» bezeichnet und war für mich wie eine Gegenfigur, von der ich mich abgrenzen wollte. Ich stand stets in ihrem Schatten. Sie zog alle Aufmerksamkeit auf sich, was ich aber gar nicht so schlecht fand – ich hätte nicht mit ihr tauschen wollen. Die Königsdisziplin im Orientierungslauf ist der Langdistanz-OL, der bis zu neunzig Minuten dauern kann. Bei den Schweizermeisterschaften holte ich in meiner Alterskategorie neun Mal den Titel. Das zehnte Mal – mit 22 Jahren – trat ich gegen Niggli-Luder an. Das war 2005 bei der Elite. Simone galt als unschlagbar, auch international. Trotzdem habe ich gewonnen.

Einmal weigerte ich mich, einen Kadervertrag zu unterschreiben, in dem stand: «OL hat die höchste Priorität in meinem Leben.» Doch was sollte der Verband tun? Sie brauchten mich. Mein Aufbegehren galt den straffen Strukturen, in welche ich seit meiner Jugend und Adoleszenz eingebunden war, aber der Sport war das Wichtigste, ihm habe ich alles untergeordnet. Dennoch wünschte ich mir ein anderes, freieres Leben: Ich wollte einfach einmal ausschlafen oder Dinge tun, die normale Leute auch tun. Heute ist mir klar, dass ich damals überfordert war, auch mit meiner Sexualität. Ich war verunsichert und brachte dies zum Ausdruck, indem ich opponierte. Ich fühlte mich in der sogenannten OL-Familie unverstanden und einsam. «Orienteering, a way of life» war das Motto, OL war also mehr als ein Sport, OL galt als Lifestyle. Mir wurde immer bewusster, dass diese Welt für mich nicht lebbar war – gerade auch, weil sie so konservativ und heteronormativ war. Ich versuchte, meinen Platz im Leben zu finden.

Mit meinem queeren Begehren innerhalb dieser Welt umzugehen, war sehr schwierig. Ich war verwirrt und dachte, es gäbe keine anderen Frauen, die so fühlten wie ich. Ich kenne und kannte in der Schweizer OL-Szene niemanden, die oder der offen lesbisch oder schwul lebt. Diese Absenz von Vorbildern, besonders in der Schweiz, ist ein Problem. Ich verspürte ein Verlangen nach Nähe und Intimität, das durch diese ganze Verschwiegenheit aber lange Zeit unbeantwortet blieb und mich mit Trauer erfüllte. Doch ich kam von der ungewollten Aussenseiterinnenrolle immer mehr in eine gewählte. Das Rebellische in mir war meine Stärke.

Dass ich mich von Frauen angezogen fühle, merkte ich mit 18. Mit 19 war ich unglücklich in eine OL-Läuferin verliebt. Das hat mich sehr aufgewühlt. Ich wurde stark depressiv. Die Schlafstörungen, die Verletzungen, die plötzlich unbeständigen Leistungen – das hing wohl alles irgendwie zusammen. Mein schmerzendes Bein bezeichnete ich als mein denkendes Bein. Diese Dysfunktionalität in meinem sonst funktionierenden Körper deutete ich als ein Zeichen: Es muss ein Ende nehmen mit dem Leistungssport. Ich realisierte, dass das, was ich machte, nicht gesund war. Es war weder physisch noch psychisch gesund. Spitzensport ist nicht gesund. Es gibt eine ungeschriebene Wahrheit: Je leichter man ist, desto schneller ist man. Magersucht ist im Laufsport und auch im OL ein Thema, besonders bei den Frauen. Es gab immer wieder junge, aufstrebende OL-Läuferinnen, die von einer Saison zur anderen fünf oder mehr Kilos abgenommen haben. Bei *Anorexia sportiva* geht es um ein Gleichgewicht, bei dem der Körper noch voll funktioniert, aber nachhaltig Schaden nehmen kann. Man wusste von diesem Problem, aber alle schwiegen.

Es gab auch Top-OL-Läuferinnen, die sich im Graubereich zwischen Gesundheit und Krankheit bewegten. Das Verhalten dieser «Vorbilder» war manchmal schockierend: Es kam im Frauenteam vor, dass eine beispielsweise nur die Hälfte des Desserts ass und –

Tyna Fritschy wurde 2005 in Solothurn Schweizer Meisterin im Orientierungslauf über die klassische Distanz, im gleichen Jahr gewann sie Weltcupsilber im Sprint. Damals war sie 22 und hatte schon viele Medaillen gewonnen. Sie kannte aber auch die Kehrseite dieser Medaillen und trat bereits mit 24 Jahren vom Profisport zurück.

man glaubt es kaum – die anderen zehn Athletinnen es ihr nachahmten. Ich ass dann jeweils demonstrativ das ganze Dessert. Das Perfide bei diesem Leistungssport ist, dass zwar allen klar ist, dass Magersucht gefährlich ist, aber selbst Ärztinnen und Ärzte, die permanent solche Teams begleiten, schweigen. Risikofaktoren werden nicht angesprochen. Magersucht hat mich selbst nicht betroffen. Ich war immer dünn und verspürte keinen Druck, da mitzumachen. Mein Naturell oder meine Kräfte konnten sich dem widersetzen. Ich hatte zum Glück einige gute Leute um mich herum. Mein Rücktritt kam für viele überraschend, ich war erst 24. Das gilt im OL als sehr jung. Für mich war es gut so: kurz und intensiv. Nach meinem Karriereende wollte ich nichts mehr mit dem Profisport und diesem Leistungssystem zu tun haben und redete den OL schlecht. Von einem Tag auf den anderen verschwand ich aus dieser Szene. Ich lebte fortan meine anderen ungelebten Leben. Heute ist mein Verhältnis zu meiner OL-Karriere wieder viel entspannter. Ich kann diese Zeit ja nicht wegdenken aus meinem Leben. Ich akzeptiere meine Karriere als Spitzensportlerin als einen Teil von mir, es ist aber nicht das Erste, was die Leute von mir erfahren. Oft wurde ich auf den Sport reduziert, was mich immer genervt hat. Wenn man mich googelte, kamen 3000 Seiten zu meiner OL-Existenz. Das wollte ich nicht mehr. Meinen Vornamen habe ich daher vor zwei Jahren amtlich von Martina zu Tyna ändern lassen.

Dass es zu einer Versöhnung mit meiner Vergangenheit kam, dazu hat auch eine Erkenntnis beigetragen: Ich hatte knapp drei Jahre nach dem Rücktritt wieder einmal eine schlaflose Nacht und liess eine Weltcupserie Revue passieren. Ich bemerkte, dass ich eine Erinnerungslücke hatte. Einen Wettkampf hatte ich total ausgeblendet und musste ihn mir Stück für Stück wieder in Erinnerung rufen. Es war einer der intensivsten Läufe meiner Karriere. Im Ziel war ich überwältigt. Ein Gefühl – jenseits von Erfolg, Leistung und Rangierung –, das ich verdrängt hatte. Seither kann ich meine Zeit als Spitzensportlerin anders bewerten. Dieser Sport hat mir etwas Wichtiges gegeben, eine Intensität, die ich irgendwie vermisse. Es ist schwierig, darüber zu reden, weil es sehr persönlich, sehr emotional ist, auch körperlich. Ich glaube, ich bin die ganze Zeit auf der Suche nach diesem Gefühl. Es ist heute nicht mehr der Sport, sondern die intellektuelle Bewegung, die ich suche. Ich bin ein Mensch, der sehr weit gehen muss. Bewegung und Intensität, das sind Konstanten in meinem Leben. Ich bin mir aber bewusst, dass ich nur mit Denk- und Schreibarbeit nicht mehr an diesen einen Punkt gelangen kann. Es ist zu wenig physisch. Ich bin wohl irgendwie ein Junkie. Manchmal frage ich mich, warum ich nicht schon während meiner Aktivzeit ein öffentliches Coming-out hatte. Aber ich empfand es als eine Unmöglichkeit, in dieser OL-Welt als queere Person bestehen zu können. Ich dachte damals, ich müsse mit dem Sport aufhören, um mich ausleben zu können. Mit 22 outete ich mich ausserhalb der Sportszene. Im OL vermuteten es wohl einige, doch es war tabuisiert. Alle waren so verklemmt, hilflos und unsicher. Lesbischsein lag ausserhalb ihres Vorstellungsvermögens. Nach meinem Rücktritt fand ich aber schnell in die Frauenszene – in Bern war mir der Frauenraum der Reitschule wichtig. 2016 outete ich mich in einem Interview mit dem Schweizer OL-Magazin öffentlich und kritisierte die Verschlossenheit dieser Szene stark. Ich wollte, dass die OL-Szene wusste, dass sie mich auch aus diesem Grund verloren hatte. Die wenigsten hatten das bis zu diesem Zeitpunkt wirklich begriffen, da es ja auch nicht die offizielle Begründung meines Rücktritts gewesen war. Damals sagte ich, dass ich aufgrund meiner Verletzungen zurücktrete.

Doch das ist jetzt Vergangenheit. Heute lebe ich ein ganz anderes Leben als Theoretikerin in Zürich und in Wien und versuche, vom Unterrichten und vom Schreiben zu leben. Studiert habe ich Philosophie, Kulturwissenschaften und Kunst. Mich begeistert an meinem Beruf, Denkgewohnheiten aufzubrechen und Selbstverständnisse zu hinterfragen. Ich bin ein sehr politisch denkender und handelnder Mensch und interessiere mich besonders für Wissen, das marginalisiert wird. Queer-feministische und antirassistische Erfahrungen und Einmischungen sind prägend für mein Denken. Momentan beschäftige ich mich zusammen mit meiner Lebenspartnerin Laura, sie ist Künstlerin, in Seminaren mit den Bedingungen in der Kunst- und Wissensproduktion. Wir gehen davon aus, dass gewisse Voraussetzungen erfüllt sein müssen, um überhaupt Kunst produzieren und theoretische Konstrukte ausarbeiten zu können. Das sind neben materiellen und monetären Voraussetzungen auch körperliche, räumliche und zeitliche. Kunst erscheint so nicht mehr als Zauberwerk, sondern als das quasi zu erwartende Ergebnis gewisser Privilegien.

Mein Leben hat kaum mehr etwas mit meiner Zeit als Spitzenathletin zu tun. Doch dass sich eine Verbindungslinie zwischen meinen unterschiedlichen Leben herstellen lässt, erlebte ich vor etwa sieben Jahren. Ich entschied mich, all meine OL-Medaillen einzuschmelzen und eine Skulptur daraus zu machen. Denn ich wollte diese OL-Zeit verarbeiten und physisch verdichten, da ich dieses repräsentative Zeugs Quatsch finde. Zusammen mit einem Künstler, der sich mit Schmelztechniken beschäftigt, schmolz ich meine 68 Medaillen ein. Entstanden ist eine goldene Skulptur in der Form eines Tetraeders. Die Dreiecke des Tetraeders stehen für mich auch für Queerness. Die Skulptur wiegt rund drei Kilo und ist mir heilig. Es ist für mich eine symbolische Aneignung, eine Transformation dieses repräsentativen Werts meines Erfolgs zu etwas, das Gewicht hat. Sie steht in meinem Zimmer, und wenn ich einmal umziehen sollte, nehme ich sie mit.

— Tyna Fritschy (Martina Fritschy), *1983
— Aufgewachsen in Rüfenacht bei Bern
— Lehrt als Theoretikerin und Kulturproduzentin an Hochschulen
— 1993–2007: insgesamt dreissig Schweizermeistertitel
— 2002: Gold und Bronze an den Juniorenweltmeisterschaften
— 2005: Weltcupzweite im Sprint
— 2006: Bronze mit der Staffel an der Weltmeisterschaft der Elite

83 Nathalie Schneitter, *1986,
Weltmeisterin E-Mountainbike

«Ich wollte nicht, dass es jemand weiss – sie wollte, dass es alle wissen.»

Der Untergrund ist schlammig, beide Räder rutschen weg, und mein Vorderrad prallt an einen Stein. Ich überschlage mich, und mein Rücken klappt quasi auf die falsche Seite. Meine Füsse schlagen oben an den Kopf. Auch ohne das Video anzuschauen, erinnere ich mich noch gut an diesen Sturz beim Weltcuprennen in La Bresse 2012. Ich habe mir fast den Rücken gebrochen. Dieser Sturz war richtig krass. Unvorstellbar, denn letztlich habe ich mir nur den Oberarmknochen gebrochen.

Das war für mich ein prägendes Erlebnis. Nicht nur körperlich, sondern vor allem mental brauchte es lange, bis ich mich davon erholt hatte. An diesem Tag im Mai 2012 ist viel zerbrochen. Nicht nur mein Knochen. Ein grosser Traum war geplatzt. Es war meine letzte Chance, mich für die Olympischen Spiele 2012 in London zu qualifizieren. Ich habe sie nicht gepackt. Danach war die Luft irgendwie draussen. In all den Jahren zuvor war es anders. Ich wollte immer mehr und habe das immer geschafft. Die Mountainbikedisziplin Cross-Country ist hart. Bis zu diesem Sturz hatte ich Freude daran, meine Schmerzgrenze zu überwinden. Ich quälte mich gerne. Danach war diese Fähigkeit nicht mehr so vorhanden wie vorher. Nach diesem Sturz und dem Armbruch kam die Lust am Radfahren zwar irgendwann wieder zurück. Aber die Fähigkeit, mich zu quälen und weiterzumachen, wenn andere aufgeben – die kam nicht mehr zurück. Die Lockerheit war weg.

Vor allem 2008 hat vieles noch gepasst, damals fand ich die Balance zwischen Belastung und Erholung problemlos. Ich wurde U23-Europameisterin und Vize-Weltmeisterin – und schaffte unverhofft die Qualifikation für die Olympischen Spiele in Peking. Das war ein «Mega-Riesen-Ding». Wie gross und auch dekadent dieser Anlass wirklich war, das kann man sich kaum vorstellen. Ich war auf alle Fälle sehr beeindruckt, von meinem Rennen hingegen weniger. Nach einem Sturz in der ersten Runde fuhr ich den Wettkampf mit einer Gehirnerschütterung zu Ende und wurde 15.

Es gibt ja viele Leute, die wollen Profi werden. Diesen Traum hatte ich nie. Ausschliesslich zu biken, war für mich lange Zeit unvorstellbar, deshalb absolvierte ich in Basel ein Wirtschaftsstudium und schloss 2011 mit dem Bachelor ab. In diese Zeit fallen auch meine Paradejahre von 2008 bis 2011. Da war ich international konstant vorne mit dabei. Es tat mir offensichtlich gut, Halb-Profi zu sein, also Sportlerin und Studentin. Nach dem Uni-Abschluss war ich bis im Oktober 2016 nur Profi. Das fühlte sich wie ein Identitätswechsel an, mir ging es in dieser Zeit nicht sonderlich gut.

An mein erstes Rennen kann ich mich noch gut erinnern. Das war 1999 und sehr aufregend. Nicht nur, weil es schlammig und schwierig zu fahren war und ich überrundet wurde, sondern weil ich am Start ein durchgestyltes Mädchen erblickte. Sie sah so aus, als ob sie extrem schnell fahren könnte – was sie auch tat. Sie gewann dieses Rennen. Warum ich mich so gut daran erinnere? Emilie wurde meine erste Freundin. Damals war ich 14 Jahre alt. Ich fand Emilie einfach cool, weil sie so gut war. Wir waren später gemeinsam im Junioren-Nationalteam, haben uns also oft gesehen. Irgendwann sagte sie mir, dass sie sich in mich verliebt habe. Und ich dachte: «Ok, dann probieren wir das halt mal aus.» So ungefähr hat es sich ereignet. Ich hatte mir früher auch schon überlegt, ob ich auf Mädchen stehe, aber konkret wurde es erst mit Emilie. Wir wurden ziemlich schnell ein Paar, so zumindest haben wir das für uns definiert. Aber zu diesem Zeitpunkt war es für mich schwierig, zu unserer Beziehung zu stehen. Im Gegensatz zu Emilie, die schon viel länger wusste, dass sie Mädchen mehr mag, war es für mich eine komplett neue Situation. Ich konnte nicht damit umgehen. Ich wollte nicht, dass es jemand weiss. Wenn wir alleine waren, dann war das für mich in Ordnung, sehr sogar. Aber nicht in der Öffentlichkeit. Das hat zu Spannungen geführt. Mit Emilie, aber vor allem auch mit meinen Eltern.

Ich bin in einem Dorf in der Nähe von Solothurn aufgewachsen. Meine Eltern sind nicht gerade konservativ, aber es beschäftigte sie, was die Nachbarn und unser Umfeld dachten. Und da ich ein sehr friedliebender und wahrscheinlich auch konfliktscheuer Mensch bin, habe ich die Beziehung zu Emilie lange Zeit verleugnet. Auch gegenüber meinen Schulkollegen. Für mich gab es Emilie und mich nur für uns beide. Doch sie wollte es allen erzählen, weil sie so glücklich war. Ich wollte nicht, dass es jemand weiss und sie wollte, dass es alle wissen. Ich wusste, dass mein Verhalten feige war. Emilie hat es nicht verstanden. Auch, weil ich mich schlecht erklären konnte. Natürlich hat man es uns angesehen. Wir waren verliebt und wurden darauf angesprochen. Und was habe ich geantwortet? «Nein, das stimmt nicht.» Auch gegenüber meinen Eltern war ich nicht ehrlich, natürlich auch, weil ich wusste, dass sie dagegen gewesen wären. Also nicht gegen Emilie als Person, aber es spielte eine Rolle, ob ich sie als eine Kollegin oder meine Freundin ausgegeben habe.

Im Sport war es auch nicht immer einfach. Ich wollte dort mit dem Thema nicht konfrontiert werden, sondern einfach Rennen

Nathalie Schneitter als Weltmeisterin im Regenbogentrikot – das Ziel von so vielen Sportlerinnen und Sportlern. Auch sie träumte jahrelang diesen Traum. Am 29. August 2019 wurde er Wirklichkeit. In Kanada fuhr die Solothurnerin das Rennen ihres Lebens und wurde erste E-Mountainbike-Weltmeisterin.

fahren. Aber damals war ich auch ein anderer Mensch. Ich ging Konflikten aus dem Weg. Nach zwei Jahren mit Emilie habe ich mich an der Kantonsschule in eine Mitschülerin verliebt. Das war 2004. Das Ende mit Emilie war zwar unschön, weil ich keinen sauberen Schnitt machen konnte. Doch heute sind wir beste Kolleginnen und vertrauen uns blind. Das finde ich sehr schön. Mit Anouk war ich dann elf Jahre zusammen. Sie kam auch aus einer Beziehung – allerdings mit einem Mann. Von Anfang an äusserte sie deshalb den Anspruch, dass wenn sie sich auf mich einlassen würde, ich auch voll und ganz zu ihr stehen solle. Und siehe da: Ich konnte es. Das, was Emilie immer von mir verlangt hatte, lernte ich mit Anouk. Ich brauchte wohl zwei bis drei Jahre, um zu mir stehen zu können und zu realisieren, dass ich anders bin. Heute sage ich: «Ich bin, wie ich bin, und es ist gut so.»

Warum das mit Anouk plötzlich funktionierte, ist schwierig zu sagen. Vielleicht, weil wir gleichzeitig dasselbe durchlebt haben, weil wir uns gemeinsam geoutet haben. Meine Eltern brauchten einige Zeit, um sich an die Situation zu gewöhnen. Doch ich stand zu Anouk. Das heisst nicht, dass wir unsere Liebe zelebriert hätten, aber wir sind offen damit umgegangen. Den Konflikten zum Trotz habe ich danach im Sport noch mehr Gas gegeben. Ich kann mich noch gut an einen Moment bei der Junioren-Europameisterschaft 2004 erinnern: Als ich über die Ziellinie fuhr, habe ich mich zwar über Bronze gefreut, aber noch mehr darüber, dass ich allen beweisen konnte, dass ich den richtigen Weg eingeschlagen und mich die Beziehung zu Anouk nicht vom Velofahren weggebracht oder abgelenkt hatte. Ohne die Wut auf die Reaktionen in meinem Umfeld hätte ich die Medaille vielleicht gar nicht gewonnen.

Nach der Matura und noch bevor ich wegen des Studiums nach Basel gezogen bin, sagte ich zu meinen Eltern: «Entweder ihr akzeptiert mich, so wie ich bin, oder ihr seht mich nicht wieder.» Es dauerte etwa eine Woche, und die Sache war erledigt. Das war im Juli 2005. Ich bin meinen Eltern nicht böse. Denn ich hatte ja kein Problem mit ihnen – nur sie konnten mit meiner Homosexualität nicht umgehen. Vielleicht hatten sie für ihre Tochter auch einfach einen anderen Plan. Manchmal braucht es Zeit, bis man sich mit einer neuen Situation arrangiert hat. Dafür habe ich Verständnis. Und mir ist bewusst, dass meine Karriere nie möglich gewesen wäre ohne meine Eltern. Dafür bin ich ihnen unendlich dankbar. Egal, wie fest wir uns manchmal gestritten haben, ich konnte immer mit ihrer vollen Unterstützung rechnen. Heute ist alles gut, so wie es ist, und ich muss manchmal schmunzeln, wenn ich daran denke, dass mein Umfeld wohl fast ein bisschen enttäuscht wäre, wenn ich einen Freund hätte. Ich bin Anouk dankbar, dass sie mich gezwungen hat, zu unserer Beziehung zu stehen. Sie war fast während meiner ganzen Karriere an meiner Seite. 2015 beendeten wir die Beziehung. Heute bin ich wieder glücklich liiert. Glücklich bin ich auch mit meinem Leben nach der Karriere. Ich bin gerne beschäftigt, tanze oft auf verschiedenen Hochzeiten. Die Beine hochlagern? Nein, das mag ich überhaupt nicht. So gesehen bin ich froh, dass ich mich nicht über zu wenig Arbeit beklagen kann. Seit Juni 2019 bin ich Partnerin der «antritt GmbH», einer Firma, die Projekte im Bereich Sport und Tourismus umsetzt.

2016 war meine Sportkarriere eigentlich beendet. Doch dann kam die Weltmeisterschaft 2019 in Kanada, wo es zum ersten Mal ein WM-Rennen im E-Mountainbike gab. Plötzlich war ich wieder mittendrin, obwohl ich nach meinem Karriereende den Traum begraben hatte, einmal das Regenbogentrikot als Weltmeisterin anziehen zu können. Doch erstens kommt es anders und zweitens als man denkt. Ein ganzes Leben hatte ich darauf hingearbeitet, und jetzt hatte ich es geschafft: Ich war Weltmeisterin! Es war alles so surreal. Ich stand auf dem Podest und dachte: «Ist das wirklich passiert? Dieses Überholmanöver in der letzten Runde, als ich alles in die Waagschale geworfen, alles riskiert und letztlich alles gewonnen habe?» Dieser WM-Titel war einfach sensationell, denn es war auch ein historischer Sieg. Das Wichtigste an diesem Tag in Kanada war jedoch, dass ich die Emotionen und das Glück mit meinen Eltern teilen konnte. Sie sind mit mir nach Kanada gereist, mein Vater war sogar das erste Mal in Nordamerika, und vor dem Rennen unternahmen wir zusammen einen kleinen Roadtrip. Am Abend vor dem Rennen haben wir mit Freunden gekocht und eine Flasche Wein getrunken. Das war so anders als früher, ohne den ganzen Druck und die Abhängigkeiten im Cross-Country-Business. Klar stand ich in Kanada auch unter Druck und wollte unbedingt Weltmeisterin werden. Es hat aber wohl genau darum geklappt, weil ich mit Lockerheit und Freude gefahren bin. Für mich war die WM in Kanada erkenntnisreich. Heute habe ich das Gefühl, dass ich viel besser weiss, wer ich bin, was ich will und wie ich es will. Als Mensch und als Athletin.

Was den Sport betrifft: Ich hatte nie das Gefühl, dass ich aufgrund meiner Homosexualität benachteiligt wurde. Nie! Das Einzige, was mich eingeschränkt hat, war mein eigenes Unvermögen, dazu zu stehen. Als ich 2008 meinem Teamchef endlich sagen konnte, was Sache ist, war es für mich nie mehr ein Problem. Meine Sponsoren waren immer alle über meine Homosexualität informiert. Meine Fans wussten es sicher nicht alle. Aber ich finde es nicht relevant, ob alle über mein Privatleben Bescheid wissen oder nicht. Meinen Fans war der Sport wichtig. Und mit ihnen teilte ich den wohl bittersten Moment meiner Karriere: Nach meinem Sturz in La Bresse stieg ich zu ihnen in den Car und dankte ihnen für die Unterstützung, im Wissen darum, dass mein Lebenstraum geplatzt war. Olympia 2012 adieu. Das war der Tiefpunkt meiner Karriere. In das grosse Loch, das mir alle nach meinem Rücktritt im September 2016 prophezeit hatten, bin ich nicht gefallen. Ich habe gar keine Zeit dazu.

— Nathalie Schneitter, *1986
— Aufgewachsen in Rüttenen, Kanton Solothurn
— Wirtschaftsstudium in Basel, Bachelorabschluss
— Event- und Projektmanagerin mit eigener Firma
— Dreifache Schweizer Meisterin Mountainbike Cross-Country
— 2004: Juniorinnen-Weltmeisterin, Bronze Europameisterschaft Juniorinnen
— 2008: U23-Europameisterin, Teilnahme an den Olympischen Spielen in Peking
— 2010: Weltcupsiegerin
— 2011: Vize-Weltmeisterin Staffel
— 2019: Weltmeisterin E-Mountainbike

Monika Bühlmann, *1963,
Schweizer Meisterin im 10-Tanz

«Tanzturniere sind wie ein Theater,
ich schlüpfte in eine andere Rolle.»

Nein, für mich ist es kein Problem, mich beim Tanzen von einem Mann führen zu lassen. Beim Turniertanz hat man eine fixe Choreografie, es ist ein Miteinander. Da bestimmt nicht einfach der Mann, wo es langgeht und ob es jetzt eine Doppeldrehung gibt oder einen Rhythmuswechsel. Was meinen Tanzpartner und mich unterschied, war, dass ich die höheren Schuhe trug. Sonst waren wir uns ebenbürtig. Mit Absätzen ist man nicht so standfest, daraus ergeben sich andere Bewegungen und Aufgaben. Auf der Tanzfläche werden Weiblichkeit und Männlichkeit als stereotype und überzeichnete Rollen zur Schau gestellt. Ich gehe heute nicht mehr an Turniere, es ist nicht mehr meine Welt, sie ist mir zu künstlich.

Da ich mich aber für Turniertanz entschieden hatte, akzeptierte ich auch alles, was dazugehört. Ich hätte es lieber weniger affektiert gehabt, aber der Tanzzirkus verlangte diese Art der Darstellung, dazu gehörte auch das extreme Styling, sonst hätten wir keine Chance auf eine gute Platzierung gehabt. Das ist wie im Theater, ich schlüpfte in eine Rolle und verwandelte mich in eine andere Person. Ich schminkte mich stark, die Kleidung war knapp, und meine kurzen Haare frisierte ich mit Haarlack zu einer Betonkappe, die sich nicht bewegen durfte – stundenlang stand ich vor dem Spiegel. Das passte alles nicht wirklich zu mir. Ich war eher ein «Bubenmeitli», spielte als Kind gerne im Wald und war in der Pfadi. Fürs Tanzen stylte ich mich, weil es dazugehörte. Ich liebte am Turniertanz vor allem die Trainings mit meinem Tanzpartner, das Sportliche und die Bewegung in Kombination mit Musik.

Die letzten sieben Jahre meiner Tanzkarriere tanzte ich mit Dani. Wir verstanden uns nicht nur auf dem Tanzparkett sehr gut. Wir hatten uns auch persönlich viel zu sagen. Wenn man eine Sportart zu zweit ausübt, geht das nur, wenn es auch auf menschlicher Ebene passt. Wir waren viel unterwegs, London galt als Mekka des Paartanzes, dorthin flogen wir, um Tanzstunden zu nehmen. Dani und ich waren damals Anfang zwanzig, das war in den 1980er-Jahren. Wir designten beide sehr gerne, dafür hatten wir ein gutes Händchen, und so gestalteten und nähten wir unsere Turnierkleider selbst. Auch deshalb, weil wir uns solche Kostüme nicht hätten leisten können. Wir beklebten Stoffe mit Tausenden von Strasssteinchen – Glitzern und Funkeln war das Motto –, obwohl sich das Tanzkleid damit wie ein Panzer anfühlte und die Steinchen bei schnellen Moves und Doppelpirouetten wie Hagelkörnchen aufs Parkett spickten. So kreierten wir manch extravagantes Stück. Wir gaben ihnen Namen wie zum Beispiel «Füdli», ein Kleid mit grellgelbem, aufgepufftem Hinterteil. Für uns die Gewinnerrobe – leider teilten nicht alle Preisjurys diese Begeisterung.

In jungen Jahren schlug mein Herz für die lateinamerikanischen Tänze, dazu gehören Samba, Cha-Cha-Cha, Rumba, Paso Doble und Jive. Da war mehr los, es ging um Leidenschaft, Rhythmus, Schnelligkeit, und die Show ist frecher. Heute mag ich durchaus auch die Standardtänze, sprich Walzer, Tango, Foxtrott, Slowfox und Quickstep. Standard ist weniger aufgesetzt, romantischer und mit den langen Kleidern mehr ladylike. Aber ladylike mit zwanzig Jahren, das war ich nicht.

Zum Tanzen kam ich durch Zufall. Ich bin in Zürich-Schwamendingen aufgewachsen. Roberto, ein Nachbarsjunge, erzählte mir einmal auf dem Schulweg, dass er in der Tanzschule Läderach tanze. Ich tanzte auch, aber alleine – zu den Langspielplatten meiner Eltern. Wenn ich alleine zu Hause war, stand ich oft vor der spiegelnden Fläche des Fernsehers und tanzte zu James Last oder Caterina Valente. Die Musik war zu laut für unsere Nachbarn, und wenn meine Mutter nach Hause kam und mich bei meinen Improvisationen beobachtete, war es mir sehr peinlich. Ich wusste gar nicht, ob ich gerne Paartanz machen würde, aber Roberto, der wie ich 14 war, hatte meine Neugierde geweckt. Wir verabredeten uns noch am gleichen Nachmittag. Er teilte sein Zimmer mit seiner Nonna und einem Kühlschrank. Kurzerhand beförderte er beide hinaus, damit wir genug Platz hatten. Wir übten die ersten Schritte, und er meinte, dass es mit uns funktionieren könnte. Wir wurden schnell ein Tanzpaar. Da er schon alle Hobbytanzkurse absolviert hatte, war der logische nächste Schritt: Turniertanz. Wir waren Newcomer, hatten Talent und stiegen schnell auf. Mit 16 Jahren waren wir schon in der S-Klasse, in der obersten Schweizer Liga. Je höher die Liga, desto freier kann die Choreografie gestaltet werden. Beim Tanzen kommt es auf die Details an, wie wird die Musik interpretiert, wie gelebt? In den 1980er-Jahren hatten wir noch viele Freiheiten, heute ist alles choreografiert, sogar das Lächeln.

Nach der Sekundarschule besuchte ich an der Kunstgewerbeschule Zürich den Vorkurs, ein Jahr gestalterische Grundausbildung. Mein Wunsch, die Innenarchitekturklasse zu besuchen, erfüllte sich aber nicht, da ich die Aufnahmeprüfung nicht bestand. Ich musste mich für eine Lehre entscheiden. Dies fiel mir schwer, ich fasste etwa zwanzig Berufe ins Auge und sah vor lauter Bäumen den Wald nicht mehr. Meine Mutter war ziemlich verzweifelt. Da sie selbst am liebsten Coiffeuse geworden wäre, übertrug sie

Monika Bühlmann erreichte Ende der 1980er-Jahre mit ihrem Tanzpartner die Spitze des Schweizer Paartanzes in Lateinamerikanischen und Standardtänzen. Die extravaganten Kleider kreierten und fertigten die beiden selbst.

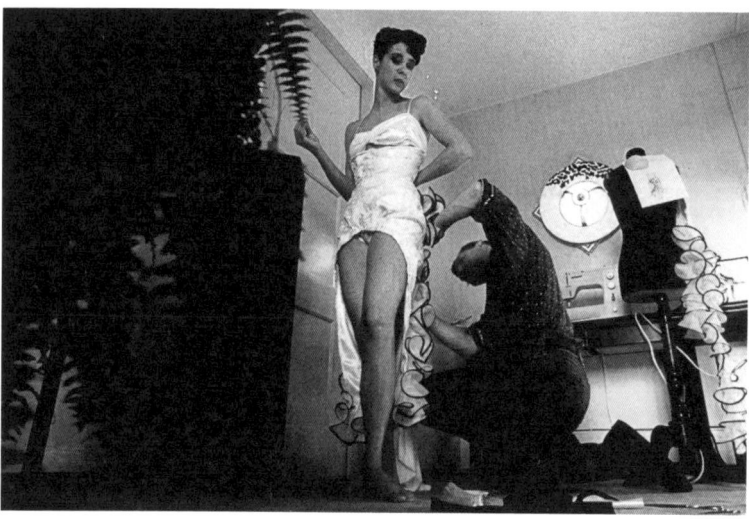

ihren Traum auf mich. Sie sagte: «Wenn du einmal verheiratet bist, kannst du in einem Zimmer in deiner Wohnung einen Coiffeursalon einrichten. So hast du einen finanziellen Zustupf. Und ich helfe dir und schamponiere deine Klientel.» Die Vorstellung, zusammen mit meiner Mutter zu arbeiten, gefiel mir. Doch während meiner Lehre hielt sich mein Interesse am Haareschneiden in Grenzen. Mich locker mit der Kundschaft zu unterhalten, was eine gute Coiffeuse können sollte, war mir ein Gräuel. Im Friseursalon stand ich am liebsten an der Puppe und baute mächtige, historische Frisuren oder lernte, mit dem heissen Onduliereisen Wellen zu legen. Diese Fertigkeiten und meine Kreativität konnte ich später auch als Maskenbildnerin und als Turniertänzerin ausleben.

Ich lebte in zwei Welten: in der glitzernden Welt des Turniertanzes und in meiner ungeschminkten Alltagswelt, mit Jeans und Stahlkappenschuhen, offen lesbisch. Glücklich war und bin ich, wenn ich etwas konstruieren kann. Ich liebe das Handwerk, das Schreinern oder Schweissen zum Beispiel, was dazu führte, dass ich nach der Maskenbildnerei Industriedesignerin wurde – meine Wohnung jedenfalls ist mit selbst gebauten Unikaten ausgestattet.

Internationale Turniere waren stets ein Happening, auch wenn Schweizer Paare nur geringe Chancen auf die vorderen Plätze hatten, denn die Gewinner waren oft von Anfang an gesetzt. Im Ausland feierten die Tanzpaare nach den Turnieren miteinander, während in der Schweiz unter Schweizer Paaren mehr Missgunst herrschte. In der Tanzszene waren sehr viele Männer schwul, auch Dani, und die meisten standen offen dazu. Die Tänzer hatten untereinander auch Liaisons, bei den Frauen herrschte eher ein Konkurrenzverhältnis. Turniertanz zieht schwule Männer an, aber frauenliebende Frauen findet man wohl eher beim Fussball. Ich kannte auf jeden Fall keine andere lesbische Tänzerin. Meine Sexualität war in diesem Kontext einfach kein Thema. Heute sind im Turniertanz andere Länder führend, viele ehemalige Ostblockstaaten. Mit Tanzsport wird heute im Kindesalter gestartet, und viele Eltern sind involviert. Dies und die Tatsache, dass in diesen Ländern Homophobie wieder zunimmt, bewirkt, dass das Schwulsein im Tanzsport eher wieder negiert und tabuisiert wird. Ich habe das Gefühl, dass vieles in unserer Gesellschaft rückläufig ist, auch in der Schweiz. Die konservativen Rollenmuster werden wieder zelebriert – Paartanzen ist ein Spiegel der Gesellschaft.

Mit 28 habe ich mit dem Turniertanzen aufgehört. Es war eine aufregende Zeit, doch auf einmal dachte ich: Jetzt reichts! Dani und ich hatten alles erreicht, was wir erreichen konnten. Wir sind Schweizer Meister im 10-Tanz und zwei Mal Vize-Meister im Latein geworden. Um weiterzukommen, hätten wir ins Ausland gehen müssen, mehr Finanzen und Zeit einsetzen. Doch ich musste neben dem Tanzen ja meinem normalen Job als freischaffende Maskenbildnerin nachgehen. Nach der 10-Tanz-Weltmeisterschaft 1989, die in Zürich stattgefunden hatte, hörten wir auf. Wir erreichten damals den Halbfinal und sicherten uns den 11. Rang. Im Kongresshaus vor Heimpublikum zu tanzen, war ein schöner Abschluss.

Da Tanzen auch neben den Turnieren meine Leidenschaft war, ging ich oft an Frauenpartys, wie etwa die «Tanzleila» in Zürich. Manchmal tauchte ich direkt nach einem Turnier dort auf – mit meiner Betonfrisur und übertrieben gestylt –, das irritierte die Frauen sichtlich. Denn die Szene war damals eher alternativ und feministisch. An der «Tanzleila» trafen sich allerlei Frauen – ältere und jüngere, diejenigen, die barfuss und frei tanzen wollten, und diejenigen, die von einem Bein auf das andere wippten. Diesen Mix fand ich cool. Der Groove der Eighties! Das war wirklich eine andere Zeit. Ich gab später auch die beliebten Crashkurse im Paartanz vor dem eigentlichen Beginn der Disco an der «Tanzleila». Hartnäckig hält sich das Klischee, dass wer gut tanzen kann, auch gut ist im Bett. Gegen dieses Klischee hatte ich nichts einzuwenden.

Mein Coming-out verlief harmlos: Ich hatte eine Tanzkollegin, deren Schwester lesbisch war. Mich interessierte es sehr, was sie diesbezüglich erzählte. Ich wollte von ihr wissen, wo ich hingehen könnte, um andere Frauen kennenzulernen. Sie empfahl das «Hot Legs», eine Disco im Zürcher Niederdörfli. Ich war 21, liebte Neues und ging einfach einmal dorthin. Beim zweiten Besuch lernte ich meine erste Freundin kennen und liess mich von ihr verführen. Danach habe ich meiner Mutter gesagt, dass ich lesbisch sei. Meine Mutter war damals schon krank, sie hatte Krebs. Sie meinte nur: «Du siehst ja gar nicht so aus.» Sie fand, das sei eine Phase. Mich machte das wütend, und wir haben eine Zeit lang nicht mehr darüber geredet. Doch bald schon lud sie meine Freundin an Familienfeste ein. Meine Mutter war die Starke in der Familie und lebte vor, wie man mit solchen Themen umgeht. Sie starb, als ich 23 war, das war traurig. Ich hatte eine sehr enge Bindung zu ihr, ich liebte sie. Damals hatte ich keine Sensoren für das Sterben. Fürs Abschiednehmen blieb mir keine Zeit. Durch ihren Tod rückte meine Familie aber mehr zusammen. Dies führte dazu, dass sich mein Vater und ich näherkamen, worüber ich sehr glücklich bin.

Mein Lesbischsein musste ich nie verstecken, wohl auch, weil ich mich in der Tanz- und Theaterszene bewegte. In meinem Freundeskreis sind die meisten lesbisch oder schwul. Es ist für mich entspannter, da wir einander besser verstehen und eine gemeinsame Geschichte teilen. Ich bin keine grosse Aktivistin in der Frauenbewegung gewesen, mein politisches Engagement waren meine Tanzkurse: Zu Beginn der 1990er-Jahre begann ich, Tanzkurse für lesbische Frauen zu geben, damals noch im Frauenzentrum Zürich an der Mattengasse – oben im Bewegungsraum. «Wenn Frauen die Führung übernehmen» nannte ich den Kurs. Ich wollte die festgefahrene Rollenaufteilung auflösen. Vorbilder hatte ich dabei keine und war wohl in der Schweiz eine der Ersten, die das versuchten. Es gab lange Zeit kaum Tanzparketts für gleichgeschlechtliche Paare. Heute ist es einfacher, es finden auch internationale Queer-Tanzfestivals statt. Im Tango ist diese Szene etablierter als in anderen Paartänzen, und es tanzen fast alle Teilnehmenden beide Rollen. Neuerdings bieten auch herkömmliche Tanzschulen Open-Role-Kurse an. Ich denke, dass diese queeren Ansätze das Paartanzen beeinflussen und ein anderes, offeneres Publikum anziehen. «Frauen, ihr sollt nicht führen, lasst euch führen», heisst es aber immer noch in den konservativen Tanzschulen. Die Männer sind teilweise am Limit, sie sind überfordert mit ihrer Rolle, hören den Takt nicht oder haben Mühe mit der Koordination. Warum übernimmt nicht jene Person die Führung, die es besser kann? Doch die Frauen halten sich lieber an der ihrem Geschlecht zugewiesenen Rolle fest.

In meine Tanzkurse kommen auch heterosexuelle Paare. Tanzen lernen – the queer way – macht neugierig. Viele tanzen schon lange bei mir, neue kommen hinzu, wir sind wie eine Familie. Es gibt keine fixen Tanzpartnerinnen oder Tanzpartner, jeder kann kommen, auch alleine. Diese Tanzkurse sind für mich eine Herzensangelegenheit. Tanzen ist zu meinem Beruf geworden, es ermöglichte mir ein Leben mit viel Freiraum. Oft werde ich gefragt: Kann man vom Tanzen leben? Ich kann mir alles leisten, was mir wichtig ist, und habe genügend Zeit, meinem Erfindergeist freien Lauf zu lassen. Seit Kurzem verfüge ich über ein eigenes Tanzstudio. Ich gehe davon aus, dass ich noch einige Jahre arbeiten werde, und wollte etwas Eigenes. Früher inszenierte ich Kindermusicals, heute arbeite ich – neben den queeren Tanzkursen – vermehrt mit älteren Menschen zusammen. Ich habe für die Pro Senectute Kanton Zürich die Solotanzart Everdance entwickelt, basierend auf

Paartanzmusik und -schritten. Das Unterrichten dieser Kurse ist bereichernd, denn diese Generation ist so freudig und dankbar, das tut einem einfach gut.

Seit einiger Zeit gehe ich oft und gerne an Hetero-Tangoabende, dort tanze ich meist als Leaderin. Ich führe gerne. Das kommt mir als Typ beim klassischen Paartanzen entgegen, ich kann in dieser Rolle kreativer sein. Sei es bei der Dramaturgie, der Figurenwahl oder der Rhythmik. Spannend ist, wie sich mein Verhalten ändert, je nachdem, ob ich als Leaderin oder Followerin auftrete. Im Tango Argentino wird das Ritual gepflegt, via Augenkontakt jemanden zum Tanz aufzufordern. Wenn ich führen will, bin ich aktiv, beherzt, schaue mich um und bin sichtbar. Als Followerin bin ich zurückhaltender, weniger aktiv, nur schon die hohen Schuhe machen einen Unterschied: Die Hüfte kippt nach vorne, das Brustbein und der Busen heben sich. Die Haltung ist fragiler – aber ich bin immer noch die gleiche Person. An diesen Hetero-Tanzabenden Frauen aufzufordern, braucht manchmal Überwindung und auch Energie, da ich oft die einzige führende Frau bin. Die meisten Frauen erlebe ich als offen, aber für gewisse kommt es nicht infrage, mit einer Frau zu tanzen. Dennoch bekomme ich nicht selten zu hören: «Du bist einer der besten Männer hier ...»

— Monika Bühlmann, *1963
— Aufgewachsen in Zürich
— Ausbildungen als Coiffeuse, Maskenbildnerin und Industriedesignerin; Paartanzlehrerin mit eidgenössischem Fachausweis
— Mitbegründerin von Everdance für die Generation 60+
— 1988/89: 1. Platz 10-Tanz-Schweizermeisterschaft
— 1988/89: 2. Platz Schweizermeisterschaft Lateinamerikanische Tänze
— 1989: 11. Platz 10-Tanz-Weltmeisterschaft

Martina Aeschlimann, *1980,
Slalom- und Riesenslalomfahrerin

«Ich bin im Herzen eine Rockerin.»

«Das wars. Ich komme nicht mehr zurück», war alles, was ich noch denken konnte, bevor der Helikopter kam. Es war ein schwerer Sturz. Die Bindungen hatten sich nicht gelöst, und so wickelte es mich regelrecht um die Skier. Ich brach mir beide Beine. Die Schmerzen waren fast unerträglich, und ich wünschte mir, ohnmächtig zu werden, damit ich sie nicht mehr ertragen müsste. Das war mein letztes Skirennen. Mit 18 Jahren.

Mein erster Skiunfall war ein Jahr davor passiert. Ich hatte mir den Schienbeinkopf und das Schlüsselbein gebrochen und zum ersten Mal pausieren müssen. Da waren keine Rennen, kein Training mehr, plötzlich war ich die ganze Woche lang in der Schule, und ich merkte, dass es auch cool ist, abends mal mit Freunden auszugehen und zu wenig Schlaf zu kriegen. Aber ich hatte ein Ziel. Es stand ausser Frage, dass ich nach nur einem Unfall schon aufhören würde, Rennen zu fahren. Ich war auch meinen Sponsoren verpflichtet und wollte wieder Gas geben. Also machte ich weiter. Aber mit ganzem Herzen war ich nicht mehr dabei. Denn ich hatte gerade entdeckt, dass es auch ein Leben fern vom Skibetrieb gab. Und noch einmal ein solches Risiko eingehen? Das war es doch nicht wert. Ich schwor mir, beim nächsten Vorfall, egal, wie klein, sofort aufzuhören, Skirennen zu fahren. Ich kämpfte mich also durch und hatte eine gute Saison. Aber die Angst fuhr mit. Ich fuhr nie mehr so gelöst wie vorher. Und dann kam mit dem Saisonende auch das Ende meiner Karriere: der zweite, noch viel schwerere Sturz.

Mit zwei gebrochenen Beinen sass ich im Rollstuhl, drei Monate lang. Bis ich wieder gesund war, dauerte es ein ganzes Jahr. Ich lebte wieder zu Hause an der Lenk, in meinem Dorf im Berner Oberland, wo ich auf 1000 Meter über Meer aufgewachsen bin. Kaum hatte ich wieder Energie, unternahm ich Touren mit dem Rollstuhl und rollte abends in den Ausgang. Es mag eigenartig klingen, aber diese Zeit möchte ich nicht missen. Die Leute halfen mir, machten mir Platz, trugen mich Treppen hoch. Viele meiner heutigen Freunde habe ich damals kennengelernt. Im Dorf wussten ja alle, wer ich bin: die Skifahrerin, über die regelmässig in der Zeitung geschrieben wurde. Aber weil ich kaum je zu Hause gewesen war, hatte ich niemanden mehr richtig gekannt.

In dieser Zeit entstand viel Wertvolles, das andere «Problemli» in meinem Leben relativierte. Ich haderte keinen Tag damit, dass es ausgerechnet mich getroffen hatte. Ich wollte das Beste draus machen und vorwärtsschauen. Geholfen hat mir dabei die Autosuggestion. Ich konnte so den Unfall als Chance sehen. Bereits als Teenager hatte ich mit mentalem Training angefangen. Es hiess, wir Skifahrerinnen seien alle gleich gut, und Gewinnen sei nur noch Kopfsache. Also wendete ich die Autosuggestion an und sagte mir, ich sei unschlagbar, die Beste. Zusätzlich habe ich mir die Bewegungsabläufe geradezu ins Unterbewusstsein eingebrannt. Das machte mich enorm stark. Man kann sich bei der Autosuggestion so richtig versenken. Sie kann zur reinen Entspannung genutzt werden oder um das eigene Unterbewusstsein zu überlisten. Ausserdem gibt es auch Techniken wie das Astralwandern. Da ich nach einigen Jahren der Praxis sehr gut darin war, erlebte ich Surreales und war damit bald überfordert. Ich konnte darüber mit niemandem reden, also reduzierte ich das Suggerieren massiv.

Ski gefahren bin ich, seit ich gehen konnte. Ich wuchs als Jüngste von drei Geschwistern mitten in diesem traditionellen Skigebiet an der Lenk im Simmental auf. Schon bald fuhr ich Rennen. Ich stand meist zuoberst auf dem Podest, gewann viele Preise und wurde schliesslich ins Regionalkader aufgenommen. Mit zwölf Jahren fehlte ich immer öfter in der Schule, war von Donnerstag bis Sonntag im Trainingslager oder an Rennen. Das war sehr intensiv, aber ich wollte es unbedingt, und die Skiwelt wurde immer mehr zu meinem Zuhause. Was mich aber belastete, war, dass richtige Freundschaften kaum mehr möglich waren. Skifahren ist ein Einzelsport, man steht immer in Konkurrenz zu den anderen. Ich lebte einerseits ein tolles, spannungsreiches Leben, aber andererseits hatte ich auch oft das Gefühl, nirgendwo dazuzugehören. In der Schule war ich nur noch Gast, und zu Hause packte ich den Koffer lediglich aus und wieder ein.

Dass die Freundschaften in diesem Skizirkus nicht wirklich tief waren, bestätigte sich nach meinem Unfall: Genau drei Fahrerinnen haben sich nach mir erkundigt. Zehn Jahre lang hatte ich fast Tag und Nacht mit diesen Frauen verbracht, wir hatten so viel zusammen erlebt, und dann kam diese Ernüchterung. Das war erschreckend. Jede war eigentlich froh, dass ich wegfiel. Eine Konkurrentin weniger. Es war ein harter «Lehrblätz». Dazu kam die Erkenntnis, dass ich nach meiner Sportkarriere an mir arbeiten musste. Ich musste lernen, meinen Egoismus zu drosseln. Während meiner Zeit als Profi war klar: Nur ich selbst bin mir wichtig. Mein Benehmen war fast unerträglich geworden. Ich musste lernen, dass es darum geht, sich auch einmal zurückzuhalten und nicht immer an erster Stelle zu stehen. Aber rückblickend stufe ich meine Skikarriere als Lebensschule positiv ein. Es schadet einem Kind nicht, wenn es lernt, sich durchzubeissen, etwas zu erkämpfen, zu wissen, dass nicht alles selbstverständlich ist. Aber sobald man völlig verbissen ist, wird es ungesund. Viele schaffen es nicht, zum richtigen Zeitpunkt aufzuhören. In meinem Fall war es einfach, aufzuhören. Alle haben verstanden, dass ich nach diesem Unfall nicht mehr weitermachen wollte. Ob ich aber auch ohne Sturz den Mut gehabt hätte, den Rücktritt schon mit 19 zu geben, weiss ich nicht.

Was ich während meiner Zeit als Skifahrerin nie verstanden habe: den Hype an den Schweizermeisterschaften, wenn die Fahrerinnen sich riesig darüber freuten, einmal mit den Männern zusammen zu sein. Sonst fuhren wir nie Rennen am gleichen Berg und zur gleichen Zeit. Für die Ladys war es der Event des Jahres. Wenn sie vorher noch keinen Freund gehabt hatten, hatten sie spätestens danach einen. Die Schweizermeisterschaften waren die Partnerbörse des Skizirkus. Ich hatte mich schon immer in Mädchen verliebt, bereits im Kindergarten. Aber es war mir nicht eigentlich bewusst, was das bedeutete. Ich hatte ja keine Ahnung, ob das normal war oder ob das wieder vorbeigehen würde. Jungs interessierten mich nur als Kumpels fürs Fussballspielen. Interessanterweise teilte ich jahrelang das Zimmer mit einer Skifahrerin, die heute auch auf Frauen steht. Das haben wir damals nicht bemerkt.

Nach meinem ersten Unfall hatte ich plötzlich viel Zeit zum Nachdenken. Ich fragte mich, ob ich wie alle anderen einen Partner haben wollte oder doch lieber eine Partnerin. Also fuhr ich heimlich nach Bern an Frauenpartys, immer mit der Angst lebend, dass es meine Eltern erfahren könnten. Mir war bald sonnenklar, dass ich auf Frauen stehe. Aber dann ging es weiter mit den Rennen, und mein Fokus verlagerte sich. Nach dem fatalen Sturz, dem Ende meiner Karriere und der langen Heilungszeit hatte ich noch ein halbes Jahr Zeit, bevor ich mit der Lehre als Fachfrau Operationstechnik anfangen konnte. Ich investierte das Geld der Unfallversicherung in eine Australienreise. Vor meiner Abreise hatte ich ein paarmal versucht, mit Männern intim zu werden – es blieb jedoch beim Versuch, da ich mich immer unwohl fühlte. Nun wollte ich Erfahrungen in der Lesbenszene sammeln, ohne Angst zu haben, entdeckt zu werden. Australien erschien mir als sicher, bewusst ging ich so weit weg, an einen Ort, wo mich niemand kannte.

In Australien gefiel es mir so gut, dass ich wohl geblieben wäre, hätte ich nicht schon meine Lehrstelle gehabt. Die letzten Wochen

Martina Aeschlimann 1996 als 16-Jährige im legendären Schweizer Käsedress auf einem Berg an der Lenk, wo sie aufgewachsen ist. Wenige Jahre später wurde ihre Karriere als Skifahrerin durch einen schweren Unfall beendet.

meiner Reise verbrachte ich in Sydney. Fast jeden Abend fand irgendwo eine Frauenparty statt. Ich tauchte tief ein in diese Welt. Aber lange hätte ich diesen Lebensstil nicht weiterführen können. Ich habe alles ausprobiert, was Gott verboten hat, und zum Schlafen kam ich so gut wie nie. Kurz vor der Abreise verliebte ich mich wahnsinnig fest in eine Frau, aber wir waren zu schüchtern, um einen Anfang zu wagen, und dann war es zu spät, weil ich heimfliegen musste. Zu Hause angekommen gab ich mir 48 Stunden Zeit, mich bei meinen Eltern zu outen. Aber schon als ich am Auspacken war, kam meine Mam dazu und erzählte von einer gleichaltrigen Frau, die in der Nähe wohnte: «Hast du gehört, die hat sich geoutet. Das hätte ich nie gedacht!» Ich sagte nur: «So? Und was denkst du von mir?» Meiner Mutter fiel es wie Schuppen von den Augen. Sie hatte einen Heulkrampf und verlangte, dass ich es auch gleich meinem Père sage, sie wollte das nicht als Einzige wissen.

Vor der Reaktion meines Vaters hatte ich Angst, denn er hatte sich in der Vergangenheit oft despektierlich über die homosexuellen Pärchen in den TV-Soaps geäussert. Ich fürchtete, er würde durchdrehen. Aber er blieb gelassen und meinte nur: «Ich habe schon lange gedacht, dass uns das einmal treffen wird.» Er hatte aber immer das Gefühl gehabt, dass mein Bruder schwul sei. Meine Eltern brauchten nicht lange, um mein Lesbischsein zu akzeptieren. Ich durfte meine Freundinnen immer mit nach Hause bringen. Auch wenn man vielleicht vermutet, dass das Simmental nicht gerade der «Homo-Hotspot» sei, so leben hier doch viele Lesben, auch geoutete. Es gibt überall Frauen, die Frauen lieben, das ist ja kein Stadtphänomen. Der Unterschied ist wohl, dass man auf dem Land jede Lesbe und jeden Schwulen kennt und auch immer wieder trifft. In Städten gibt es separate Szenen, es ist anonymer.

Politisch aktiv war ich nie. Mein Lesbischsein muss ich nicht in der Öffentlichkeit zelebrieren, ich muss nicht provozieren. In Bern gehen meine Freundin und ich schon manchmal Hand in Hand. Hier in Biel, wo wir gemeinsam wohnen, und an der Lenk sind wir zurückhaltend, auch wenn es kein Geheimnis ist. Wir haben uns dieses Verhalten angewöhnt, und es ist schwierig, davon wieder loszukommen. Ich weiss, dass wir noch kämpfen müssen. Aber ich weiss, wer ich bin und was ich will. Das habe ich wohl von der Lenk mitgebracht. Ich bin einfach happy, dass ich dort akzeptiert wurde, und habe auch keine schlechten Erfahrungen gemacht. Im Gegenteil, es ergeben sich immer wieder lustige Gespräche. Es gab Zeiten, da sass ich an der Lenk allein mit 18 Männern am Stammtisch.

Nach dem vierten Bier kamen die Fragen. Heteromänner wollten meinen Rat, weil es bei ihnen im Schlafzimmer nicht richtig klappte, und schon war ich die Sextherapeutin. Ich rede halt offen über Sex. Und wenn sie dann später von ihren Erfolgen erzählten, dachte ich nur: Too much information ... – aber ich freue mich, dass nun auch ihre Partnerinnen mehr Spass haben.

Ich verbringe gerne Zeit mit Männern, pflege seit Jahren enge Freundschaften, vielleicht auch, weil klar ist, dass nichts passieren wird. Deren Partnerinnen werden nicht eifersüchtig. Auch hier in Biel habe ich unkomplizierte Männerfreundschaften. Ich bin oft im «Eldorado», das ist eine Rockbar, in der gerne und viel Bier getrunken wird. Ich fühle mich wohl da, es geht nie um den Job oder den Status. Wir wollen quatschen und lachen. Manchmal gehe ich aber auch in diese Bar, um dem inneren Drang nach einem Rausch nachzugeben. Diesen Drang nenne ich liebevoll «meine Dämonen». Und die werde ich nur mit Bier wieder los. Ob dieser Rausch ein Ersatz für den Adrenalinkick von früher ist, weiss ich nicht. Nach meiner Skifahrerinnenzeit habe ich diese Schübe schon vermisst ... Es war aber nicht die Geschwindigkeit, die mir den Kick gab, denn bei Abfahrten hatte ich stets Angst, 120 km/h waren mir zu gefährlich. Ich fuhr Slalom und Riesenslalom, mein Triumph waren das exakte Fahren und die Genugtuung, keine Stange an den Kopf geschmettert zu bekommen.

Normalerweise erlebe ich aber meine Adrenalinschübe bei der Arbeit oder bei Auftritten mit meiner Band. Ich spiele seit 33 Jahren Schlagzeug und singe auch dazu. Die Musik hat mich immer begleitet und war auch während meiner Rehabilitation wichtig. Ich sass noch mit dem Rollstuhl hinter dem Schlagzeug und versuchte, meine Therapie so zu unterstützen. Ich bin im Herzen eine Rockerin. Doch wenn ich Ruhe brauche und abschalten muss, dann hole ich mein Kajak, gehe zur Haustüre raus und an den Fluss. Kajakfahren ist wie Meditieren.

Skifahren konnte ich erst wieder zusammen mit meiner Freundin. Wir sind uns vor zehn Jahren im Frauenraum in Bern nähergekommen. Sie kannte zu Beginn meine Geschichte nicht und wusste auch nicht, dass ich wegen meines Sturzes traumatisiert war und seit Jahren nicht mehr auf den Skiern gestanden hatte. Und so fragte sie mich, ob ich mit ihr auf die Piste kommen wolle. Ich sagte zu. Auf dem Sessellift habe ich Blut geschwitzt. Aber ich habe es gewagt und geschafft, und wir gingen einige Jahre zusammen Skifahren. Vor einiger Zeit hat mich der Unfall aber wieder eingeholt.

Die Schmerzen im Knie wurden stärker und sind nun konstant vorhanden. Ein Skitag sieht bei mir heute so aus: rauf mit dem Lift, rüber in die Bar, Sonnenbrille montieren. Statt Ski gibts Après-Ski. Skifahren auf der Piste fand ich schon immer langweilig. Entweder stehen da Tore, oder ich gehe Freeriden. Das Freeriden macht mir Spass, dafür nehme ich auch anschliessende Schmerzen in Kauf. Doch es reizt mich schon, einmal noch in Vollmontur einen Slalom zu fahren, um zu sehen, wie präzise ich das noch meistern könnte. Und ich schaue mir am Sonntagmorgen immer noch gerne die Rennen am Fernseher an, auch wenn das kaum jemand versteht.

Ich lebe ein gutes Leben, ein Paradeleben. Das klingt vielleicht eigenartig, wenn man bedenkt, dass ich diese schweren Unfälle hatte. Es ist, als hätte ich die Pflicht schon früh absolviert, und jetzt folgt die Kür. Und manchmal träume ich, dass ich ein Rennen fahre. Das sind schöne und intensive Träume. Wenn ich aber aufwache, bin ich froh, dass ich nicht mehr ins Trainingslager fahren muss...

— Martina Aeschlimann, *1980
— Aufgewachsen an der Lenk im Berner Oberland
— Stv. Abteilungsleiterin Operationsabteilung in einem Spital
— Slalom und Riesenslalom, Berner Oberländer Ski Verband, Interregion Mitte

111  Evelyne Tschopp, *1991, zwei Mal Bronze an Judo-Europameisterschaften

«Für einen Sechser in der Schule gab es zwei Trainings extra.»

Geoutet habe ich mich mit 22 Jahren. Es war meine erste Beziehung, davor hatte ich mich nie gross mit der Liebe auseinandergesetzt. Aber ich fand es damals schon seltsam, dass ich noch nie eine Beziehung hatte. Ich dachte mir schon, dass ich lesbisch sein könnte. Deshalb meldete ich mich auf der Dating-Plattform «purplemoon» für homo- und bisexuelle Menschen an. «Machsch moll, cha jo nüt schaade», sagte ich mir. Ich war sowieso gerade verletzt, hatte einen anderen Trainingsrhythmus und mehr freie Zeit. Der Norm entsprochen habe ich noch nie. Ich trieb viel mehr Sport als die anderen, war sehr fokussiert auf meine Trainings, ging nie mit in den Ausgang und trank keinen Alkohol. Es passte also zu mir, dass auch meine Sexualität von der Norm abwich. In der Schweizer Judoszene gab es damals eine geoutete Lesbe, das war mir bekannt. Über «purplemoon» lernte ich dann Rahel kennen, meine Freundin und die erste Frau, in die ich mich verliebte. Seit zwei Jahren wohnen wir auch zusammen. Für meine Mutter war es von Anfang an kein Problem, dass ich homosexuell bin. Mein Vater hingegen hatte Mühe damit und hoffte lange Zeit, dass es nur eine Phase sei. Aber mittlerweile ist es auch für ihn okay. Ich lasse mich nicht stark von den Meinungen anderer beeinflussen. Wenn ich weiss, was ich will, haben sie es zu akzeptieren.

Das Lesbischsein ist für mich nicht wichtig im Leben. Es ist einfach so, Punkt. Ich gehe weder an Frauenpartys noch an Demos. Das ist gar nicht mein Ding und wird es wohl auch nie sein. Meine Teamkollegen wissen, dass ich lesbisch bin. Ich hänge es nicht an die grosse Glocke, doch auch unter meinen internationalen Kollegen ist es relativ bekannt. Und es ist absolut kein Problem. Im Judo gibt es viele geoutete Lesben, das erfüllt natürlich auch ein Klischee, Kampfsport eben. Schwule gibt es auch, aber die haben es deutlich schwieriger und outen sich oft nicht. Unter den Männern spricht man nicht offen darüber. Wohl, weil man im Judo so eng aufeinanderliegt und Hände, Füsse und Köpfe ineinander verschlungen sind, das darf ja auf keinen Fall mit Sexualität konnotiert werden. Homosexualität ist unter Männern wohl generell weniger akzeptiert.

Meine Sportkarriere begann mit fünf Jahren – beim EHC Basel mit Eishockey. Meine Eltern fanden diesen Sport ganz okay, aber gefährlich. Deshalb beschlossen sie, dass ich damit aufhören müsse, sobald Checks gegen den Körper erlaubt sind. Das wäre ab 13 Jahren möglich gewesen. Bis 13 Eishockey zu spielen, um danach die Sportart zu wechseln, davon war ich nicht begeistert. Zudem war meine Physis nicht gerade prädestiniert für diesen Sport, ich war immer klein und dünn. Also probierte ich einige Sportarten aus, unter anderem Leichtathletik, Tennis und Handball, aber Judo gefiel mir am besten. Meine Mutter machte früher auch Judo, so kam ich überhaupt erst auf die Idee. Mit sieben Jahren besuchte ich einen Einführungskurs bei ihr. Der Kurs war super. Doch anschliessend, im normalen Klubtraining, fand ich das Training etwas blöd, weil nur ältere und schwerere Jungs mittrainierten. Ich wechselte in einen anderen Judoklub, nach Pratteln, wo ich blieb – und Eishockey definitiv aufgab. Beim Judo war ich auch die Kleinste, aber wenigstens gab es da Gewichtsklassen. Ich habe schon immer gerne gerauft und abgecheckt, wer am stärksten ist. Die Sportart passt gut zu mir. Judo ist sehr abwechslungsreich, das gefällt mir besonders. Kraft, Ausdauer, Koordination aber ebenso mentale Stärke sind gefragt. Und obwohl es ein Einzelsport ist, braucht man die anderen, um trainieren zu können. Gegenseitiges Helfen ist zentral, und der Respekt vor dem Gegenüber ist wichtig. Ich kann beim Judo meine persönlichen Grenzen ausloten, das spornt mich an.

Bei Wettkämpfen war ich schon von klein auf dabei. Mit acht Jahren besetzte ich in der untersten Gewichtsklasse einen Stammplatz. Damals kämpften wir an regionalen Turnieren. Als ich älter wurde, habe ich an Mannschafts- und Qualifikationsturnieren in der ganzen Schweiz und im nahen Ausland teilgenommen. Meine Mutter hat mich – und die Teamkollegen – überall hingefahren. Das hat sie gemacht, bis ich etwa 14 Jahre alt war. Ohne sie wäre das nicht möglich gewesen. Danach wurde ich über den Verband von der Nationalmannschaft aufgeboten, er organisierte von da an auch die Reisen. Meine Trainings musste ich mir aber hart erkämpfen. Der Deal mit meinem Vater lautete, dass ich pro Sechser in den Hauptfächern Deutsch, Französisch und Mathematik zwei Trainings die Woche zusätzlich besuchen durfte. Als ich zwischen 13 und 15 Jahre alt war, durfte ich drei bis vier Mal pro Woche trainieren. Ein einziger Sechser bedeutete also zwei Wochen volles Trainingsprogramm à vier bis fünf Trainingsabende! Wir haben das jeweils schriftlich festgehalten. Judo als Sportart fand mein Vater zwar nicht schlecht, aber in der Schweiz sei es ein «Kacksport», da es eine Randsportart ist und man nur Geld ausgibt und keines verdienen kann. Wäre ich ein Mann gewesen und hätte super Fussball gespielt oder wäre schnell Ski gefahren, hätte das wohl anders ausgesehen. Mein Vater bestand daher darauf, dass die Ausbildung Priorität habe. Für mich war natürlich Judo wichtiger. Ich konnte es immer irgendwie so drehen, dass die Schule bei Prüfungen zwar an erster Stelle kam, ansonsten aber Judo. Da ich genügend Sechser nach Hause gebracht habe, konnte ich auch meistens an allen Trainings teilnehmen.

Nach der obligatorischen Schulzeit, ich war 16 Jahre alt, zog ich nach Biel und trainierte fortan im Nationalen Leistungszentrum in Magglingen. Dort gab es eine Trainingsgruppe in meinem Alter, mit der ich trainieren konnte. Schon vorher hatte ich zwei Mal pro Woche in Magglingen trainiert, plus einmal in Zürich und einmal in Bern. Vom Kanton Basel-Landschaft erhielt ich eine Kostengutsprache fürs Schulgeld, was mir ermöglichte, ins Gymnasium nach Biel zu wechseln. Es war zwar eine normale Schule, aber eine Partnerschule von Swiss Olympic; wir Sportler hatten Sonderrechte. Für Trainings und Wettkämpfe bekamen wir immer frei, vorausgesetzt, die Noten waren genügend. Viele Lehrerinnen und Lehrer gaben uns Nachhilfeunterricht, wenn wir ihre Schulstunden verpassten. Das war toll. Die letzten Gymnasialstufen habe ich statt in zwei in drei Jahren gemacht. Die Reisen für den Sport nahmen zu viel Zeit in Anspruch, weshalb ich mich für diesen Weg entschieden hatte. Mein Vater war nicht begeistert, dass sich mein Abschluss um ein Jahr verzögerte. Da meine Leistungen aber okay waren, akzeptierte er diesen Wunsch. Er verlangte nur, dass ich studieren gehe. Damit war ich einverstanden, denn ich wollte und will mich nicht nur körperlich, sondern auch intellektuell fordern. Mir würde es sonst schlicht langweilig werden.

Meine Mutter hatte zuerst Pharmazie, dann Medizin studiert. Sie war auch älter als der Durchschnitt, als sie ihren Abschluss machte. Deshalb war für sie diese Verzögerung kein Problem. Dass mein Vater so streng reagierte, hat wohl auch mit seinem Werdegang zu tun. Er wollte studieren, durfte aber nicht. So hat er Elektriker gelernt und leitet heute ein eigenes Geschäft im Edelmetallhandel. Meine Mutter führt eine Hausarztpraxis in Muttenz. Ich studiere auch Medizin. Ein Medizinstudium mit Spitzensport zu kombinieren, ist nicht einfach. Ich trainiere zwei Mal täglich, und an den Wochenenden finden die Wettkämpfe statt. Hinzu kommen die vielen Trainingslager. Den Bachelor habe ich an der Universität Fribourg gemacht, dort sind die Leute ultracool. Ich konnte den ganzen Studiengang in der doppelten Zeit absolvieren, so hatte ich genügend Freiraum für die Trainings und Wettkämpfe. Im Master in Bern ist die Koordination etwas aufwendiger, aber auch da kann

Evelyne Tschopp bestreitet seit ihrem achten Lebensjahr Wettkämpfe im Judo. Der Kampfanzug heisst Judogi. Damit die Gegnerinnen besser voneinander unterschieden werden können, trägt die erstgenannte Kämpferin die Farbe Weiss, die zweitgenannte Blau.

ich in der doppelten Zeit studieren respektive die Praktika in den Spitälern absolvieren.

Meine Freundin Rahel macht mittlerweile auch Judo, das erleichtert vieles. Wir sehen uns teilweise in den Trainings, daneben haben wir nicht sehr viel Zeit füreinander. Einmal im Jahr fahren wir in die Ferien, und über Weihnachten verbringen wir ein paar freie Tage zusammen. Rahel fand das zu Beginn nicht sehr toll, aber im Moment geht es nicht anders. Zu Hause haben wir zwei Katzen, um die ich mich gerne kümmere. Zu meinen Hobbys gehört auch das Motorradfahren. Ich lerne gerade für die grosse Prüfung, Kategorie A. Und irgendwann möchte ich Russisch lernen. Fürs Judo wäre das praktisch, denn an internationalen Wettkämpfen sprechen sehr viele Russisch.

Bis vor zweieinhalb Jahren haben mir meine Eltern alles finanziert. Die Schweizer Sporthilfe hat mich zusätzlich unterstützt. Mittlerweile gehöre ich zum höchsten Kader in der Schweiz, dem Grand-Slam-Kader. Da zahlt der Verband praktisch alles. Das Teuerste sind unsere Reisen. Wir fliegen für die Wettkämpfe in die entlegensten Winkel der Welt. Ich hatte vor März 2018 auf jeden Fall noch nie von einem Ort namens Hohhot gehört. Der Ort liegt in China, 150 Kilometer von der mongolischen Grenze entfernt. Für den Flug hat der Verband pro Person 1300 Franken bezahlt, unglaublich! An diesen zum Teil auch sehr teuren Wettkampforten übernachten wir in Hotels. Unsere Ausrüstung sind die Kimonos, die Judogis, sie halten allerdings extrem lange. Neue bekommen wir, wenn die Sponsoren wechseln oder wenn wir an einer WM oder EM teilnehmen. Wir brauchen weder Schuhe noch Gelenkschoner. Nur die Tapes, also die Pflasterklebebänder für die Finger und Zehen, organisieren wir selbst.

Das Gewicht ist immer ein Thema. Mein Normalgewicht liegt deutlich über 52 Kilogramm, deshalb muss ich jeweils abnehmen für die Turniere. Dabei leidet natürlich das Training, denn wenn ich am Freitag einen Kampf habe, beginnt die letzte Phase des Abnehmens am Montag davor. Das heisst: weniger Krafttraining, reduzierte Nahrungsaufnahme, eine Joggingeinheit mehr pro Tag, plus Schwitzanzug beim Training und Saunagänge. Am Mittwoch darf ich nur noch einen halben Liter pro Tag trinken, am Donnerstag gar nichts mehr. Das ist natürlich nicht sehr entspannt, und ich bin dann etwa drei Liter dehydriert. Nach dem Wiegen am Vorabend kann ich wieder trinken. Aber nicht zu viel, denn vor dem Kampf darf ich nicht mehr als fünf Prozent schwerer sein als am

Abend zuvor. Dieses Prozedere halte ich strikt ein. Es wäre äusserst ärgerlich, wenn ein Kampf wegen ein paar Gramm Gewicht zu viel nicht zustande käme. Meine sportlichen Vorbilder sind Sergei Aschwanden und Lena Göldi. Die beiden Schweizer Judoka nahmen an den Olympischen Spielen in Sydney und Athen teil, Sergei auch noch in Peking. Super finde ich auch die Französin Lucie Décosse. 2004 bin ich von der Schule nach Hause vor den Fernseher gerannt, um sie in Athen kämpfen zu sehen. Mein persönliches Ziel ist die Qualifikation für die Olympischen Spiele 2020 in Tokio. Im Mai 2019 lag ich international auf Platz 8; die Top 18 sind qualifiziert für Tokio, aber das kann sich natürlich noch ändern. In der Schweiz gibt es eine zweite Frau in meiner Gewichtsklasse, nur die besser Platzierte von uns beiden darf gehen. Und ob ich nach Tokio noch einen weiteren olympischen Zyklus dabei bin, weiss ich nicht. Ab dem dritten Assistenzarztjahr nach dem Studium möchte ich in der Praxis meiner Mutter mitarbeiten. Wenn es passt, werde ich später die Praxis übernehmen und mit Rahel wohl in die Nähe ziehen.

— Evelyne Tschopp, *1991
— Aufgewachsen in Muttenz, Kanton Basel-Landschaft
— Studiert Medizin an der Universität Bern
— Mehrfache Schweizer Meisterin im Judo (Gewichtsklassen bis 40 kg, bis 44 kg und bis 57 kg)
— 2016: Qualifikation für die Olympischen Spiele in Rio
— 2017: Bronzemedaille an der Europameisterschaft
— 2018: Bronzemedaille an der Europameisterschaft
— 2019: Qualifikation für die European Games in Minsk (fiel verletzt aus)

Tatjana Haenni, *1966, siebenfache Schweizer Meisterin im Fussball

«Bei der FIFA hatte ich einen Traumjob – aber ja: Es war und ist eine Macho-Welt.»

Damals war es noch etwas Spezielles. Ein Mädchen, das gut Fussball spielen kann, mitten unter Männern auf dem Sportplatz Wyssloch in der Stadt Bern. Ganz in der Nähe, beim Burgernziel, bin ich aufgewachsen. Ich war damals noch sehr jung, vielleicht zehn Jahre alt, und habe mit grosser Freude bei den Männern mitgespielt. Überhaupt war ich fast jeden Abend auf dem Fussballplatz. Wenn mich heutzutage jemand fragt, ob es damals schwierig gewesen sei, als Mädchen Fussball zu spielen, dann antworte ich mit einem klaren Nein. Aber einen Verein zu finden, das war schwierig.

Als ich etwa zwölf Jahre alt war, ging ich mit meinem Vater ins Wankdorf-Stadion an ein Spiel der Young Boys. Bis dahin hatte ich nicht gewusst, dass es Frauenfussball gibt. Soweit ich mich erinnern kann, habe ich einfach gespielt und war YB-Fan. Ich mit einem Ball auf einer Wiese, im Garten oder mit den Jungs in der Schule. Aber als im Stadion die Lautsprecherdurchsage ertönte, da bin ich aus allen Wolken gefallen. Es wurde mitgeteilt, dass am Sonntag die Frauen des FC Bern spielen würden. Natürlich ging ich an diesen Match und in der darauffolgenden Woche ins Training. Dort bin ich vorerst geblieben, und da bin ich heute noch: mittendrin im Frauenfussball.

Im Kindergarten und später in der Schule war ich immer mit den Jungs unterwegs. Im Fussball war ich gut, hatte Talent und wurde akzeptiert. Meine Mutter hat mir einmal erzählt, dass die Buben vor unserem Haus gewartet und nach mir gerufen hätten. Sie hatten Freude, mit mir Fussball zu spielen, und holten mich zu Hause sogar ab. Es war nicht hinderlich, dass ich ein Mädchen war. Ich habe dazugehört. An einem Schülerturnier hatte ich ein «Geflirte» mit einem Buben aus einem gegnerischen Team. Er war Goalie und fand mich toll. Bis ich gegen ihn einen Penalty versenkte, danach war er traumatisiert. Ich habe auch mit Jungs geknutscht, Händchen gehalten und in der Schülerdisco eng getanzt. Ich gehöre nicht zu jenen Frauen, die ganz früh bereits gewusst oder gespürt haben, dass sie sich zu Frauen hingezogen fühlen. Geändert hat sich das erst in der Pubertät. Irgendwann waren es keine Buben mehr, sondern Frauen, in die ich mich verliebte. Für mich war es ein unkomplizierter Weg. Es hat sich einfach so ergeben, und ich dachte mir nicht viel dabei.

Mit 15 Jahren habe ich mich das erste Mal in eine Frau verliebt, in eine deutsche Spielerin. Sie war ein cooler Typ und älter als ich. Und sie konnte sehr gut Fussball spielen. Wahrscheinlich hat mich das am meisten fasziniert. Das war 1982 an einem Hallenfussballturnier in Deutschland. Früher gab es im Frauenfussball viele solche Turniere – und abends immer eine Party. Gerade das Soziale war wichtig, fast genauso wichtig wie der Sport. Wir waren Amateure und keine Profis. Wir haben uns also kennengelernt und ein bisschen geredet. Aber an diesem Abend lief nichts. Danach habe ich ein halbes Jahr lang für sie geschwärmt – und schleppte deshalb alle meine Kolleginnen nach Deutschland an ihre Spiele.

Das war der Beginn meiner wilden Jahre. Der Frauenfussball wurde zu meiner Familie. Ich hatte Spass, der Sport und das Team waren mir wichtig. Bereits mit zwölfeinhalb Jahren spielte ich mit erwachsenen Frauen zusammen. Sie waren meine Idole und manchmal auch meine Ersatzmütter. Wir haben viel Zeit miteinander verbracht. Nach dem Training gingen wir immer etwas trinken, am Sonntag nach dem Spiel gemeinsam essen. Auch in der Freizeit haben wir viel miteinander unternommen. Unser Zusammenhalt beim FC Bern war riesig. Wir sind viel herumgereist, waren ständig unterwegs, haben an Spielen und Turnieren teilgenommen.

Meine Mutter fand den Fussball nicht so toll. Sie war eine elegante Dame. Ich war in meiner Teenagerzeit etwas burschikos und entsprach nicht ihrem Wunschbild einer Tochter. Aber ich war glücklich, mit den Frauen unterwegs sein zu können. Das war meine Welt, darin bin ich aufgeblüht. Meine Mutter hatte jedoch das Gefühl, es gehe in eine falsche Richtung. Und als sie realisierte, mit wem ich zusammenspielte, wusste sie genau, was Sache war. Wahrscheinlich waren etwa achtzig Prozent des Teams lesbisch. Meine Mutter hatte deswegen «Schiss». Sie war nicht gegen den Fussball, aber sie machte sich Sorgen und dachte, ich verbaue mir meine Zukunft. Deshalb kam es zwischen mir und meiner Mutter zu Konflikten und Reibereien. Meine Eltern sind geschieden, und mit meinem Vater hatte ich damals keinen engen Kontakt. Später war er allerdings an jedem Spiel von mir dabei und sehr stolz auf mich.

Ich habe nichts Dramatisches gemacht, sondern einfach Fussball gespielt. Dass ich irgendwann mit einer Freundin nach Hause kommen würde, das hat meine Mutter schon früh gewusst oder es zumindest geahnt. Für sie war es rückblickend wohl schwieriger als für mich. Ich habe mich in die Welt des Fussballs verabschiedet und sie mit ihren Sorgen und Gedanken alleine gelassen. Manchmal war die Situation belastend. Wir haben versucht zu reden, uns damals aber nicht verstanden. Nach ein paar Jahren hat sich das verändert. Heute ist meine Mutter ebenfalls sehr stolz auf mich und hat kein Problem mehr damit, dass ich mit einer Frau zusammenlebe.

Tatjana Haenni ist seit 2019 Verantwortliche für den Frauenfussball beim Schweizerischen Fussballverband und lebt heute wieder in ihrer Heimatstadt Bern. Beim FFC Bern begann 1979 ihre Fussballkarriere. Haenni machte nicht nur als Spielerin, sondern auch beruflich Karriere. Sie war 18 Jahre lang Direktorin Frauenfussball beim Weltfussballverband FIFA sowie 10 Jahre Präsidentin der FC Zürich Frauen.

An ein richtiges Coming-out kann ich mich nicht erinnern. Irgendwann habe ich einfach bemerkt, dass ich mich zu Frauen hingezogen fühle. Aber ich glaube auch, dass es mit meinem Umfeld zu tun hatte. Ohne den Frauenfussball wäre ein Coming-out wohl bewusster geschehen, vielleicht auch schwieriger gewesen. Dann hätte ich mich anders mit dem Thema auseinandersetzen müssen. Ich hätte mir Fragen stellen müssen: «Oh, ich stehe auf Frauen? Wo gibt es die? Was ist los mit mir?» Aber das habe ich alles nie erlebt, weil es für mich total natürlich war. In meinem Umfeld war es einfach normal, viele Fussballerinnen waren lesbisch. Darum hat mich das Thema auch nicht beschäftigt, und ich verstehe bis heute nicht, warum man Homosexualität schwierig finden kann.

Mir war sicherlich bewusst, dass es ausserhalb unserer Welt Befremden erregen könnte. Aber als Fussballerin war man sowieso eine Aussenseiterin. Da spielte es keine Rolle, dass wir auch Frauen liebten. Uns kannte niemand, denn der Frauenfussball war quasi inexistent. Auch in den Medien. Aber das hat mich nicht gestört. Und es hat mich auch nicht betroffen. Ich bewegte mich fast ausschliesslich in dieser Welt. Ich habe so viele positive Erfahrungen gemacht, und es ist schön, dass ich durch den Sport interessante Leute kennenlernen durfte und immer noch mit ihnen in Kontakt bin. 1986 reisten wir mit dem FC Bern zum Beispiel an ein Turnier nach Edmonton in Kanada. Das war mein erster Flug über den Atlantik. Fünf Jahre später war ich erneut in Kanada, um Englisch zu lernen, und traf Freundinnen von damals wieder. Und auch an der Weltmeisterschaft 2015 in Kanada haben wir uns wieder getroffen. Während der Reise von 1986 sind Freundschaften fürs Leben entstanden.

Bei der Arbeit war es vollkommen in Ordnung, dass ich lesbisch bin. Glaube ich zumindest. Etwas anderes wäre mir nicht aufgefallen. Während der KV-Lehre bei der Wander AG in Bern und auch später mit Arbeitskolleginnen und -kollegen habe ich nie negative Erfahrungen gemacht – trotz meines burschikosen Erscheinungsbilds. Ansonsten gab es nur ganz wenige unangenehme Situationen, zum Beispiel auf der Toilette, wenn die anderen Frauen dachten, ich wäre ein Junge und hätte mich in der Tür geirrt. Ich erinnere mich aber hauptsächlich an positive Erlebnisse.

Um 1982 hatte ich in Bern meine erste Freundin. Sie war Deutsche und einiges älter als ich. Und irgendwann habe ich sie mit nach Hause gebracht. So war ich damals: Ich sagte vorweg nichts und stellte die Leute vor vollendete Tatsachen. Meine Mutter hat natürlich sofort begriffen und fragte mich: «Ist das deine Freundin?» Und ich habe Ja gesagt. Später ist eine Freundin sogar einmal bei uns eingezogen. Meine Mutter hat sich gut arrangiert und irgendwann realisiert, dass es mir gut ging. Sie hat nie Druck gemacht oder mir verboten, meine Freundinnen mit nach Hause zu bringen. Sie hat sich einfach etwas schwergetan und dachte, das Lesbischsein habe negative Auswirkungen auf meine Zukunft. Sie hat mich wegen meiner sexuellen Orientierung aber nicht weniger geliebt. Heute habe ich zu meinen Eltern ein schönes und offenes Verhältnis. Privat geht es mir sehr gut. Im August 2019 habe ich geheiratet, obwohl ich eigentlich gar nie heiraten wollte. Aber es stimmt einfach, es ist eine Beständigkeit da, und das ist ein wunderbares Gefühl. Es ist nicht einfach ein Lebensabschnitt, es soll so sein bis ans Lebensende.

Auf meine Karriere hatte das Lesbischsein keine negativen Auswirkungen. Ich war und bin selbstbewusst und offen und weiss, was ich kann. Und was ich will. Ich wollte und will im Fussball etwas bewegen, das ist meine Leidenschaft. Den Frauen und Mädchen andere und bessere Bedingungen zu verschaffen – das konnte ich ab 1994 bei der UEFA und fünf Jahre danach auch bei der FIFA. Als Abteilungsleiterin Frauenfussball hatte ich einen Traumjob. Ich konnte in einem internationalen Umfeld viele Projekte umsetzen. Aber ja: Es war und ist eine Macho-Welt. Es war ein Kampf. Durchhaltewillen und Überzeugungskraft waren fast täglich gefordert. Es ist erstaunlich, dass mehrheitlich Männer, die kaum eine Ahnung vom Frauenfussball haben, darüber entschieden. Alles, was ich wollte, musste ich mir Schritt für Schritt erkämpfen. Trotz zum Teil schwieriger Situationen sind meine Erinnerungen rückblickend aber positiv. Ich war immer sehr glücklich, dass unsere Projekte erfolgreich waren und es im Team gut funktioniert hat, das hat mir die Energie für die tägliche Arbeit gegeben.

Ich bin dankbar, dass ich sportlich und beruflich Karriere machen konnte. Ohne meine Vergangenheit wäre ich nun nicht Ressortleiterin Frauenfussball beim Schweizerischen Fussballverband. Ich fühle mich gut aufgehoben an diesem Ort, lebe wieder in Bern und habe das Gefühl, dass ich in diesem Land noch einmal etwas bewegen kann. Es braucht Frauen in Führungspositionen. Und ich bin der Meinung, dass der Frauenfussball beim SFV in der Geschäftsleitung vertreten sein sollte, damit er breiter abgedeckt ist und wir bessere Strukturen aufbauen können. Denn ich glaube, dass Frauen immer noch zu wenig an den Schalthebeln der Macht sitzen und dies zu spät bemerken – wir leben noch immer in einer Männerkultur und hängen an traditionellen Rollenbildern fest. Ich denke da weiter, etwas visionär: In fünfzig Jahren könnten wir dasselbe Problem haben, einfach umgekehrt. Die Frauen werden die Macht übernehmen und stark sein, was wiederum zu anderen Problemen führen dürfte. Aber der Status quo ist unbefriedigend: Ich möchte ein Miteinander, ohne dieses stereotype Denken. Jeder und jede soll so leben dürfen, wie er oder sie es möchte. Auch in Bezug auf die Homosexualität. Da erkenne ich manchmal Parallelen zum Frauenfussball. Ich glaube, heute sagt niemand mehr: «Ich finde Frauenfussball schlecht.» Auch wenn man jemandem sagt, man sei schwul oder lesbisch, wird wohl niemand antworten: «Das geht nicht, das ist gegen die Natur, in der Kirche ist es eine Sünde.» Es gibt aber nach wie vor Menschen, die sich schwertun damit und denen es nicht einfach egal ist, wer mit wem ins Bett geht. Die Selbstverständlichkeit ist leider noch nicht überall gegeben, aber wir sind auf einem guten Weg.

— Tatjana Haenni, *1966
— Aufgewachsen in Bern
— Ressortleiterin Frauenfussball Schweizerischer Fussballverband (SFV)
— 1979–1999: Mittelfeldspielerin bei diversen Vereinen
— 1999–2017: Direktorin Frauenfussball FIFA
— 2008–2019: Präsidentin FC Zürich Frauen
— Siebenfache Schweizer Meisterin im Fussball; neunfache Cupsiegerin
— Nationalspielerin mit 24 Länderspielen (1 Tor)

Eveline Lehner, *1962, Schweizer Meisterin im Kickboxen

«Geradeheraus und ehrlich, dann kann dir niemand etwas anhaben.»

Eigentlich kam ich ziemlich spät zum Kickboxen, erst mit 28 Jahren. Kontakt mit dem Kampfsport hatte ich aber schon als Kind. Ich machte Judo und habe es bis zum orangen, also zum dritten Gürtel der Kinderkategorie, geschafft. Nach der Grundschule, mit 15 Jahren, lebte ich für knapp zwei Jahre als Au-pair im Tessin. Dort habe ich Jiu Jitsu ausprobiert, nahm aber nicht an Wettkämpfen teil. Da ich eher klein bin, hat mir Jiu Jitsu weniger gefallen; ich musste immer «Trickli» anwenden, um gegen die Grösseren zu bestehen. Anschliessend habe ich lange Zeit keinen Kampfsport mehr gemacht. Ich war zwar immer sportlich aktiv, mit Ski- und Velofahren, aber erst Ende zwanzig habe ich wegen einer Frau wieder mit Kampfsport begonnen.

Damals war ich bei einer Bank angestellt, die einen eigenen Sportklub hatte. Unter anderen Sportarten wurde auch Karate-Kickboxen angeboten. Eine Arbeitskollegin hat mich zum Mitmachen motiviert. Es kam, wie es kommen musste: Ich habe mich in der ersten Lektion in die Trainerin verliebt! Aber es lief nichts zwischen uns, das habe ich auch später immer eingehalten: In sportlichen Abhängigkeitsverhältnissen keine Beziehungen beginnen, das war mein Credo – insbesondere, als ich selbst Trainerin war. Dank eben dieser Trainerin wuchs meine Begeisterung fürs Kickboxen. Ich war ambitioniert und suchte deshalb nach einer professionellen Trainingsmöglichkeit ausserhalb dieses Sportklubs. So begegnete ich meinem Trainer, Mentor und Vorbild, René Bösch. Er hat mich gefördert, und bald schon habe ich vier bis fünf Mal pro Woche trainiert. Arbeiten und Kickboxen – daraus bestand mein Leben.

Kickboxen war damals eine sehr junge Sportart, sie entstand in den 1970er-Jahren in den USA. Der Sport ist eine Kombination aus den Tritttechniken des Karates und den Schlagtechniken des klassischen Boxens. René Bösch hat Kickboxen in der Schweiz etabliert; seit 1976 erteilt er mit seinem Kompagnon Unterricht in Zürich. Bald gab es eigene Meisterschaften, auf nationaler und internationaler Ebene. Doch Swiss Olympic, das Nationale Olympische Komitee der Schweiz, hat Kickboxen erst 2017 anerkannt. Und das Internationale Olympische Komitee hat den Dachverband, die World Association of Kickboxing Organizations, erst Ende 2018 als Mitglied aufgenommen. Für diese Anerkennung habe ich mich jahrelang eingesetzt. Insbesondere während der Zeit, in der ich ein eigenes Dojo, also einen Trainingsraum, leitete und als internationale Kampfrichterin im Verband tätig war.

Zu Beginn gab es sehr wenige Frauen im Kickboxen, die den Sport in der Schweiz aktiv ausübten. So habe ich meistens mit Männern trainiert, sporadisch waren noch eine oder zwei Frauen dabei. An den Schweizermeisterschaften gab es für die Frauen zuerst nur eine Kategorie beziehungsweise Gewichtsklasse. Weil ich nur rund 49 Kilo wog und eher klein bin, musste ich bei den Wettkämpfen immer einstecken, was unbefriedigend war. Denn wenn sämtliche Gegnerinnen grösser und 10 bis 25 Kilo schwerer sind, wird es schwierig. Eine Chance hat man nur, wenn es verschiedene Gewichtsklassen gibt. Ich habe also kurzerhand eine Umfrage gestartet und für zwei Gewichtsklassen plädiert, eine unter und eine über 55 Kilo. Diese habe ich beim Schweizerischen Kickboxverband eingereicht. Mein Trainer war damals auch Präsident des Verbands und hat mein Anliegen unterstützt. So wurden zwei Gewichtskategorien für Frauen geschaffen und später – als es immer mehr Kickboxerinnen gab – noch weitere. Bei den Männern gab es diese schon längst.

Schweizer Meisterin wurde ich im Jahr 1997 in der Kategorie «light contact -55 kg». Im Kickboxen gibt es drei Hauptkategorien: full contact, light contact und semi contact. Semikontakt ähnelt dem Kumite aus dem Karate, da wird der Kampf bei jedem Treffer kurz unterbrochen und der Punkt zugeteilt. Wer nach der Runde mehr Punkte hat, gewinnt. Leichtkontakt ist ein Kampf ohne K.-o.-Schläge, zu harte Treffer führen zur Disqualifikation. Ausser bei einem Fehlverhalten wird der Kampf die ganze Runde ohne Unterbrechung fortgesetzt. Ein Kampf in Vollkontakt wird im Ring ausgetragen – im Gegensatz zu Semi- und Leichtkontaktkämpfen, die auf einer Matte, einem sogenannten Tatami, stattfinden. Beim Vollkontakt kann der Kampf nicht nur über Punkte, sondern eben auch durch einen K.-o.-Schlag gewonnen werden.

Mittlerweile gibt es weitere Formen von Kickboxen, welche sich stärker am Thaiboxen orientieren. Bis Ende der 1990er-Jahre waren in der Schweiz in der Kategorie Vollkontakt die Frauen nicht zugelassen. Zuerst hat mich das nicht gestört. Aber als ich international als Schiedsrichterin tätig war, sah ich, wie toll die Frauen aus den ehemaligen Ostblockländern in der Kategorie full contact kämpften, und fand es diskriminierend, dass diese Kategorie in der Schweiz nicht angeboten wurde. Die Frauen kämpften nämlich sehr technisch, und es kam zu viel weniger K.-o.-Schlägen als bei den Männern. Es ist schon ein anderes Kämpfen, wenn man so hart schlagen darf, wie man kann, und nicht fürchten muss, dass bei zu harten Schlägen der Kampf abgebrochen wird.

Bei einer Kickboxveranstaltung gibt es mehrere Kämpfe an einem Tag. Die Siegerin oder der Sieger der jeweiligen Gewichtsklasse wird auf einer Pool-Liste mittels K.-o.-System ermittelt. K.-o.-System bedeutet, dass man weiterkommt, wenn man gewinnt, ansonsten aber ausscheidet. Da mir in den Pausen zwischen den Kämpfen oft langweilig war, habe ich die Ausbildung zur Schiedsrichterin gemacht. So konnte ich jeweils kämpfen und anschliessend richten. Ich war die erste offiziell geprüfte Punkt- und Ringrichterin im Kickboxverband der Schweiz – und dort lange Zeit Vorreiterin, als einzige Frau. Mit 35 Jahren habe ich mit den Wettkämpfen aufgehört und mich auf das Schiedsrichten konzentriert. Mein stetes Engagement wurde belohnt, und schon bald hatte ich den Vorsitz des Schiedsrichterwesens in der Schweiz inne und konnte es ausbauen. Unter anderem setzte ich mich für ein Aus- und Weiterbildungsangebot ein, professionalisierte das Einsatzmanagement und überarbeitete das Regelwerk. Bald darauf richtete ich auf internationaler Ebene Wettkämpfe. Als ich all die alten Männer mit ihren dicken Bäuchen beim Richten im Ring sah, bin ich erschrocken. Die haben den Kampf eher behindert als ihn geleitet, schrecklich war das.

René Bösch, mein Förderer, wurde damals Vize-Präsident des Kickboxweltverbands und hat die Leitung des internationalen Schiedsrichterwesens übernommen. Er war froh, mich an seiner Seite zu haben. Ich war top motiviert und habe diverse international anerkannte Schiedsgerichtskurse absolviert – obwohl mein Englisch zu Beginn nicht gut war. Bald konnte ich die Kurse zur Regelwerkschulung organisieren und selbst durchführen. Meine damalige Partnerin Jeannette, die ich im Dojo von René kennenlernte und mit der ich elf Jahre lang zusammen war, schloss die Schiedsrichterinnenausbildung ebenfalls ab. Wir beide haben das Schiedsrichterwesen weltweit neu strukturiert und aufgebaut. Das war eine tolle Zeit, wir reisten viel, gaben in ganz Europa Schulungen und formulierten das Regelwerk neu, damit es lesbar und besser verständlich wurde. Drei Jahre lang funktionierte das sehr gut, und wir hatten einen ausgezeichneten Ruf: neutral, strikt und fair. Irgendwann wollten einige Länder wieder ihre eigenen Leute als Referees platzieren, und das Schiedsrichterwesen wandelte sich erneut zu einer Männerdomäne. Auch die Objektivität bei der Beurteilung schwand. Beispielsweise bevorzugten die Richter die Kämpferinnen und Kämpfer aus den eigenen Ländern oder dem Nachbarland. Da konnte und wollte ich nicht mehr dahinterste-

Eveline Lehner war nach ihrer Karriere als Kickboxerin die erste offiziell geprüfte Punkt- und Ringrichterin im Schweizerischen Kickboxverband (oben). Bald darauf richtete sie auch auf internationaler Ebene Wettkämpfe und bot dort Kurse zur Regelwerkschulung an. 2001 gründete Eveline Lehner (unten, vorne links) mit ihrer damaligen Partnerin das Dojo Kickboxing Aargau.

hen. Also habe ich mich aus dem internationalen Kampfrichten und den Komitees zurückgezogen. Dass Jeannette und ich ein Paar waren, wusste die Schweizer Delegation. Vor den anderen haben wir es nicht verheimlicht, aber an Wettkämpfen öffentlich rumgeschmust haben wir nicht.

Geld verdient habe ich mit Kickboxen nie, ich habe immer gearbeitet – und all meine Ferien für den Sport hergegeben. 2001 gründete ich mit meiner damaligen Partnerin Katja ein eigenes Dojo. Es heisst Kickboxing Aargau und existiert heute noch. Begonnen hat alles in Zürich. Dort bot ich 1997 ein Selbstverteidigungstraining nur für Frauen an. Zu Beginn war das Interesse eher dürftig, viele Frauen nahmen nicht am Training teil. Das spielte für mich aber keine Rolle, denn mit unterschiedlichen Leuten zu trainieren und sie für den Sport zu begeistern, das war mir Motivation genug. Und, klar, man wird angehimmelt als Trainerin, vor allem auch, wenn die Frauen wissen, dass man lesbisch ist. Mein Credo hielt ich ein, ich habe nie etwas mit einer Schülerin angefangen und bin froh, dass ich diese Grenze nie überschritten habe. Sehr schwierig war das nicht, denn ich lebte in Zürich, und die Lesben-Community war gross. Ich ging oft tanzen oder einfach etwas trinken, damals waren die Lesbenbars «Chnelle» im Kreis 4 oder die «Venus-Bar» beim Lochergut angesagt. Es gab eine Frauengruppe, die jeweils am Sonntagabend ein Dancing mietete und Partys veranstaltete, «Le Bal» hiess das. Ausgang am Sonntag ist halt etwas ungeeignet, wenn am Montag die Arbeit wieder ruft, aber toll waren die Partys trotzdem.

Im Sport wie auch sonst in meinem Leben habe ich mich jeweils geoutet und hatte nie Probleme damit. Ich habe meine Sexualität nicht zur Schau gestellt, bin aber immer dazu gestanden: geradeheraus und ehrlich, dann kann dir niemand etwas anhaben. Ich habe ziemlich früh gewusst, dass ich lesbisch bin. Mit 15 Jahren war ich mir noch nicht ganz sicher und habe, bis zu meinem Coming-out mit 22 Jahren, einiges ausprobiert. Als ich nach der Schule zwei Jahre als Au-pair im Tessin verbrachte, genoss ich meine Freiheiten. Damals habe ich mich in meine Reitlehrerin verliebt. Wegen ihr wollte ich natürlich auch Reitlehrerin werden und im Tessin bleiben. Da haben meine Eltern jedoch interveniert. Sie haben sich über die Ausbildung zur Reitlehrerin informiert, und da es damals kein eidgenössisch anerkannter Beruf war, legten sie mir ans Herz, etwas anderes zu lernen. Schliesslich habe ich zuerst eine Servicefachlehre abgeschlossen und acht Jahre auf diesem Beruf gearbeitet. Geoutet habe ich mich jeweils schon im Bewerbungsgespräch, ich konnte es immer irgendwo einbringen.

Das Outing zu Hause bei meinen Eltern verlief auch fadengerade. Als ich den Mut gefasst hatte, besuchte ich mit meiner damaligen Freundin meine Eltern, und als sie auf der Toilette war, sagte ich zu meiner Mutter: «Weisst du, Mami, ich liebe sie.» Ob ich sicher sei, hat sie nachgefragt, danach kam das Thema nur noch sporadisch zur Sprache. Meine Eltern haben sich auf alle Fälle informiert. Denn als später im Bekanntenkreis Fragen zu Partner und Kinder kamen, haben sie einfach gesagt: «Unsere Tochter hat eine Freundin.» Sie waren mit der Zeit sensibilisiert. Ich bin froh und dankbar, sind meine Eltern so offen.

Mit 55 Jahren habe ich im Kickboxen schliesslich auch als Trainerin aufgehört und den Verein an Jüngere übergeben. Einer der Gründe war, dass ich mich sportlich neu orientieren wollte. Es war nicht nur, aber doch auch wegen einer Frau. Meine Partnerin Marlise ist Golferin, und auch durch sie habe ich die Faszination für das Golfen entdeckt. Marlise habe ich über «Gay Parship», eine Dating-Plattform, kennengelernt. Wir leben heute in einer eingetragenen Partnerschaft. Das Golfen verbindet uns und erweitert meinen sportlichen Horizont. Kickboxen war super fürs Zentrieren, Auspowern und Kopflüften, die Bewegungsabläufe sind in meinem Körper abgespeichert. Beim Golfen hingegen ist jeder Schlag anders, neu. Klar, es gibt auch unerlässliche Abläufe und Bewegungen, doch ich muss wieder an mir arbeiten, das gefällt mir. Ich hätte nie gedacht, dass ich mich für eine andere Sportart noch einmal so begeistern könnte, wie früher für das Kickboxen.

Das Lesbischsein ist zentral in meinem Leben. Ich bin froh, dass ich immer selbstbestimmt leben konnte und meine Sexualität nicht verleugnen musste. Ein grosses sportliches Vorbild von mir war Martina Navratilova. Unter uns Lesben haben wir immer gewusst, dass sie auch «eine Schwester» ist. Dass sie sich erst nach dem Karriereende geoutet hat, hat wohl auch damit zu tun, dass im Tennis extrem viel Geld fliesst und Sponsoring und Öffentlichkeitsarbeit eine wichtige Rolle spielen. In Randsportarten wie dem Kickboxen ist das öffentliche Interesse viel geringer. Da geniesst man mehr Freiheiten – als Frau und auch als lesbische Frau. Ich habe mich immer wohlgefühlt in der Kickboxszene.

Was ich als kleine Frau in der grossen Männerwelt des Kickboxens lernen musste: aufrecht hinzustehen, mich möglichst gross zu machen und meine Meinung klar zu äussern. Gerade als Schiedsrichterin ist man extrem exponiert, und es gibt viele «Stürmis», die es besser zu wissen glauben. Ich war immer ziemlich strikt und ehrlich – wie beim Coming-out auch –, denn so blieb die Angriffsfläche klein, und man konnte mir wenig bis nichts anhaben.

— Eveline Lehner, *1962
— Aufgewachsen am Hallwilersee im Kanton Aargau
— Servicefachlehre in St. Moritz (Hotellerie); heute Geschäftsleitungsassistentin
— 1997: Schweizer Meisterin im Kickboxen, Leichtkontakt; Karrierestart als internationale Schiedsrichterin
— 2001: Gründung des Vereins Kickboxing Aargau

137 Emilie Siegenthaler, *1986, drei Weltcup-Podestplätze im Mountainbike Downhill

«Ich wurde oft schwer beleidigt.»

Ich war schon immer eine Draufgängerin. Je höher die Geschwindigkeit, desto besser. Weite Sprünge, viel Dreck und noch mehr Adrenalin – am Downhillbiken fasziniert mich alles. Ich bin wie eine Skifahrerin, strebe auf einer Abfahrt auch nach der perfekten Linie. Biken ist ein grosser Teil meines Lebens und wird es immer sein. Dass ich lesbisch bin, damit hatte ich nie Probleme. Ich habe meine ganze bisherige Karriere als lesbische Sportlerin verbracht. Für mich war das immer so klar, deshalb konnte ich auch gut damit umgehen. Ausserdem habe ich es als Frau in einer männlichen Welt einfacher. Als Turnerin wäre das wahrscheinlich ganz anders, weil das Umfeld eher weiblich ist. Aber in der Downhillszene werde ich so akzeptiert, wie ich bin. Auch von meinen Kollegen. Ich glaube aber, dass es durchaus Sportarten gibt, an denen dieses «Lesben-Klischee» haftet. Beim Downhill gab es früher viele Lesben, im Weltcup machten sie wohl mehr als zwanzig Prozent aller Fahrerinnen aus. Sie haben dieses Klischee schon rein äusserlich erfüllt. Es waren richtige Brocken, wenn ich das so sagen darf. Heute ist das anders, die Fahrerinnen sind femininer geworden.

Die Downhillszene ist offen, meine Kollegen behandeln mich gut. Manchmal sind sie neugierig, vielleicht sogar fasziniert. Sie zeigen mir oft andere Frauen und fragen, ob ich diese hübsch finde. Das finde ich herzig und beleidigt mich keineswegs. Wenn ich alles persönlich nehmen würde, was ich gefragt werde, würde ich daran kaputtgehen. Deshalb nehme ich auch diese eine Frage locker, die ich oft zu hören bekomme: «Hast du auch etwas mit Männern, oder bist du exklusiv?» Diese Frage habe ich mir bereits mit zehn Jahren gestellt und kann sie deshalb problemlos beantworten.

Wahrscheinlich bin ich ein Ausnahmefall. Ich hatte nie ein Coming-out. Ich bin nie hingestanden und habe jemandem gesagt, dass ich auf Frauen stehe. Auch meinen Eltern nicht. Sie haben bereits früh gespürt, dass ich mich zu Frauen besonders hingezogen fühlte. Vor allem wegen meiner Faszination für Kolleginnen im Langlaufklub haben sie es realisiert. Ich habe die ganze Zeit nur von diesen Kolleginnen erzählt. Diese Mädchen hatten aber leider kein Interesse an mir, so blieb es bei der Schwärmerei. Dass meine Eltern und ich jemals so richtig über meine sexuelle Orientierung gesprochen hätten, daran kann ich mich nicht erinnern. Es war einfach klar. Ich konnte und wollte es nicht verstecken, auch vor meinen Kollegen nicht.

Als Jugendliche hatte ich zwar keine kurzen Haare, aber einen etwas speziellen Gang und meinen eigenen Stil. Das hat offenbar gereicht, um mich auf der Toilette oft schwer zu beleidigen. Da fielen Sprüche wie: «Du bist auf der falschen Toilette.» Auf Französisch gibt es den Ausdruck «garçon manquée». Also ein Mädchen, das sich wie ein Junge verhält. Das haben viele Leute zu mir gesagt. Für mich waren das schlimme, persönliche Attacken und eine grössere Verletzung, als wenn mich jemand als Lesbe bezeichnet hat. Als ich noch jünger war, kannte ich diese Probleme zum Glück nicht. Ich war einfach ein sportbegeistertes Mädchen aus Biel, immer sehr aktiv, am liebsten in der Natur. Biken gefiel mir schon immer, aber bei uns in der Region gab es damals keinen Klub. Deshalb habe ich zuerst Langlauf gemacht. Ich war gut, mit zehn Jahren kam ich ins Regionalkader Jura. Mein Vater war mein Servicemann und wachste meine Skier. Ich musste ein paarmal fluchen, weil er falsch gewachst hatte. Aber wir waren ein gutes Team. Während ich im Winter also im Langlauf aktiv war, fuhr ich im Sommer Bike-Rennen.

An meinen ersten Swiss Bike Cup kann ich mich gut erinnern. Mein Vater und ich fuhren nach Saint-Imier, ohne Erwartungen. Ich wurde gleich Dritte im Cross-Country-Rennen. Als einzige Welsche fast ganz vorne zu sein, das war cool. Alle anderen Kinder hatten Klubs und Betreuer, mein Vater und ich waren alleine. Für uns hat das gepasst. Ich wollte einfach nur biken. Es kam dann aber der Moment, als ich mich zwischen Langlauf und Mountainbike entscheiden musste. Dabei half mir meine Herkunft, denn in Biel ist es schwierig mit den Schneeverhältnissen. Im Winter mussten wir jeweils auf Schneesuche gehen. Das waren lange und anstrengende Autofahrten. Mit dem Bike war das einfacher: Kaum aus dem Haus war ich im Wald und konnte dort trainieren. Deshalb entschied ich mich fürs Biken. Und auch, weil ich darin besser war.

Bis 21 fuhr ich Cross-Country-Rennen. Ich war erfolgreich, habe an Schweizermeisterschaften gewonnen, war Europameisterin und Weltcupsiegerin. Mein grosses Karriereziel waren die Olympischen Spiele 2008 in Peking. Aber dazu kam es leider nicht. Ich war 19 und hatte hohe Ambitionen. Zu hohe. Rückblickend war alles zu viel. Es war nicht der äussere Druck, ich wollte aus eigenem Antrieb zwanzig Stunden pro Woche trainieren. In den Rennen fuhr ich gegen Dreissigjährige und habe mich immer weiter gepusht. Bis es nicht mehr ging. Das Pfeiffer'sche Drüsenfieber hatte ich bereits 2002. Aber durch das Übertraining ist es drei Jahre später nochmals ausgebrochen. Ich konnte lange nicht trainieren, fast fünf Monate. Das war schrecklich. 2006 habe ich die Saison ausgelassen und

Emilie Siegenthaler liebt den Dreck: Wer die Hindernisse am saubersten meistert, den besten Flow hat und am schnellsten unten im Ziel ankommt, gewinnt ein Downhill-Rennen. Emilie Siegenthaler ist die bekannteste Schweizer Downhillerin und eine Draufgängerin. Für sie gilt: je höher die Geschwindigkeit, desto besser.

2007 einen Aufbau versucht. Aber ich wurde immer wieder krank. Damals habe ich sehr gelitten. Also entschied ich mich zu diesem Zeitpunkt, mich sportlich neu zu orientieren, und wechselte die Disziplin. In Küblis fuhr ich 2007 mein erstes Downhillmarathonrennen – und gewann auf Anhieb. Als ich an der Schweizermeisterschaft Zweite wurde, verflüchtigten sich meine Zweifel, und ich beschloss, eine Saison lang im Downhillweltcup zu fahren. Das war der Beginn meiner zweiten Karriere.

Während meiner Cross-Country-Zeit lernte ich auch meine erste Freundin Nathalie kennen. Es war kompliziert, da sie eine direkte Konkurrentin von mir war. Und sie war gut. Ich wollte natürlich immer besser sein als sie. Wir haben viel zusammen trainiert, und irgendwann habe ich bemerkt, dass es mit ihr anders ist. Ich war damals 16 Jahre alt und bereit für eine Beziehung. Nathalie wahrscheinlich nicht unbedingt, ihre Eltern sind weniger locker mit dem Thema umgegangen. Sie haben uns gesagt, dass wir einander nicht sehen dürften. Und so trainierten wir oft zusammen, damit wir gemeinsam Zeit verbringen konnten.

Die Zusammenzüge mit dem Nationalkader waren schwierig. Unser Trainer fand keinen guten Umgang mit uns. Ich mache ihm keine Vorwürfe, weil er mit Homosexualität keinerlei Erfahrungen hatte und noch nie mit diesem Thema konfrontiert gewesen war. Er wusste einfach nicht, wie reagieren. Ich fühlte mich aber unverstanden. Ich habe nie begriffen, warum Nathalie und ich nicht im gleichen Zimmer übernachten durften. Es fühlte sich an, als sei unsere Beziehung verboten. Noch heute werde ich, wenn ich an diese Zeit zurückdenke, wütend – es waren negative Erfahrungen.

Trotz aller Schwierigkeiten waren wir drei Jahre zusammen. Dann hat Nathalie eine andere Frau kennengelernt, und ich habe zum ersten Mal erlebt, wie es ist, verlassen zu werden. Das war eine harte Zeit. Ich habe ein ganzes Jahr gebraucht, bis ich mit Nathalie wieder einen normalen Umgang finden konnte. Heute sind wir gute Kolleginnen. Ich habe seit zwei Jahren eine Freundin und bin sehr glücklich. Camille war Eishockeyspielerin, heute fährt sie auch Downhillrennen. Manchmal werden wir von Leuten angesprochen, die finden, wir beide seien doch so hübsch, ob wir denn keinen Freund finden würden? Das ist total daneben. Ich musste lernen, mit solchen Aussagen umzugehen.

Es braucht bekannte Personen, die sich für unsere Themen einsetzen und engagieren. Deshalb habe ich mich bei der Kampagne «Stopp Homophobie im Sport» engagiert. Ich möchte als Sportlerin Verantwortung übernehmen. Mir ist es wichtig, dass Frauen im Sport gefördert werden und dass sich beim Thema Homosexualität im Sport etwas bewegt. Als Vorbild würde ich mich nicht bezeichnen. Aber ich weiss, wie viel man gerade als Frau arbeiten muss, um erfolgreich zu sein.

— Emilie Siegenthaler, *1986
— Aufgewachsen in Biel, Kanton Bern
— Angehende Sportpsychologin
— Downhillmountainbikerin, Profi
— Schweizer Meisterin und Juniorinnen-Europameisterin Cross Country
— Mehrfache Schweizer Meisterin Downhill
— Mehrfache WM-Teilnehmerin; drei Weltcup-Podestplätze

Maja Neuenschwander, *1980, Schweizer Rekordhalterin Marathon

«Marathon war meine Liebe auf den ersten Blick.»

Ab Kilometer dreissig laufe ich alleine an der Spitze. Hinter mir die Verfolgergruppe mit den Favoritinnen aus Afrika. Ich leide, laufe aber meinen Rhythmus weiter. Die Afrikanerinnen verkürzen den Abstand zu mir kontinuierlich, holen mich aber nicht mehr ein. Als erste Läuferin überquere ich die Ziellinie des Wien-Marathons 2015. Es ist mein erster Sieg an einem internationalen Marathon und einer der emotionalsten Momente meiner Karriere. Noch Tage später werde ich von den Glücksgefühlen getragen. Gefühle, die einen für all die jahrelange, harte Arbeit belohnen.

2019, vier Jahre später: dieselbe Stadt, derselbe Marathon, aber ein komplett anderes Gefühl. Weit weg sind die Freude, die Zuversicht und die Glücksgefühle von 2015. Mich plagen Versagensängste. Ich habe Angst, wieder aufgeben zu müssen. Bereits die letzten beiden Marathons habe ich aufgrund von Verletzungen abgebrochen und befinde mich seither in einer Negativspirale. In Wien will ich diese endlich durchbrechen. Es gelingt mir nicht. Nach 15 Kilometern spüre ich, dass ich zu verkrampft bin. Nach 20 Kilometern gebe ich auf. Erneut. Ich scheitere an meiner eigenen Erwartungshaltung und stecke in einer Krise.

Dabei hat 2006 alles so wunderbar angefangen. In Zürich lief ich meinen ersten Marathon. Ich war 26 Jahre alt und hatte während fünf Jahren gezielt auf diesen Moment hingearbeitet. Das Aufbautraining für diese 42,195 Kilometer ist ein langwieriger Prozess. Nicht nur den Körper, auch den Geist muss man auf diese hohe Belastung vorbereiten. Bei jedem Marathon komme ich an meine Grenzen – physisch und psychisch. Egal, ob es mir gut läuft oder nicht. Bei meiner Marathonpremiere in Zürich ging es um ein gutes Laufgefühl. Die Zeit war zweitrangig. Trotzdem lief ich aufs Podest. Wichtiger war die Erkenntnis, dass ich Marathon laufen will. Endlich hatte ich gefunden, was zu mir passt. Angefangen hatte ich als Jugendliche mit Mehrkampf. Das war frustrierend, denn die technischen Disziplinen wie Weitsprung oder Kugelstossen lagen mir nicht. Ich freute mich immer nur auf den abschliessenden 1000-Meter-Lauf. Je älter ich wurde, desto mehr fokussierte ich mich auf längere Distanzen. Zuerst Mittelstrecken, dann Langstrecken. Doch auch dort fehlte mir die Grundschnelligkeit, was dazu führte, dass ich im Schlussspurt chancenlos blieb. Beim Marathon ist das anders, er wird selten im Sprint entschieden, und so waren die 42 Kilometer in Zürich der Anfang meiner Liebe zum Marathon.

Zürich meint es generell gut mit mir, denn bei schwierigen Wetterbedingungen qualifizierte ich mich dort für meine ersten Olympischen Spiele 2012 in London. London: Zwei Wochen lebte ich in einer anderen Welt – der Olympiawelt. Ich genoss die Atmosphäre und verfolgte nach meinem eigenen Lauf zahlreiche Wettkämpfe: Tennis in Wimbledon, Schwimmen, Leichtathletik, Frauenfussball und Beachvolleyball. Ich habe mich Olympia hingegeben, von der Eröffnungsfeier bis zur Schlussfeier. Es ist ein spezieller Moment, wenn man mit allen anderen Schweizer Athletinnen und Athleten ins Olympiastadion einmarschiert und von Tausenden Zuschauern gefeiert und bejubelt wird. Ein Gänsehautmoment, bei dem ich mich ein bisschen fühlte wie ein Superstar. Unvergesslich.

Unvergesslich bleibt auch der Olympiamarathon in London. Es regnete am Wettkampftag stark, und ich dachte, dass bei diesem Wetter nur wenige Zuschauer kommen würden. Ich habe mich getäuscht. Entlang der Strecke feuerten die Menschen uns an. Teilweise war es so laut, dass ich froh war, wenn ich für einen kurzen Moment in einem Tunnel laufen konnte, um etwas Ruhe zu haben. Es war eine geniale Stimmung – etwas, das ich sportlich gesehen nie wieder erlebte.

Etwas Privates, das einmalig bleibt, ist die Hochzeit mit meiner Partnerin Gabrielle. Wir liessen unsere Partnerschaft 2012 nach sieben Jahren Beziehung eintragen. Sie machte mir den Antrag in einer Winternacht während eines Spaziergangs an der Aare. Die Frage, ob ich sie heiraten möchte, kam überraschend, denn sie wollte eigentlich nie heiraten. Ich schon. Es war ein sehr schöner Moment.

Dass ich auf Frauen stehe, weiss ich schon lange. Mit zwanzig merkte ich, dass mich Frauen stärker anziehen als Männer. Es fällt mir aber schwer, zu sagen, wann und warum ich diese Erkenntnis hatte. Ein Schlüsselerlebnis gab es nie. Das Gefühl, lesbisch zu sein, kam schleichend. Und so habe ich mich auch langsam in diese Welt hineinbegeben und gelebt, was ich fühlte. Nie hatte ich das Bedürfnis, ein grosses Ding daraus zu machen, darum habe ich mich im Sport auch nie aktiv geoutet. Versteckt habe ich meine Liebe aber auch nie, weder privat noch in der Leichtathletik. Ich denke, diese Art entspricht meinem Wesen. Ich bin keine Schwätzerin und habe auch nicht immer Lust, alles zu bereden und mitzuteilen.

In der Beziehung mit Gabrielle kam jedoch der Moment, als das Reden plötzlich sehr wichtig wurde. Gabrielle wollte ein Kind. Ich war 32 und noch nicht bereit, das Marathonlaufen aufzugeben. Gleichzeitig wusste ich, dass sich Gabrielle von mir trennen würde, sollte ich mich gegen ein Kind entscheiden. Also liess ich mich auf den Prozess ein, im Wissen, dass ich das Kind nicht gebären würde.

Wir haben uns viele Gedanken gemacht, wer der Vater unseres Kindes sein könnte, und haben auch im Bekanntenkreis gefragt. Das nahe Umfeld fühlte sich jedoch überfordert. So haben wir uns im Internet auf die Suche nach einem passenden Vater für unser erstes Kind gemacht. Auf die Annonce haben sich einige Männer gemeldet, die meisten kamen jedoch nicht infrage, weil sie keinen Kontakt mit dem Kind haben wollten. Ein Mann stach heraus, weil er offen war und bereit, später den Kontakt zu den Kindern zu pflegen.

Gabrielle hat ihn das erste Mal alleine getroffen. Das war – glaube ich – schon ein komischer Moment. Beim Suchprozess habe ich mich zurückgehalten. Mir reichte es, ihn einmal zu treffen, um mein Okay zu geben. Ich wollte nicht zehn potenzielle Väter kennenlernen. Das haben Gabrielle und ich so besprochen. Ich steckte in meinem eigenen Prozess und machte mir Gedanken über meine Rolle und darüber, ob ich als Mutter akzeptiert wäre. Gabrielle wurde schwanger, erlitt aber während der Olympischen Spiele in London eine Fehlgeburt. Das war für uns beide eine extrem schwierige Situation, die mich in ein Dilemma brachte. Einerseits wollte ich in diesem traurigen Moment bei ihr sein. Andererseits wollte ich meine ersten Olympischen Spiele erleben. Ich blieb, auch weil Gabrielle mich bestärkte, in London zu bleiben. Zum Feiern war mir nicht mehr zumute, trotzdem habe ich die Atmosphäre weiterhin genossen.

Beim zweiten Versuch hat es geklappt und 2013 kam unser erster Sohn auf die Welt. Bei der Geburt war ich dabei. Ein krasser, eindrücklicher Moment. Unvergleichbar. Ich hätte nie im Leben gedacht, dass die Geburt so viel in mir auslösen würde. Noch nie hatte ich solche Gefühle. Nach der Geburt wollte ich nur noch Tag und Nacht bei Gabrielle im Spital sein und unseren Sohn im Arm halten. Zum ersten Mal in meinem Leben wollte ich nicht trainieren gehen. Ich musste mich aktiv losreissen von den beiden und mich zum Training zwingen. Es war eine spannende Zeit, auch weil ich mich beruflich veränderte. Seit Abschluss meines Geschichts- und Sportstudiums arbeitete ich an einem Berner Gymnasium als Klassenlehrerin und Fachlehrerin in Geschichte und Sport. Nach den Olympischen Spielen in London realisierte ich, dass mir die Doppelbelastung von Beruf und Sport zu viel wurde. Ich verliess die Schule und nahm an der Eidgenössischen Sporthochschule in Magglingen eine befristete Stelle an. Dort arbeitete ich Teilzeit an Projekten und als Dozentin. Es waren für mich optimale Bedingungen, ich konnte endlich zu den Zeiten trainieren, die für mich

Maja Neuenschwander lief 2015 in Berlin den Schweizer Rekord im Marathon. Um sich optimal auf ihre Saison vorzubereiten, trainiert sie jeweils mehrere Wochen in Kenia. Dort ist im Februar 2019 diese Aufnahme bei einem Fotoshooting entstanden.

stimmten. Und so flog ich 2014 zum ersten Mal für vier Wochen nach Kenia ins Trainingslager.

Kenia ist das Laufsportmekka. Das muss man als Läuferin einfach einmal erleben. Ich bin schon mehrmals dort gewesen und wohne jeweils in einem, für afrikanische Verhältnisse, Luxuscamp. Zwei Mal am Tag trainiere ich, meist mit anderen europäischen Läuferinnen, manchmal auch mit einer lokalen Gruppe. Es kann sein, dass sich bis zu 100 Läufer zum Beispiel an einer Strassenlaterne treffen. Es gibt dann ein «Good morning», und danach beginnt die Gruppe zu laufen. Erst sehr langsam, dann wird das Tempo gesteigert. Alle laufen mit, solange sie können. Es ist eine eigene Welt. Alles, aber wirklich alles, dreht sich in diesem Camp ums Laufen, auch die Gesprächsthemen. Nie werde ich nach meinem Beruf gefragt. Die Leute interessieren sich nur für meine Marathonbestzeit.

Die liegt bei 2:26:49. Schweizer Rekord. Diese Zeit lief ich 2015 – das war die bislang beste Saison meiner Karriere. Ich gewann den Wien-Marathon, und ein halbes Jahr später lief ich in Berlin den Schweizer Rekord. Das war ein cooles Rennen. Die meiste Zeit lief ich mit einer Holländerin, wir pushten uns gegenseitig und wechselten uns ab. Ich wurde Sechste. Die schnellste Schweizerin zu sein, ist eine unglaubliche Genugtuung, auch wenn mir bewusst ist, dass Rekorde vergänglich sind. Sie sind zum Brechen da, früher oder später wird auch meiner unterboten werden. Umso schöner, dass mein Name für immer auf der Siegerliste des Wien-Marathons stehen wird. Sportlich und privat befand ich mich 2015 in einem Hoch. Denn nur fünf Tage nach dem Erfolg in Wien kam unser zweiter Sohn auf die Welt. Das Verrückte an dieser Geschichte ist, dass ich mir aufgrund des Geburtstermins überlegt hatte, auf die Teilnahme zu verzichten. Ich hatte Bedenken, die Geburt zu verpassen, was dann glücklicherweise nicht passierte.

Im darauffolgenden Jahr erfüllte ich mir einen Traum: Nach den Olympischen Spielen 2016 in Rio entschied ich mich, Vollprofi zu werden. Ich wagte den Schritt, suchte und fand Sponsoren, die mir zwei Jahre lang ein Leben als Profi ermöglichten. Endlich konnte ich meine Leidenschaft richtig leben und alles auf die Karte Marathon setzen. Was das wirklich bedeutet, realisierte ich erst mit der Zeit. Plötzlich spürte ich Druck, den ich so noch nicht gekannt hatte. Zum Leistungsdruck kam nun der finanzielle Druck dazu. Ich bin ein Mensch, der viel Sicherheit braucht, ein richtiger Schweizer Bünzli, und ich fragte mich immer wieder: Was, wenn ich kein zusätzliches Geld mit Sieges- und Startprämien verdiene?

Zu diesem Zeitpunkt hatten Gabrielle und ich bereits zwei Söhne, was – zumindest unterbewusst – zusätzlich belastend für mich war. Es folgten zwei schwierige Jahre, die von Verletzungen und Rückschlägen geprägt waren.

Es lief nicht wunschgemäss. Zuerst hatte ich muskuläre Probleme, später einen Muskelfaserriss und 2018 einen Ermüdungsbruch, der mich zu einer dreimonatigen Laufpause zwang. In den zwei Jahren als Profi habe ich drei Marathons in Folge abgebrochen: 2017 in London und in Berlin und zuletzt 2019 in Wien. Wien war am schlimmsten, weil ich dort vor allem mental gescheitert bin. In dieser schwierigen Zeit habe ich mich verändert: Ich wurde ernster und weniger lebensfroh. Halt gaben mir Gabrielle und unsere beiden Buben. Sie waren mein Auffangbecken. Meine ursprünglichen Ängste in Bezug auf meine Mutterrolle sind längst verflogen. Die Buben lieben mich, und ich bin für sie die Mama. Gabrielle ist das Mami. Auch der Vater spielt eine Rolle im Leben unserer Söhne. Er sieht sie regelmässig, und er war auch am Willkommensfest dabei, das wir nach der Adoption der Kinder organisiert haben. Alle unsere Freunde kennen den Vater unserer Söhne, es ist ein unkomplizierter Umgang. Das mag ich.

Kürzlich lief ich den Marathon in Berlin. Nachdem ich die letzten drei abgebrochen hatte, hatte ich in Berlin ein einziges Ziel: Ich wollte ins Ziel laufen. Nach dreissig Kilometern waren die Zweifel aber plötzlich wieder da. Ich hätte am liebsten geheult. So nahm ich mir während des Laufens eine kurze Auszeit am Streckenrand. Ich habe mir dann vorgestellt, dass es mein letzter Marathon wäre und ich den Lauf darum geniessen möchte. Mit diesen Gedanken habe ich es ins Ziel geschafft. Die Zeit: 2:46. Zwei Minuten langsamer als bei meinem allerersten Marathon vor 13 Jahren. Doch damals wie heute war die Zeit zweitrangig. Es ging ums Gefühl. Noch ist offen, wie es sportlich weitergeht. Etwas weiss ich: Laufen gehört zu mir und wird mich mein ganzes Leben lang begleiten.

— Maja Neuenschwander, *1980
— Aufgewachsen in Rubigen, Kanton Bern
— Gymnasiallehrerin; Projektleiterin «Frau und Spitzensport» bei Swiss Olympic
— Schweizer Rekordhalterin Marathon: 2:26:49 (Stand 2019)
— Olympische Spiele: London 2012 (53.), Rio 2016 (29.)
— Europameisterschaften: Barcelona 2010 (27.), Zürich 2014 (9.), Amsterdam 2016 (23.)

Ruth Meyer, *1965, Volleyball-Spielerin Nationalliga A

«Ein Klaps, der mein Leben veränderte.»

Seit ich mich erinnern kann, habe ich den Drang, mich zu bewegen. Als ich erstmals bei der Mädchenriege mitmachen wollte, hiess es aber, ich sei zu jung. Oft habe ich mit den Buben hinter dem Restaurant Löwen in St. Urban Fussball gespielt. In der 3. Klasse durfte ich dann dem Turnverein Altbüron beitreten, wo auch Kunstturnen angeboten wurde. Sonst verbrachte ich meine Freizeit bei den Ponys im Stall, in der Backstube meiner Eltern oder auf dem Velo. Als Mädchen ging ich mit meinem Vater in seinem Ford Transit mit auf die «Kehri». Ich sass dabei auf seinem Schoss und durfte steuern. Das war mit etwa fünf Jahren. Später, als 15-Jährige, liess mich meine Mutter auf Nebenstrassen mit dem Auto fahren. Heute wäre das undenkbar. Dank der Tochter des Dorfwirts fand ich im luzernischen Pfaffnau zum Volleyball. Dort gab es aber keine Juniorinnen. Also musste ich warten, bis ich in der 9. Klasse endlich in der 4. Liga spielen durfte. Warten war aber noch nie mein Ding: Dazwischen machte ich Kunstturnen und fuhr mit dem Töffli nach Langenthal ins Judo. Als Jüngste von vier Geschwistern genoss ich viele Freiheiten. Meine Eltern waren in unserer Bäckerei sehr beschäftigt. Mein Vater war ein bekannter Nationalturner und Schwinger, bevor meine Eltern die Bäckerei übernahmen.

Bis 1985 spielte ich fünf Jahre lang beim familiären VBC Wiggere-Pfaffnau in der 4. Liga Volleyball. Mein damaliger Freund Dani überzeugte mich dann, an einem Jugend+Sport-Volleyballkurs in Zofingen teilzunehmen. Der Kursleiter war Trainer des NLA-Klubs Spada Academica Zürich und meinte, dass ich unbedingt höher spielen müsse. Er hätte mich gleich in sein Team aufgenommen. Doch die Reise vom Internat Hitzkirch, wo ich das Lehrerseminar absolvierte, schien mir zu weit. Es liess mir aber keine Ruhe. Der Spada-Trainer meinte, dass ich nun selbst «ellbögeln» müsse. Im Raum Luzern gab es den NLA-Klub BTV Luzern sowie die zwei NLB-Klubs Montana und FCL. Ich rief zuerst nur bei den beiden B-Ligisten an. Ich dachte, es sei zu verrückt zu fragen: «Ich komme aus der 4. Liga. Kann ich bei euch in der Nati A spielen?» Aufgrund der Sommerferien konnte ich dort jedoch niemanden erreichen. Also fasste ich mir ein Herz und rief beim BTV Luzern an. Sofort erhielt ich eine Antwort und durfte die damalige Spielertrainerin kontaktieren. Und ein paar Wochen später stand ich in der Halle und trainierte in der höchsten Schweizer Spielklasse. Dort wurde ich von der Mittelangreiferin zur Passeuse umfunktioniert. Es war mir egal. Hauptsache, ich konnte Volleyball spielen. Nur beim ersten Match gegen den VBC Étoile-Genève wurde ich noch nicht eingesetzt, danach spielte ich regelmässig in der NLA. Als wir die Play-offs erreichten, gab es pro gewonnene Partie eine Prämie von 25 Franken pro Spielerin. Das war das erste Mal, dass ich für Sport Geld erhielt. Wir mussten auch den Klubmitgliederbeitrag nicht bezahlen und bekamen die Ausrüstung gestellt.

Nach Abschluss des Lehrerseminars unterrichtete ich ein Jahr lang in Eschenbach im Kanton Luzern. An der Universität Bern nahm ich dann 1987 die Turnlehrerausbildung in Angriff. Ich wechselte in die NLB zum VBC Elite Uni Bern. Nach nur zwei Jahren wurde dieser Klub aber wieder aufgelöst. An der Universität lernte ich Frank kennen. Fast zwölf Jahre lang waren wir ein Paar und verbrachten unsere Freizeit beim Snowboarden, Windsurfen, Mountainbiken, Klettern und anderen Aktivitäten. Frank gründete zusammen mit Kollegen eine Eventfirma, die am Thunersee Outdoor-Sportferien anbot. Während er sich voll und ganz seiner Firma widmete, fand ich 1991 meine Traumstelle als Sportlehrerin am Gymnasium Alpenstrasse in Biel. Dank dem Volleyball war ich bereits 1989 nach Biel gekommen und spielte dort zwei Saisons in der NLA. Doch dann gab es plötzlich eine regionale Wirtschaftskrise, viele Arbeitsplätze gingen verloren. Alle höchstklassigen Bieler Klubs im Fussball, Eishockey und eben auch im Volleyball mussten aus finanziellen Nöten absteigen oder sich zurückziehen. Über den kriselnden Spitzensport in Biel berichtete damals auch das Schweizer Fernsehen in der Sendung «Time Out». Ich wurde als VBC-Captain interviewt, worauf ich noch Jahre später angesprochen wurde. Trotz des zwischenzeitlichen Rückzugs in die 1. Liga waren wir regelmässig mit Fotos im *Bieler Tagblatt*. Ab 1995 war ich für zwei Jahre auch Spielertrainerin. Als Sportlehrerin wurde ich am Gymnasium oft auf diese Zeitungsartikel angesprochen. Das war nach gewonnenen Spielen sehr schön. Nach Niederlagen freute ich mich weniger über Bemerkungen, wie man es denn hätte besser machen können.

Nach einem Abstecher zum VBC Münchenbuchsee, mit dem ich in die NLB aufstieg, kehrte ich im Jahr 2000 zurück zum VBC Biel. Und dann geschah es: Ein Kreuzbandriss setzte mich für mehrere Monate ausser Gefecht. Und das mit 35! Während meiner Verletzung sprang ich für ein Spiel als Coach des 2.-Liga-Teams in Münchenbuchsee ein. Im Anschluss fuhr ich eine Spielerin mit meinem Auto nach Hause. Trotz Kälte und später Stunde redeten Priska und ich über Volleyball, Gott und die Welt – bis fünf Uhr morgens. In der darauffolgenden Saison spielte Priska in der NLB und ich in der 2. Liga. Wir trafen uns immer wieder in der Beiz nach dem

Als Passeuse gibt Ruth Meyer mit der Nummer 6 ihren Mitspielerinnen durch Handzeichen die Taktik vor und bedient dann die Angreiferinnen. Auf den Bildern spielt sie beim VBC Biel in der Nationalliga B. Sie war in diesem Klub zwischen 1994 und 1996 aktiv.

Training. Obwohl wir nicht gleichzeitig trainierten, hatten wir es so eingerichtet, dass wir dann doch zusammen mit den Spielerinnen beider Teams etwas trinken konnten. Einmal kam ich sehr knapp zum Training, das ich leiten musste. In der Dreifachturnhalle spielte Priskas Team in der mittleren Halle. Priska suchte etwas in ihrer Tasche und stand am Rand gebückt. Ich wollte ihr beim Vorbeihuschen einen Klaps auf den Hintern geben. Doch in letzter Sekunde hielt ich mich zurück. Ich hatte plötzlich bemerkt, dass mir diese Berührung etwas bedeuten würde. Das ist mir ziemlich eingefahren.

Nach 9/11 und dem Grounding der Swissair durchlebte ich im Herbst 2001 mit dem Suizid meines Bruders auch privat eine Katastrophe. Priska hat sich um mich gekümmert. Wir redeten viel und waren oft zusammen mit dem Bike unterwegs. Mehrmals pro Woche besuchte sie mich und blieb auch über Nacht. Bei ihr konnte ich mich ausweinen und fühlte mich geborgen. Ich weiss nicht, ob wir zusammengekommen wären, wenn mein Bruder nicht gestorben wäre. Wir hatten engen Kontakt und verbrachten sehr viel Zeit miteinander. Als Priska im März 2002 einmal bei mir übernachtete, sagte sie: «Du, irgendwie finde ich unseren Umgang und unsere Beziehung zueinander schon nicht normal.» Ich erzählte ihr vom Klaps, der eben keiner war, und dass ich mich bereits vor einem halben Jahr in sie verliebt hätte. Priska war perplex. Wir küssten uns, und ab sofort sah ich die ganze Welt nur noch durch die «Priska-Brille». Trotzdem sagte mein Kopf «Nein». Ich war ja schon 36 und wollte eine Familie, inklusive Mann und Kind.

Beim Volleyball versuchten wir, uns nichts anmerken zu lassen. Wir gingen wie immer nach dem Training mit dem Team in die Beiz und verabschiedeten uns wie alle anderen mit drei Küsschen. Dann fuhren wir beide in getrennten Autos zum Treffpunkt bei einer Tankstelle, wo wir neben Tanksäulen sitzend bis spät in der Nacht die gemeinsamen, heimlichen Stunden genossen. Es hat uns schier zerrissen, und die gegenseitigen Berührungen wirkten sogar durch die Kleider hindurch elektrisierend. Schmetterlinge überall. Einigen im Team war aufgefallen, dass wir viel zusammen unternahmen, und begannen, sich Fragen zu stellen. Aber niemand hat uns direkt darauf angesprochen, nicht einmal jene, die selbst mit Frauen liiert waren. Und dies, obwohl ihnen die zusätzlichen Zahnbürsten in unseren Wohnungen aufgefallen waren.

Ich war unsterblich in Priska verliebt. Und doch war mir klar: Ich würde mich trennen. Verstand und Gefühle führten einen erbitterten Kampf gegeneinander. Im April 2002 planten wir auf den

Malediven unsere Abschiedsferien. Auf dem Rückflug sassen wir dann getrennt und haben die ganze Zeit geheult zu «Something Stupid» von Robbie Williams. Wir haben extra ein «Entwöhnungsprogramm» erstellt. Darin waren sogar NCDs – also «no communication days» – vorgesehen, um endlich voneinander Abstand zu gewinnen. Aber es wurde immer schlimmer. Je mehr wir uns dagegen wehrten, desto heftiger wurden unsere Gefühle füreinander. Ich bin bekannt dafür, offen, ehrlich und direkt zu sein. Ich kann auch frech und provozierend sein. Ich wollte damals nicht das Lesbischsein per se verheimlichen. Aber da ich mich sowieso trennen wollte, sah ich nicht ein, weshalb unsere Beziehung publik gemacht werden sollte. Im Verlauf meiner Sportkarriere gab es immer wieder lesbische Mitspielerinnen. Ich fand das Lesbischsein bei anderen eigentlich immer cool, aber nicht bei mir selbst. Zuerst wollte ich mein Gefühlschaos in den Griff bekommen und erst dann kommunizieren. Grundsätzlich konnte ich es mir immer noch mit einem Mann vorstellen, aber mir wurde klar: Ich wollte Priska nie mehr loswerden, bei ihr fühlte ich mich zu Hause.

Nach dem erfolglosen Kampf gegen unsere Beziehung beschlossen Priska und ich, uns zu outen. Unser Kollegenkreis war darüber gar nicht erstaunt. «Das haben wir uns schon gedacht», meinten viele. Das Coming-out in der Familie war schwieriger für mich. Meine Schwestern haben sehr positiv reagiert, und meine Nichten und mein Neffe fanden eine moderne lesbische Tante sogar cool. Für meine damals 74-jährige Mutter war es nicht einfach. Obwohl sie sich immer einen Mann an meiner Seite gewünscht hätte, hatte sie Priska aber von Beginn weg ins Herz geschlossen. Meinem Vater habe ich nie gesagt, dass ich mit Priska zusammen bin. Meine Eltern trennten sich kurz nach ihrer Pensionierung. Als mein Vater 2006 an Demenz erkrankte, habe ich ihn mit Priska im Altersheim besucht. Priskas Grösse und ihre Ausstrahlung beeindruckten ihn. Er sagte zu ihr: «Du solltest dich unbedingt für die Miss-Schweiz-Wahlen bewerben.» Da musste ich schmunzeln und spürte seine wohlwollende Akzeptanz.

Neben dem Volleyball in der Halle spielte ich ab 1996 auch Beachvolleyball. Etwa sieben Jahre war ich mit verschiedenen Partnerinnen auf der A-Tour und der B-Tour unterwegs. In den Anfängen erhielten wir als Preise Gutscheine für Sportartikel oder Gleitschirmflüge. Ab 2003 haben Priska und ich auch zwei Saisons als Partnerinnen Beachvolleyball gespielt. Aber die Kommunikation auf dem Spielfeld war für uns als Paar nicht einfach.

Als ich gegenüber meiner Mutter einmal erwähnte, dass ich zur Hochzeit eines lesbischen Paares eingeladen sei, meinte sie nur: «Was? Geht denn das?» Lange war das für mich auch kein Thema, da ich Heiraten uncool und langweilig fand. Für mich wäre es nur als Familie mit Kindern infrage gekommen. Priska hätte gerne geheiratet. Sie erwähnte es hin und wieder. Da ich dieses Thema aber immer wieder verwarf, fragte sie nicht mehr. Meine Meinung hat sich dann aber im Verlauf der Jahre geändert, es ging mir vor allem um die finanzielle Sicherheit für uns beide. Also habe ich Priska für ein Abendessen ins Restaurant Löwen in Berken eingeladen. Ich hatte ein Einmachglas mit Sand verziert und dem Wirt vorgängig gesagt, dass er es Priska an den Tisch bringen solle. Ich war plötzlich total nervös. Im Glas steckte zusammen mit einem Ring der Antrag «Willst du mich heiraten?» mit Antwortoptionen wie «Ja», «Nein», «Vielleicht», «Lieber nicht» oder «Ein anderes Mal». Priska war völlig überrascht und wählte hocherfreut die Variante «Ja». Ich war überglücklich und spürte, dass es mir doch mehr bedeutete.

Obwohl wir nun seit bald 18 Jahren ein Paar sind, weiss ich bis heute nicht, ob ich lesbisch bin. Ist es denn wichtig, die eigene sexuelle Orientierung zu definieren? Ich meine nein. Es ist für mich zur Selbstverständlichkeit geworden, dass Priska zu mir gehört. Wenn ich über Priska spreche, sage ich meistens «meine Freundin» oder «Partnerin», aber nicht «meine Frau». Trotz fortgeschrittener Akzeptanz in der Gesellschaft habe ich noch Hemmungen. Ich hatte nicht erwartet, dass sich viel verändern würde durch unsere Hochzeit, doch es wurde noch verbindlicher. Und das hört sich jetzt sehr kitschig und untypisch für mich an, aber ich bin «glücklich im Liebeshafen angekommen» und nehme mir vor, Priska in Zukunft «meine Frau» zu nennen.

– Ruth Meyer, *1965
– Aufgewachsen in St. Urban, Kanton Luzern
– Lehrerseminar in Hitzkirch (LU); Sportstudium an der Universität Bern; seit 1991 Sportlehrerin am Gymnasium in Biel
– Volleyballspielerin Nationalliga A und B
– Beachvolleyballerin auf der nationalen A-Tour und B-Tour
– Seit 1995 Spielertrainerin Volleyball NLB, 1. und 2. Liga

161 Nora Häuptle, *1983, Schweizer Meisterin im Fussball

«Ich möchte immer etwas mehr gewinnen als alle anderen.»

Als U19-Nationaltrainerin leite ich einen Staff von etwa 16 Personen und habe rund achtzig Spielerinnen auf meinem Radar, zwanzig davon schaffen es jeweils in das Aufgebot. Ich führe also quasi ein KMU, und da erwarten die Involvierten von mir, mittels klarer Kommunikation geführt zu werden. Das ist mein Job.

Trainerin ist ein sehr schöner Beruf. Intensiv ist er trotzdem. Deshalb ist es wichtig, dass man gut auf sich achtgibt und nicht zu verbissen agiert. Ich frage mich regelmässig: Was und wer gibt mir Energie? Was tut mir gut? Wie plane ich meinen Alltag, mein Leben? Ich versuche, stark an mir zu arbeiten und nicht immer nur zu liefern, sondern meine Kräfte einzuteilen. Heute mache ich viele Sachen bewusst für mich – lesen, ins Kino gehen oder ein Theater besuchen. Und ich möchte jedes Jahr etwas Neues lernen. Tauchen oder Golf spielen etwa. So erweitere ich meinen Horizont auch abseits des Platzes und umgebe mich mit anderen Menschen. Mich abzugrenzen und mir eine Pause zu gönnen, das musste ich lernen. Zum Beispiel an einem schönen Tag auf dem Thunersee zu segeln oder Ski zu fahren in den Bergen. Am Tag danach fallen im Büro jeweils ein paar dumme Sprüche, weil mein Gesicht ein bisschen Farbe angenommen hat. Aber damit kann ich umgehen. In meinem Job gibt es keine geregelten Arbeitszeiten. Ich organisiere mein Leben für mich so, dass ich gesund bleibe. Das bin ich mir schuldig. So gibt es Samstage, an denen ich auch 16 Stunden oder länger unterwegs bin, von einem Fussballplatz zum anderen. Das ist irre. Bei anderen läuft der Grill, bei mir höchstens das Autoradio.

Die weltweite Entwicklung des Frauenfussballs ist atemberaubend. Frauenfussball in der Schweiz ist jedoch eine kleine Nummer, wir haben weniger Ressourcen als andere Länder, betreiben aber eine bessere Ausbildung. Ich kann mich beim Arbeiten nie zurücklehnen. Das würde nicht funktionieren. Wir Trainer sind es gewohnt, akribisch zu arbeiten, mit viel Energie und Einsatzbereitschaft. Ich denke, wenn wir mehr Geld hätten, gingen diese Tugenden vielleicht auch ein bisschen verloren. Als ich vor elf Jahren Trainerin wurde, wusste ich nicht, wie lange ich das machen würde. Nach einer langwierigen Fussverletzung und meinem Karriereende als aktive Fussballerin setzte ich auf die Karte Trainerin. Ob das schwierig war? Nein. Denn ich war nie ein Mensch, der viele Ängste hat oder sehr sicherheitsbedacht ist. Vielleicht hilft mir da das familiäre Umfeld. Da hiess es oft: «Wenn dein Kopf brillant genug ist, musst du dir nie Sorgen um deine Ernährung machen.» Salopp gesagt. Ich kann mich relativ gut einschätzen und weiss, was ich kann. Natürlich hilft da ein gewisses Selbstbewusstsein – und Vertrauen. Denn ich habe in meinem ganzen Leben noch nie eine Bewerbung geschrieben und mein Geld bis anhin mit Fussball verdient. Im Verlauf meiner Karriere hat sich immer alles ergeben. Entweder bin ich etwa im Drei-Jahres-Rhythmus wieder in etwas Neues hineingerutscht, oder ich wurde angefragt.

Als Schulmädchen in Horn am Bodensee war ich eine typische Strassenfussballerin. Pro Tag habe ich wohl drei bis vier Stunden Fussball gespielt. Irgendwann veranstaltete der Dorfverein den «Chiquita Cup», den der Schweizerische Fussballverband damals organisierte und bei dem es um Skills wie Jonglieren oder Torschuss ging. Ein Klassenkamerad, der bereits im Verein war, nahm mich mit. Am Ende hatte ich doppelt so viele Punkte wie der beste Junge. Kurz darauf schloss ich mich den D-Junioren des FC Steinach an, bald war ich in der U14-Regionalauswahl, und mit 14 Jahren spielte ich in der ersten Mannschaft des FC Staad, mit welcher ich bis in die NLA aufgestiegen bin. Das war eine coole Zeit. Ich war mit Abstand die Jüngste und hatte tolle ältere und erfahrene Mitspielerinnen. Daneben war ich an der Kantonsschule, es war also auch eine strenge Zeit. Nicht selten kam ich spät vom Training nach Hause und war erst um ein Uhr im Bett. In der ersten Schulstunde am nächsten Tag habe ich jeweils einfach geschlafen.

Für das Sportstudium bin ich dann nach Bern gezogen. Bern war damals wichtig für den Frauenfussball. So konnte ich Sport und Studium perfekt miteinander kombinieren. Und ich war weit weg von zu Hause und habe mich ausgelebt. Das Thema Frauen gab es bei mir aber schon während der Kantonsschule. Da hatte ich zwar einen tollen Freund, mit dem ich über alles reden konnte. Wir hatten einen respektvollen Umgang miteinander, und den haben wir bis heute. Aber ich hatte während dieser Beziehung auch Zweifel. Ich war 17, und es war nicht einfach. Wir haben uns getrennt, danach machte ich meine erste Erfahrung mit einer Frau. Das war der erste Schritt. Aber ich war mir immer noch nicht sicher, was bedeutete das jetzt? Wahrscheinlich habe ich ständig nach Bestätigung gesucht und auch deswegen nie lange Beziehungen geführt. Zwischendurch hatte ich wieder etwas mit einem Mann. Aber den «Ärmel reingezogen» hat es mir dabei nie. Also ich habe gerne Männer in meinem Umfeld, einfach mehr auf freundschaftlicher Basis.

Trotzdem mag ich mich nicht schubladisieren. Das Spektrum ist gross, ich kann und will diese Frage, ob Mann oder Frau, nicht final beantworten. Denn das Leben ist viel zu spannend. Vielleicht gründe ich irgendwann mit einer Frau eine Familie, vielleicht lerne ich irgendwann einen Mann kennen und sage: Der ist es. Aber es ist schon so, dass ich alle meine längeren Beziehungen mit Frauen geführt habe und es mir generell einfacher fällt, mich in eine Frau zu verlieben. Ich brauche die Sanftheit einer Frau.

Ich bin in einer Akademikerfamilie aufgewachsen, das war ein Glück, zugleich aber auch schwierig, weil wir sehr rational diskutiert haben. So habe ich kaum gelernt, Emotionen auszudrücken. Das hat mich geprägt. Was das Thema Homosexualität anbelangt: Schwer von Begriff waren meine Eltern und Brüder dennoch nicht. Mein älterer Bruder hat mich sogar einmal darauf angesprochen, ob ich Frauen mehr möge. Es sei ihm wichtig, dass er es zuerst wisse, sagte er mir. Also habe ich es ihm auch zuerst gesagt. Aber dass wir als Familie einmal gemeinsam an einem Tisch gesessen wären und ich mich geoutet hätte, das war nie der Fall. Meiner Mutter habe ich es unter vier Augen erzählt, als sie einmal in Bern zu Besuch war.

Heute ist es so, dass ich als Trainerin oder als Expertin in den Medien das Thema nicht suche oder selbst anspreche. Wenn mich allerdings jemand fragt, gebe ich eine ehrliche Antwort. Was ich nicht mag, ist dieses Plakative, das Klischee, dass alle Fussballerinnen lesbisch seien. In meinem Fussballumfeld gab und gibt es alles: Heteros, Mütter und Lesben. Was das Thema Privatleben angeht, ist mir bei der U19 eine gewisse Distanz zu den Spielerinnen wichtig. Als Nationaltrainerin ist das Verhältnis zu den Spielerinnen anders als bei einer Vereinstrainerin. Wenn die Spielerinnen ein Gespräch führen möchten, bin ich für sie da. Ich tausche mich regelmässig mit ihnen einzeln aus, aber sie müssen mir auch nicht alles erzählen. Ich finde, in unserem Setting – wir sehen uns ja nicht so oft – ist es nicht zwangsläufig notwendig, über Beziehungen zu reden, ausser es ist ihnen ein Bedürfnis. Wenn, dann thematisieren wir zum Beispiel im Rahmen von Social Media ihr Privatleben und fragen die Spielerinnen, was und wie viel sie von sich öffentlich machen möchten.

Dass ich in einem von Männern dominierten Beruf arbeite, macht mir nichts aus. Ich habe noch nie schlechte Erfahrungen gemacht und wurde nie belächelt. Mir wurde immer Respekt entgegengebracht. Auch an den Trainerkursen, da habe ich bis zur höchsten Stufe, der UEFA-Pro-Lizenz, immer alles nach der Herrenskalierung bestanden. Ich brachte die nötigen Voraussetzungen mit, das war ein Geschenk. Die Instruktoren und Experten

Nora Häuptle feierte als aktive Fussballerin mit Rot-Schwarz Thun 2009 den Cupsieg und jubelte beim souveränen 8:0-Sieg im Stade de Suisse über ihren Treffer. Bald darauf musste sie ihre Karriere wegen einer Fussverletzung beenden und widmet sich seither ihrer Laufbahn als Trainerin. Seit 2018 ist die Ostschweizerin als erst zweite Schweizerin Inhaberin des UEFA-Pro-Diploms, der höchsten Trainerlizenz.

haben mich immer auf Augenhöhe bewertet, das war mir wichtig. Aber für Frauen sind diese Trainerkurse schon sehr anspruchsvoll. Die Theorie kann man problemlos lernen und sich viel Wissen aneignen. Aber das reicht nicht, man muss auch Fussball spielen können, und meine Spielerfahrung hat sicherlich auch mein Trainerauge positiv beeinflusst.

Egal, ob als Spielerin oder heute als Trainerin: Mich muss man nie motivieren. Früher lief ich immer auf den Platz und wollte gewinnen. Ich hatte und habe immer noch grossen Ehrgeiz. Das hat sicher auch mit meiner Kindheit zu tun, da ich zwei ältere Brüder habe. Ich habe immer leistungsorientiert gehandelt, konnte nicht verlieren, bis heute. Oder positiv ausgedrückt: Ich möchte immer etwas mehr gewinnen als alle anderen. Schon damals habe ich gelernt, Herausforderungen anzunehmen und unter Druck zu bestehen. Der Druck hat heute als Trainerin wahrscheinlich zugenommen. Es gibt ja verschiedene Arten von Druck. Es gibt motivierenden Druck oder den Resultatdruck. Fakt ist: Ich brauche immer Druck, weil ich damit effizienter arbeite. Druck auszuhalten oder unter Druck gut zu funktionieren, das ist jedoch eine Kunst. Auf ganz hohem Niveau muss man teilweise sehr schnell richtige Entscheidungen treffen können. Das ist ein wichtiger Erfolgsfaktor.

Auch Spielerinnen müssen lernen, mit Druck umzugehen. Sie müssen aber auch wissen, was gut für sie ist, und nicht nur, was wir Trainerinnen und Betreuer für gut befinden. Gewisse Spielerinnen sind belastbarer, andere haben mehr Mühe und reagieren vielleicht körperlich darauf. Wichtig ist, dass wir auch da individuell arbeiten und die Spielerinnen weiterbringen können. In den letzten Jahren habe ich gemerkt, dass ich mich als Trainerin mehr auf die Menschen einlasse. Das ganze Leben besteht ja aus verschiedenen Zyklen, auch das Berufsleben. Am Anfang einer Trainerkarriere wendet man vielleicht viel Fachliches an, weil man sich bewähren möchte. Ich dachte, Fachwissen sei meine Stärke, nun bewege ich mich auf einem neuen, anderen Niveau. Das gilt auch für den Austausch mit den Spielerinnen. Ich bin jetzt quasi in einem neuen Zyklus, in dem der Mensch, also in meinem Fall die Spielerinnen, das Wichtigste ist. Ich möchte, dass sie ihre beste Leistung erbringen können, dafür muss ich ihre Motive und ihre Muster verstehen, warum sie etwas tun oder nicht. So kann ich ihnen die richtigen Fragen stellen, damit sie sich weiterentwickeln können.

Das mag jetzt alles unglaublich wichtig oder gar verbissen klingen. Aber auf persönlicher Ebene bin ich in all den Jahren gelassener geworden, weniger rastlos. Auch weitsichtiger, weil ich viele Dinge besser verstehe. Ich arbeite viel an mir und habe ein inneres Vertrauen. Um mich mache ich mir keine Sorgen.

— Nora Häuptle, *1983
— Aufgewachsen in Horn am Bodensee, Kanton Thurgau
— Master in Sportwissenschaften Universität Bern und Lehrerpatent Sekundarstufe II
— Trainerin U19-Frauennationalteam Fussball
— 2007: Schweizer Meisterin mit FFC Zuchwil 05
— 2009: Cupsiegerin mit FC Rot-Schwarz Thun
— 2016: Halbfinal U19-Europameisterschaft (Trainerin); Swiss Olympic Youth Teamcoach of the Year 2016

Jasmin Hauck und Cecilia Wretemark,
*1980 und *1984, ehemalige Ensemblemitglieder
der Tanzkompanie am Theater St. Gallen

«Eine Familie mit zwei Müttern wird in der
Schweiz nicht unterstützt.»

Jasmin Hauck und Cecilia Wretemark haben sich an der Iwanson International School of Contemporary Dance in München kennengelernt und sind seit 2005 ein Paar. Die beiden Tänzerinnen gründeten 2015 die Tanzkompanie House of Pain – Physical Dance Theatre. Von 2009 bis zu ihrem Umzug nach Stockholm im Sommer 2019 haben sie in St. Gallen gelebt und getanzt.

Jasmin Hauck: Ich wollte schon immer Kinder haben, bereits als Jugendliche habe ich das gewusst. Diesen Wunsch habe ich auch nie infrage gestellt. Als ich dann mit 25 Jahren mit Cecilia zusammenkam und merkte, dass das etwas Ernstes war, googelte ich erstmals die Möglichkeiten, die einem Frauenpaar offenstehen. Damals war mein Kinderwunsch sehr stark, aber als Tänzerin ist der Zeitpunkt natürlich immer schwierig. Professionell tanzen und schwanger sein geht nicht, das ist zu gefährlich. Tanzen gilt zwar nicht als Sportart, weil es um Ausdruck geht und es eine Kunstform ist. Aber wir trainieren wie Sportlerinnen, normalerweise an sechs Tagen pro Woche.
Cecilia Wretemark: Und ich wollte nie wirklich nach Schweden zurück, wo ich geboren und aufgewachsen bin. Aber da Jasmin nun schwanger ist und wir ein Baby kriegen, möchten wir in einem Land leben, das unser Familienmodell unterstützt. Schweden kennt die Ehe für alle, die absolut gleich für alle Paare ist. Keine «eingetragene Partnerschaft» oder eine «Ehe light», wie sie in der Schweiz diskutiert wird – was für eine Beleidigung! Deshalb ziehen wir von St. Gallen nach Stockholm um.
Jasmin Hauck: Nicht nur das Heiraten, auch das Kinderkriegen ist in Schweden für alle gleich. Heteros wie Homos bekommen vom Staat vier Spermienportionen bezahlt, wenn sie eine künstliche Befruchtung wollen. In der Schweiz ist die künstliche Befruchtung nur heterosexuellen Paaren erlaubt. Das ging so weit, dass wir der Krankenkasse 6000 Franken zurückzahlen mussten, als sie herausfanden, dass wir als lesbisches Paar zur Insemination nach Dänemark, wo es erlaubt ist, gefahren waren. Die in der Schweiz gemachten Ultraschalluntersuchungen, bei denen beobachtet wird, ob das Follikel, also das Eibläschen im Eierstock, gut wächst und befruchtungsfähig ist, wurden uns nicht bezahlt. Da geht es nicht um Hormone oder einen Eingriff, und dennoch bezahlte die Krankenkasse nicht. Unfassbar. Als lesbisches Paar in der Schweiz Kinder zu kriegen, ist extrem aufwendig. Pech hatten wir schon mit dem ersten Frauenarzt, der mir gesagt hat, ich hätte keinen Ei-

sprung. Da ich kerngesund war, verwirrte mich diese Aussage total. So schickte er mich nach einem Jahr ergebnisloser Untersuchungen zu einem Spezialisten. Es hat sich herausgestellt, dass mein Eisprung etwas früher ist, als es im Lehrbuch steht. Ja, und so erfuhr ich, dass mein Eisprung übermorgen war und ich sofort einen Flug nach Dänemark buchen musste. Für die Klinik in Dänemark hatten wir uns entschieden, weil es die erste Klinik war, die ich während meiner Recherche gefunden hatte. Und auch, weil Dänemark einen skandinavischen Touch in unsere Familienplanung brachte, was mir gefiel, da Cecilia ja aus Schweden kommt. Das Ganze war ein enormer Stress, wir haben es sieben Jahre lang durchgezogen – 17 Versuche, bis es geklappt hat.

Cecilia Wretemark: Als wir beide noch am Stadttheater St. Gallen angestellt waren und einen fixen Lohn hatten, versuchten wir, gemeinsam zu fliegen. Am Morgen hoch, am Abend runter, weil wir am nächsten Tag wieder arbeiten mussten. Später flog Jasmin oft alleine, es ist alles sehr teuer. Ein kurzfristig gebuchter Flug, manchmal eine Übernachtung, 600 Franken für die Spermien, 500 Franken fürs Inseminieren, 75 Franken Verwaltungskosten. Bevor wir uns für eine künstliche Befruchtung in Dänemark entschieden hatten, überlegten wir uns, ob wir mit einem guten Freund zusammen Kinder zeugen sollten. Darüber haben wir unfassbar lange diskutiert. Zum einen wäre es wohl an der Logistik gescheitert, da er in München lebt, zum anderen wegen der rechtlichen Absicherung. Wir wollen das Kind zu zweit grossziehen und möchten keinen biologischen Vater, der plötzlich Ansprüche erhebt.

Jasmin Hauck: Wenn ein Mann für die «European Sperm Bank» Samen spendet, bezeugt er – das wird notariell beglaubigt –, dass das Kind, welches daraus entsteht, nicht das seine ist. Mit dem besten Freund hätten wir das auch so machen müssen. Doch wenn er plötzlich einen Rückzieher gemacht hätte, hätte er als biologischer Vater enorm viele Rechte am Kind erhalten. Das war uns zu heikel – auch der Freundschaft wäre es wohl nicht zuträglich gewesen.

Cecilia Wretemark: Interessant ist, dass viele unserer schwulen Freunde enttäuscht und geradezu beleidigt waren, dass wir sie nicht gefragt hatten und stattdessen bei einer Samenbank Spermien bestellten. Auch in den Reaktionen auf die Schwangerschaft schwang oft Enttäuschung mit – nicht alle freuten sich gleichermassen mit uns. Aber sie hätten uns nie gefragt, und wir haben auch nie zusammen darüber gesprochen, wir bekamen es einfach zu spüren. Krass ist das schon, wenn man das Gefühl bekommt, als Lesbe hätte man eine Fortpflanzungsverpflichtung gegenüber Schwulen. Wir sind doch keine Gebärmütter für die Samen unserer schwulen Freunde!

Jasmin Hauck: Wegen unseres Berufs haben wir eher spät mit der Familienplanung angefangen. Wir wollten beide möglichst lang professionell tanzen, was wir zum Glück auch tun konnten. Aber dass es so schwierig werden würde, hätte ich nicht gedacht.

Cecilia Wretemark: Du hast später davon gesprochen, dass es fast schon ein Schmerz war, den du beim Wunsch nach Kindern spürtest. Ich habe das bei mir nie so wahrgenommen. Aber ich möchte trotzdem gerne eine Schwangerschaft erleben. Beim zweiten Kind versuchen wir es bei mir, dafür konnten wir Spermien vom selben Samenspender reservieren. Als wir während der letzten sieben Jahre einmal ganz verzweifelt waren, da es bei Jasmin nicht klappen wollte, habe auch ich es ein einziges Mal versucht.

Jasmin Hauck: Das war eine Belastung für mich und hat mich Überwindung gekostet. Es war körperliches Versagen, das ich spürte, das war wirklich hart. Schwangerschaft soll ja etwas Natürliches sein, jede Frau könnte schwanger werden – obwohl das natürlich so nicht stimmt –, aber diese Hilflosigkeit, wenn es nicht gelingt und man nicht weiss, woran es liegt, die ist schlimm. Ich wollte einfach nicht einsehen, dass es bei mir nicht klappte. Es ist nicht wie beim Sport, wo man das Defizit orten und mit gezieltem Training beheben kann. Und dennoch arbeitete ich an der Optimierung meines Körpers, stellte das Essen um, ging nicht mehr aus, lebte ganz strikt – oder eben gar nicht mehr. Dass ich so nicht schwanger werden konnte, ist kein Wunder!

Cecilia Wretemark: Dass es schliesslich funktioniert hat, ist sicher dem Umstand zu verdanken, dass wir Sportlerinnen sind. Wir geben niemals auf, können mit Niederlagen umgehen, rappeln uns wieder auf und machen weiter. Es gab Zeiten, da wurde Jasmin immer trauriger. Ich dachte, wenn sie nicht schwanger wird, werden wir niemals glücklich. Rückblickend war es wirklich ein langer und harter Weg. Deshalb habe ich es dann probiert, um Druck von Jasmin zu nehmen. Beim nächsten Versuch von Jasmin hat es schliesslich geklappt. Ich glaube, es war für uns beide erleichternd, dass wir die Pläne über den Haufen geworfen und es bei mir probiert hatten.

Jasmin Hauck: Wir wissen nicht, weshalb es so lange nicht funktioniert hat. Ich war gesund, und die Spermien waren «high quality sperms», also die Rennpferde unter den Spermien. Ich dachte, es hinge mit dem Beruf zusammen. Diese Vermutung wurde auch in der Klinik geäussert. Als Tänzerinnen sind wir Hochleistungssportlerinnen, und da ist der Körper nicht auf Kinderkriegen eingestellt. Ich habe mit 36 Jahren am Stadttheater St. Gallen gekündigt, weil mir das Schwangerwerden wichtiger war als das Weitertanzen. Es hat aber noch drei Jahre gedauert, bis es funktionierte.

Cecilia Wretemark: 2009 wurden wir zusammen am Stadttheater St. Gallen angestellt. Jasmin hat bis 2016 dort getanzt, ich bis 2017. Schon vorher tanzten wir in derselben Kompanie, in Osnabrück, und haben mit dem dortigen Chef zusammen nach St. Gallen gewechselt. Seit 2005 sind wir ein Paar, wir haben uns an der Iwanson International School of Contemporary Dance in München kennengelernt. Da war ich 21 und Jasmin 25 Jahre alt. Wir sind also schon seit 14 Jahren ein Paar und seit 2013 nach deutschem Recht verheiratet.

Jasmin Hauck: Ich bin Deutsche und habe in München 2001 den Abschluss in zeitgenössischem Tanz gemacht, danach Jazz und Hip-Hop unterrichtet, war die Lehrerin von Cecilia und unsterblich in meinen besten Freund, der schwul war, verliebt. Er unterrichtete an derselben Tanzschule. Ein grossartiger Tänzer! Ich weiss noch genau, wie wir zusammen an einer Bushaltestelle vorbeifuhren, an der Cecilia stand. Er meinte: «Die steht auf dich.» Und ich: «What?!» Ich komme ja vom Land, aus einer kleinen Stadt in Franken, und hatte vor Beginn meiner Tanzausbildung noch nie etwas von Lesbischsein gehört, die Bedeutung von schwul hingegen kannte ich. Da kam ich in eine Tanzschule, wo jede jeden anfasst, wo man aufeinanderliegt, die Frauen miteinander kuscheln. Plötzlich hatte ich zwei Lehrerinnen, die ich supertoll fand und die seit Jahren ein Paar waren, wie ich erfahren habe. Mein ganzes Weltbild wurde auf den Kopf gestellt, ich war erstaunt, was alles möglich ist. Und dieser Freund sagte mir, dass Cecilia auf mich stehe. Damit hat er mich natürlich getriggert. Ich fand Cecilia als Tänzerin toll, habe sie im Unterricht gesehen und angefangen, zu fantasieren: Was wäre wenn... so unnormal ist das ja nicht. Auf jeden Fall hatten wir das gleiche Interesse am Hip-Hop, haben zusammen trainiert, und ich habe ihr Kinderbücher auf Deutsch mitgebracht, damit sie die Sprache lernen konnte. 2005, bei einer Tanzvorstellung mit anschliessender Party, haben wir länger miteinander geredet. Das war der erste richtige persönliche Kontakt. Der Abend wurde immer länger, plötzlich war es drei oder vier Uhr früh. Es war Sommer, immer noch schön warm und wir alleine – unsere Clique war verschwunden. Da fragte Cecilia, damals noch auf Englisch, ob ich ein grosses Bett hätte. Shit!, dachte ich. Mein Freund hatte also recht, sie stand auf mich. Wenn sie ein Typ gewesen wäre, hätte ich auch nicht gezögert. Wir gingen dann zu mir, wie zwei Teenager, und wussten nicht, was wir miteinander anfangen sollten. Es war klar, dass wir gleich im selben Bett schlafen würden. Wir knutschten ein bisschen rum, das wars dann aber auch schon.

Cecilia Wretemark: Als wir am späten Morgen aufwachten, haben wir das bisschen Romantik gleich abgewürgt und den Horrorfilm «From Dusk till Dawn» geschaut. Danach ging es aber los, on und off, etwa ein Jahr lang.

Jasmin Hauck: Doch zuerst haben wir darüber geredet. Was war zwischen uns passiert? Was ist zwischen uns? Warst du schon einmal mit einer Frau zusammen? Sind wir lesbisch? Cecilia meinte, dass es egal sei und wir erst einmal abwarten sollten, was geschehen würde. So führten wir also eine On-off-Beziehung. Der Gedanke, dass ich lesbisch sein könnte, hat mich gestresst und total durcheinandergebracht. Ich fürchtete die Reaktionen der anderen. Mein engster Freundeskreis ging auch nicht sehr entspannt damit um, obwohl es alles Tänzerinnen und Tänzer waren und viele homosexuell sind. Das Problem war aber nicht die Homosexualität, sondern dass ich sehr verliebt war und Cecilia auch noch zu meiner besten Freundin wurde. Wir wurden symbiotisch. Ein paarmal wollte ich Schluss machen und habe irgendwann tatsächlich Schluss gemacht, weil ich mich zu sehr vor den Konsequenzen fürchtete. Ich habe sicher eineinhalb Jahre gehadert. Wenn man so jung ist, ist man auch beeinflussbar, und ich war hin und her gerissen. Heute wäre das wohl anders. Die schwierige Anfangszeit hat uns aber umso nähergebracht, denn wir waren immer ehrlich zueinander und haben genau gesagt, was wir dachten und fühlten. So lernt man sich extrem gut kennen.

Cecilia Wretemark: Jasmins bester Freund hat damals wohl mehr gewusst als ich. Als Lehrerin fand ich Jasmin super, aber weiter habe ich nicht gedacht. Dann kam diese besagte Nacht, wir kamen uns in so kurzer Zeit sehr nahe. Unsere Wörter haben sich wie Puzzleteile ineinandergelegt: Wir hatten die gleichen Interessen, hörten dieselbe Musik. Jasmin trug sogar die gleiche Jacke wie ich, das war so süss, wir waren beide «Star Wars»-Fans. Es hat sich so vieles gefügt. Auch, dass wir so unglaublich ähnlich getanzt haben. Wir tanzen wie Zwillinge, ich habe in Jasmin meine zweite

Jasmin Hauck (rechts) und Cecilia Wretemark waren von 2009 bis 2016/17 feste Ensemblemitglieder der Tanzkompanie am Theater St. Gallen. In München hatten sie sich kennengelernt und arbeiteten bereits vor 2005, als sie ein Paar wurden, an gemeinsamen Tanzprojekten.

Hälfte gefunden. Und all das in einem Sommer in München. Ich habe mich so frei gefühlt, alle Türen standen mir offen, niemandem war ich Rechenschaft schuldig. Zum Glück unterstützte mich meine beste Freundin von Anfang an darin. Jasmin war meine erste Frau, obwohl ich schon länger gewusst hatte, dass mir Männer und Frauen gefallen. In Schweden wird man in dieser Hinsicht offener erzogen. Bei mir in der Oberstufe gab es ein lesbisches Paar, und in meiner Klasse schrieben wir ein Theaterstück über eine Liebesgeschichte von zwei Frauen. Es war einfach normal. Ich habe mich immer wieder in Frauen verliebt, wusste aber nicht, ob sie auch auf Frauen stehen. Es ist nie etwas gelaufen. Mit Männern hingegen schon. Mich haben einfach Menschen interessiert, das war nicht geschlechtsorientiert. Ich stellte mir nie die Frage, ob ich mit einem Mann oder einer Frau zusammen sein würde, es war einfach beides möglich. Und so kam es, dass ich Jasmin 2012 einen Heiratsantrag machte. Superkitschig, auf einem Balkon in Sizilien, bei Sonnenuntergang. Jasmin hat kurz geschluckt, dann hat sie Ja gesagt.

Jasmin Hauck: Ich hatte Angst, dass Cecilia uns hässliche Ringe gekauft hätte! Sie mag es extravagant, auch in der Kleidung. Ich mag es eher unauffällig, schwarz, schlicht. Im Moment des Zögerns überlegte ich mir: «Wie mache ich das mit dem Ring?» Glücklicherweise hatte Cecilia ganz brave Ringe gekauft. Heute sind es unsere Arbeitsringe, die wir beim Proben anhaben. Ich fragte mich auch, ob ich ihr wirklich versprechen konnte, sie für den Rest meines Lebens zu lieben. «Ich will das können», dachte ich und sagte Ja. Meine Sorge galt im ersten Moment aber nur dem Ring.

Cecilia Wretemark: Über das Heiraten hatten wir wegen des Kinderkriegens bereits gesprochen. Aber zuerst wollte ich das nicht aus bürokratischen Gründen tun, es war mir zu unromantisch. Eigentlich würde ich gerne noch in der Kirche heiraten, in Schweden ist das möglich. Wir sind zwar beide keine Kirchgängerinnen. Aber wir machen das noch, zum 10-Jahr-Jubiläum in vier Jahren, oder?

Jasmin Hauck: Ja, das machen wir.

Cecilia Wretemark: Im Theater bekamen wir durchwegs positive Reaktionen auf unser Coming-out. Interessant war, dass viele sagten, dass wir mutig seien, weil wir geheiratet hatten und Kinder wollten. Ich finde das überhaupt nicht mutig, es ist einfach normal. Wieso sollte mir das nicht zustehen?

Jasmin Hauck: Meinen Eltern von uns beiden zu erzählen, das war mutig. Und es mir selbst einzugestehen, war noch mutiger. Als meine Mutter uns gesehen hat, ist sie zu mir gekommen und hat gesagt: «Ihr seid zusammen, oder? Du fasst all deine Freundinnen ständig an, aber Cecilia hast du kein einziges Mal berührt.» Ich habe gezögert, dann aber bejaht. Ihre erste Reaktion war sehr positiv, sie hat sich gefreut, dass ich glücklich und verliebt war.

Cecilia Wretemark: Aber am gleichen Tag hat ihre Mutter zu mir gesagt: «Nur damit du es weisst, das wird nicht halten.» Ich habe es Jasmin erst Jahre später erzählt.

Jasmin Hauck: Stimmt. Am Anfang dachte ich, es wäre alles in Ordnung, doch je länger wir zusammen waren, desto unentspannter wurden meine Eltern. Sie dachten, es wäre nur eine Phase, und hatten Angst, sie bekämen keine Enkelkinder, obwohl ich auch noch einen älteren Bruder und eine jüngere Schwester habe. Die Stimmung hat sich also gedreht. Zwar waren sie immer nett zu Cecilia, wir durften auch im selben Zimmer schlafen, wenn wir auf Besuch waren, aber ich habe gespürt, dass sie sich etwas anderes wünschten. Mich von der unterschwelligen Enttäuschung meiner Eltern zu lösen, war schwierig. Noch schwieriger war es, ihnen mitzuteilen, dass wir heiraten würden. Seit meiner Schwangerschaft hat sich die Situation aber entspannt, alle freuen sich sehr.

Cecilia Wretemark: Bei meinen Eltern war es genau umgekehrt, sie fanden es zu Beginn sehr schwierig. Meine Mam meinte, dass es nicht das sei, was sie sich für mich wünschten. Ich erwiderte, dass man das Leben der Kinder nicht planen könne. Man kann es ihnen nur schenken, und dann muss man loslassen. Als wir 2013 geheiratet haben, hat sich alles komplett gedreht. Mein Papa hat eine wunderbare Rede gehalten. Meine Oma und mein Opa sind mit 85 Jahren nach Lindau in Deutschland zu unserer Hochzeit geflogen, Opa hat auf Deutsch eine Rede gehalten und Jasmin in der Familie willkommen geheissen. Das war so unglaublich schön.

Jasmin Hauck: Das war wirklich toll, das hat meine Familie nicht gemacht.

Cecilia Wretemark: Seit der Schwangerschaft unterstützen sie uns sehr und freuen sich riesig. Aber in Schweden wird die öffentliche Diskussion auch unterschiedlich geführt. Meine Mam hat mir kürzlich einen Podcast über zwei Frauen geschickt, die sich ein Kind wünschen. In Schweden gehört die Homosexualität zum Alltag. Da ein Diskurs darüber existiert, können Menschen auch besser damit umgehen. Ich wusste schon früh, dass ich auch auf Frauen stehe – ohne jemals eine Beziehung mit einer Frau gehabt zu haben. Später hat das offene Umfeld in den Künstlerkreisen das

Seine dazu beigetragen. In der Schweiz wird Homosexualität eher tabuisiert oder als Abweichung von der Normalität gesehen.

Jasmin Hauck: Wir sind total unterschiedlich aufgewachsen. Dafür ähnlen sich unsere Tanzkarrieren sehr. Wir haben beide eher spät angefangen mit dem Tanzen. Ich habe zwar schon mit fünf Jahren mit Ballett begonnen, aber nie intensiv trainiert. Meine Mutter fand es für die Haltung gut, ich fand es grauenhaft. Schwimmen und später Hip-Hop gefielen mir besser. Meine Mutter betont gerne, dass ich zu Hause immer getanzt hätte, sobald ich laufen konnte. Mein Körperbau entsprach aber nicht demjenigen einer Tänzerin, ich war als Teenager eher dick. Eine Tanzkarriere war also überhaupt nicht absehbar, auch wenn mir das Tanzen sehr viel Spass machte. Meine Hip-Hop-Lehrerin fragte mich damals, ob ich nicht eine Tanzausbildung machen wolle. Sie hat mein Talent erkannt. So bin ich mit 18 Jahren nach München gefahren, habe vorgetanzt, ohne meinen Eltern etwas zu sagen, und wurde aufgenommen. Es war eine Ausbildung in zeitgenössischem Tanz, aber wir haben trotzdem jeden Tag klassisches Ballett geübt. Meine Eltern machten sich natürlich Sorgen um meine Zukunft, weil es schwierig ist, mit Tanzen Geld zu verdienen. Sie konnten sich nicht vorstellen, wie gut es bei mir laufen würde.

Cecilia Wretemark: Von 4 bis 14 Jahren machte ich Bodenturnen, erst danach stieg ich aufs Tanzen um. Ich habe also auch viel später als üblich angefangen. Zuerst wollte ich Schauspielerin werden, doch da ist man sprachlich an ein Land gebunden. Ich wollte unbedingt ins Ausland, neue Länder, neue Sachen kennenlernen. Tanzen war da die bessere Wahl, so habe ich das Tanzgymnasium in Schweden besucht und danach auch in München vorgetanzt. Die Wahl fiel auf München, weil die Leiterin der Schule Schwedin war. Sie haben mich aufgenommen, und von da an lief es gut. Wir hatten beide enorm viel Glück, dass wir so viel tanzen konnten und so lange in Kompanien angestellt waren. Die wenigsten Tänzerinnen haben das Glück, eine solche Karriere machen zu können.

Jasmin Hauck: Wir hatten in München schon unsere eigene kleine Kompanie gegründet, viel Fusion mit Hip-Hop, modernem Tanz. Das war damals noch zu früh, heute ist es ja gross in Mode. Seit 2015 haben wir unsere aktuelle Kompanie House of Pain – Physical Dance Theatre. Wir sind zu dritt, zusammen mit David Schwindling, er hatte am Stadttheater St. Gallen mit uns getanzt. Schon in der Zeit am Theater entwickelten wir gemeinsame Projekte. Das war kräftezehrend, denn von Montag bis Samstag, von früh bis spät, probten wir fürs Theater. Wir hatten nur wenig Freizeit, und wenn, dann haben wir an unseren Projekten gearbeitet. Nach der Kündigung am Theater ist es erst so richtig losgegangen. Seither haben wir drei grosse eigene Projekte realisiert.

Cecilia Wretemark: Man muss auch sagen, dass wir Glück hatten. Während der Karriere zogen wir uns keine ernsthaften Verletzungen zu, nur Wehwehchen. Ab 32, 33 Jahren fing es an, wehzutun. Davor habe ich nie etwas gespürt. Mit 32 und 34 Jahren hatte ich wegen Unfällen Kreuzbandrisse. Mit 35 traf mich ein Bandscheibenvorfall wegen Überbelastung. Jetzt liegt die letzte OP ein Jahr zurück, und ich tanze fast besser als vorher. Ich glaube, wenn man sich immer bewegt hat, wenn der Sport Beruf ist, dann geht die Regeneration schneller. Das Hirn weiss, wie es damit umgehen muss, und je mehr Muskeln man hat, desto besser geschützt sind die Gelenke. Bei uns Tänzerinnen ist das ja so ein Ding, wir trainieren wie Sportlerinnen, aber wir ernähren und behandeln unsere Körper nicht so. Wir arbeiten bis in die Nacht hinein, haben keine 24-Stunden-Regenerationszeit, viele rauchen, das Essen ist wegen des Gewichts immer ein grosses Thema. Natürlich kommt es auf die Kompanie an, aber das Gewicht ist immer zentral. Gesund ist es nicht, wie wir arbeiten. Es gibt auch keine begleitende Physiotherapie. Wenn man Glück hat, bekommt man vergünstigte Massagen, aber die Körper von Tänzerinnen und Tänzern müssten intensiver betreut werden. Grosse Kompanien sind sicher besser aufgestellt, aber kleinere Stadttheaterkompanien können sich das nicht leisten.

Jasmin Hauck: Obwohl wir beide spät mit Tanzen angefangen haben, ist unsere Laufbahn sehr klassisch: zuerst die Ausbildung, dann der Tanz an diversen Häusern, später die Gründung der eigenen Kompanie. Und doch ist das wenigen vergönnt. Auf eine Tanzstelle bewerben sich rund 800 Personen. Es kann sich die ganze Welt bewerben, wir sind nicht an Länder gebunden und starten nicht, wie die meisten Sportlerinnen und Sportler, für ein Land.

Cecilia Wretemark: Ein Traum wäre, einmal Choreografin an einem grossen Haus zu sein, etwas aufbauen zu können mit Leuten, die man selbst auswählt und denen man einen Raum schaffen könnte. Das wäre genial. Obwohl ein Kind unterwegs ist, werden wir unsere Lebens- und Arbeitsweisen beibehalten, weiterhin Projekte im Ausland und in der Schweiz realisieren. Es ist die einzige Art zu leben, die wir kennen.

Jasmin Hauck: Ich habe zwar noch Kulturmanagement studiert, aber am liebsten würde ich als Choreografin weiterarbeiten.

Als Gastchoreografinnen waren wir schon an grossen Häusern engagiert. Bekommen wir ein Angebot, machen wir es jeweils zu zweit, das Produkt ist einfach besser, und wir haben mehr Spass. Aber wir verlangen nicht die doppelte Gage. Viele finden das super und bezahlen uns dann mehr, wenn sie sehen, dass die Arbeit gut wird. Dafür brauchen wir Geduld und Ausdauer, was wir als Sportlerinnen zum Glück haben.

Cecilia Wretemark: Wenn wir später einmal gemeinsam eine eigene Tanzsparte eines Betriebs leiten könnten, dann wäre das der absolute Traum.

Am 12. Oktober 2019 kam ihre Tochter Siv zur Welt.

— Jasmin Hauck, *1980
— In Erlangen, Deutschland, geboren
— Studierte Tanz und Tanzpädagogik an der Iwanson International School of Contemporary Dance, München, später unterrichtete sie auch dort
— Als Tänzerin arbeitete sie unter anderem am Theater Osnabrück, am Bunka Kaikan Theater Tokio, an der Opéra de Lausanne und am Stadttheater St. Gallen
— 2015 gründete sie zusammen mit Cecilia Wretemark und David Schwindling die Tanzkompanie House of Pain – Physical Dance Theatre
— 2016–2019: MAS Kulturmanagement an der Hochschule Luzern

— Cecilia Wretemark, *1984
— In Stockholm, Schweden, geboren
— Studierte Tanz und Tanzpädagogik an der Iwanson International School of Contemporary Dance, München
— Als Tänzerin arbeitete sie unter anderem am Stadttheater Osnabrück, am Stadttheater St. Gallen und am Staatstheater Kassel
— 2015 gründete sie zusammen mit Jasmin Hauck und David Schwindling die Tanzkompanie House of Pain – Physical Dance Theatre

Jacqueline Blatter, *1956, Nationalspielerin
Handball 1977–1981

«‹Ausgerechnet du wirst Sportlehrerin›, sagte meine Mutter.»

Die offizielle Spielzeit ist abgelaufen. Mein Team hat noch einen Freiwurf, und ich darf ihn ausführen. Ich stehe da, den Ball in meinen Händen. Der Druck ist gross, denn ich weiss: Wenn ich treffe, dann schaffen wir eine kleine Sensation. Noch nie hat mein Team nämlich gegen den Serienmeister LC Brühl unentschieden gespielt. Ich bin bereit. Vor mir die gegnerische Mauer, und dahinter im Tor steht Iris Farrér, eine riesige Torfrau. Als der Schiedsrichter anpfeift, drücke ich voll ab. Der Ball fliegt einer Gegenspielerin knapp über den Kopf und in die Torecke. Ich glaube, sie ist heute noch traumatisiert von meinem Geschoss, und ich bin immer noch überrascht über diese Wucht. Ich habe keine Ahnung, wie ich das damals geschafft habe, denn ich war eine kleine Spielerin. Aber ich erinnere mich noch ganz genau an die Freude über das Tor, über das Unentschieden und die damit verbundenen Gefühle. Dieser Freistoss ist ein unvergesslicher Moment in meiner zwanzigjährigen Handballkarriere.

Angefangen hat sie 1969 in Zofingen. Ich war 13 Jahre alt. Mein damaliger Sportlehrer hat zusammen mit einigen Schülerinnen meiner Klasse den Damenhandballclub Zofingen gegründet. Die Gründung dieses Klubs, die uns Mädchen ermöglichte, organisiert Handball zu spielen, war der Anfang einer grossen Leidenschaft. Handball war lange Zeit das Wichtigste in meinem Leben. Umso schmerzhafter die Tatsache, dass ich diese Leidenschaft nicht mit meinen Eltern teilen konnte. Mein Vater, selbst ehemaliger Handballer, meinte, dass diese harte Sportart nichts für Mädchen oder Frauen sei. Meine Mutter hat sich zwar nie negativ darüber geäussert, ihre Haltung zeigte sich jedoch in ihrem Handeln: Sie hat in den zwanzig Jahren nur ein einziges Mal bei einem Match zugeschaut. Das hat mich schon enttäuscht und war nicht einfach auszuhalten. Dabei bin ich in einer sportlichen Familie aufgewachsen. Meine Eltern haben meine beiden Geschwister und mich sehr gefördert. Auch sonst waren wir eine aufgeschlossene, bewegte und gastfreundliche Familie. Unser Haus stand allen Menschen offen – fast allen, wie ich später feststellen musste.

Mein soziales Leben spielte sich nach der Matura vor allem in der Handballszene ab. Das intensivierte sich noch, als ich 1977, ich war damals 21 Jahre alt, das Aufgebot für das Schweizer Nationalteam erhielt. Ich erinnere mich gut an diesen Moment, als ich den Brief des Handballverbands per Post zugeschickt bekam. Auf dem Couvert war das Verbandslogo abgedruckt. Ich hatte Herzklopfen beim Öffnen des Briefes, denn für eine Leistungssportlerin ist es das schönste Gefühl und die grösste Ehre, wenn sie ihr Land vertreten darf. Im Zusammenhang mit dem Aufgebot für das Schweizer Nationalteam habe ich zum ersten Mal gespürt, dass meine Eltern stolz auf mich und meine sportliche Leistung waren.

Ich lebte zu dieser Zeit ein gewöhnliches Studentinnen- und Sportlerinnenleben: Ich war in einer Beziehung mit einem jungen Mann, studierte tagsüber Sport an der Universität Basel, und am Abend trainierte ich beim HV Olten. Doch meine heile Welt wurde eines Abends auf den Kopf gestellt. Ich war zu früh im Training und spielte für mich mit einem Ball. Da öffnete sich die Turnhallentür, und es kam eine Frau herein, die ich noch nicht kannte. Ich schaute sie an, und mein Herz begann schneller zu schlagen, mein Atem setzte aus, und es machte «baff». Ich wusste nicht, was mit mir geschah, was der Anblick dieser Frau mit mir machte. Ich wusste nur, dass ich noch nie in meinem Leben so gefühlt hatte. Noch nie hatte ein Mensch so etwas in mir ausgelöst. Rückblickend weiss ich: Ich hatte mich von null auf hundert über beide Ohren in diese Frau verliebt. Und von diesem Moment an blieb kein Stein mehr auf dem anderen.

Die Frau war Goalie und heisst Silvana. Irgendwann haben Silvana und ich angefangen, uns alleine zu treffen. Mir war jedes Mal flau im Magen, und ich hatte Herzklopfen bis zum Hals. Die Anziehung, die Silvana auf mich ausübte, war enorm stark. Und sie war gegenseitig. Die Atmosphäre vibrierte, wenn wir zum Beispiel an einem Sommerabend nach dem Training durchs Zürcher Niederdörfli spazierten. Jede scheinbar unabsichtliche Berührung elektrisierte mich. Doch obwohl alle Zeichen so klar und deutlich waren, ist monatelang nichts weiter passiert zwischen Silvana und mir. Wir hatten keine Erfahrungen mit Frauen und waren mit der Situation überfordert. Ich konnte meine Gefühle und meine Sehnsucht nicht einordnen, auch wenn ich damals das Wort «lesbisch» kannte.

Dann, das war im Sommer 1977, gingen wir gemeinsam ins Kino den Film «Bilitis» schauen. Ein Film mit erotischen Szenen zwischen einer Frau und einem Mann, aber auch zwischen zwei Frauen. Ich sah auf der Leinwand, wie sich zwei Frauen küssten, und wusste: Das ist es! Ich wollte Silvana küssen, und obwohl es kaum mehr auszuhalten war, getraute ich mich nicht. Noch nicht. So fuhr ich sie mitten in der Nacht nach Hause. Wir sassen im Auto und redeten über Gott und die Welt, doch konzentrieren konnte ich mich schon lange nicht mehr, ich wollte nur noch eines: diese Frau

Jacqueline Blatter spielte in der Saison 1976/77 beim HV Olten. Auf dem Bild holt sie aus zu einem Schuss aus ihrer Stammposition hinten rechts gegen ein Team aus Basel. Das untere Bild zeigt sie ein paar Jahre später, 1980, im Trainingslager mit dem Damenhandballclub Zürich.

spüren, riechen, küssen. Es war drei Uhr morgens, als es passierte. Der erste Kuss, die ersten Berührungen – es war ein wunderschöner Moment. Tief, berührend, prickelnd. Silvana war meine erste Freundin. In der Handballszene lebten wir unsere Liebe nicht offen aus, aber sie war auch kein Geheimnis. Frauenliebende Frauen waren im Handball kein Tabuthema, zumindest nicht unter uns Spielerinnen. Geschätzt ein Drittel des Teams war sowieso lesbisch. Zu Hause bei meinen Eltern hingegen wurde meine sexuelle Orientierung zu einer Zerreissprobe. Ich nahm Silvana zu uns heim, wie ich vor ihr auch meinen Ex-Freund oder gute Kolleginnen mit nach Hause genommen hatte. Doch die mir bekannte, offene und gastfreundliche Atmosphäre in meinem Elternhaus war jedes Mal verflogen, wenn Silvana und ich auf Besuch waren. Darüber gesprochen haben meine Eltern und ich nicht, bis zu dem Tag, als meine Mutter und ich Rücken an Rücken im Arbeitszimmer standen. Sie bügelte, und ich legte die Wäsche zusammen. Eine gewöhnliche Sonntagsbeschäftigung. Ungewohnt hingegen das darauffolgende Gespräch. Meine Mutter fragte plötzlich: «Was ist eigentlich mit dieser Silvana?» Nach kurzem Zögern antwortete ich: «Das ist meine Freundin, so wie Jürg vorher mein Freund war.» Schweigen. Dann sagte meine Mutter nur noch: «Und ausgerechnet du wirst Sportlehrerin.» Ein Satz, der nachhallte und meine Arbeit als Sportlehrerin beeinflusst hat. Und es war ein Gespräch, das Grundlegendes veränderte zwischen mir und meinen Eltern, vor allem aber zwischen mir und meiner Mutter. Es folgte eine lange Zeit, die geprägt war von Verletzungen und Unverständnis.

Meine Freundin war nicht willkommen. Dadurch fühlte auch ich mich nicht mehr willkommen. Ich besuchte meine Eltern nur noch sporadisch, denn sie lehnten einen weiteren Teil von mir ab, der mir neben dem Handball am meisten bedeutete: meine Liebe zu einer Frau. Das war brutal. Es brach mir das Herz, denn im Grunde fühlte ich mich mit meiner Mutter sehr verbunden. Die Beziehung mit Silvana dauerte insgesamt zweieinhalb Jahre, dann trennten wir uns. Es folgte eine Zeit mit Affären, bis ich mich Mitte zwanzig erneut verliebte. Diesmal in Leiza, eine Handballerin aus Dänemark. Im Herbst 1981 zogen Leiza und ich zusammen. Kurz vor Weihnachten fasste ich mir ein Herz und lud meine Eltern zum gemeinsamen Fondue-Essen ein. Ich wollte ihnen Leiza vorstellen und unsere neue Wohnung zeigen. Meine Eltern nahmen die Einladung an, was mich freute und mich gleichzeitig auch unglaublich nervös machte. Dann war es so weit. Leiza und ich hatten alles vorbereitet, als das Telefon klingelte. Meine Mutter war am Apparat und sagte, dass sie aufgrund des vielen Schnees nicht kommen könnten. Innerlich brach eine Welt in mir zusammen. Ich konnte es nicht verstehen, denn meine Eltern waren geübte, routinierte Autofahrer. Schnee hatte ihnen noch nie etwas ausgemacht. Diese Enttäuschung brachte ich zum Ausdruck, und ich bat sie, doch trotzdem zu kommen.

Es klingelte. Meine Mutter stand vor der Tür, mein Vater parkte noch das Auto. Sie trat in die Wohnung und machte dabei einen gehetzten, innerlich gestressten Eindruck. Ohne Leiza und mich zu begrüssen, drehte sie uns den Rücken zu und zog den Mantel aus. Sie fühlte sich dermassen überfordert, dass es ihr offenbar am einfachsten erschien, uns zu ignorieren. Leiza, eine temperamentvolle Frau, liess sich das nicht bieten. Sie drehte sich um, stapfte in die Küche, knallte die Türe zu, und ich dachte: «Das ist eine Katastrophe!» In diesem Moment trat mein Vater zum richtigen Zeitpunkt zur Tür hinein. Seine Anwesenheit deeskalierte die Situation etwas. Entspannt wurde der Abend dennoch nicht. Meine Mutter schwieg praktisch die ganze Zeit, rührte im Fondue und wusste nicht, wo sie hinschauen sollte.

Über die Jahre löste sich die Anspannung, und Leiza wurde Teil der Familie. Sie hat sich mit ihrer aufgestellten Art gut in die Familie integriert. Sie konnte jassen, hat viel getrunken und geraucht. Meinem Vater hat das gefallen, dennoch hat er Leiza nie als meine Partnerin wahrgenommen und behandelt. Für ihn war sie eine dritte Tochter, und das sagte er auch so. Diese Aussage ist bezeichnend für den Stellenwert meiner lesbischen Liebe: Er hat unsere Liebe zur Schwesternliebe gemacht und wollte sie nicht als sexuelle Liebesbeziehung wahrnehmen.

Am Vormittag des 1. August 1989 beschlossen Leiza und ich, uns zu trennen. Am Nachmittag desselben Tages rief mich meine Mutter an. Ich solle dringend heimkommen, sie habe mir etwas zu sagen. Am nächsten Tag eröffnete mir meine Mutter, dass sie Krebs hatte. Darmkrebs. Drei Monate später war sie tot. Sie war 58 und ich 33. Sie und ich haben es verpasst, gewisse Dinge zu klären. Das ist eine Tatsache, mit der ich auch heute noch schlecht umgehen kann und die mich traurig macht. Dafür hatte ich nach dem Tod meiner Mutter ein extrem schönes Gespräch mit meinem Vater. Er sagte mir damals, dass sich meine Mutter aufgrund meiner Lebensweise Sorgen gemacht habe um mich. Ihre Sorgen habe ich nie als solche verstanden, ich nahm sie als persönliche Ablehnung wahr. Das Gefühl der Ablehnung hat mich viele Jahre geprägt: Ich fühlte mich nicht akzeptiert und geliebt. Das Gespräch mit meinem Vater war ein wertvolles Gespräch, auf das ich lange gewartet hatte. Ich hatte weder die Kraft noch den Mut, es zu initiieren. Dafür musste offenbar zuerst meine Mutter sterben.

«Und ausgerechnet du wirst Sportlehrerin.» Die Bedeutung dieses Satzes liegt auf der Hand. Sie unterstellte mir, dass ich als lesbische Frau die körperliche Nähe zu meinen Schülerinnen ausnützen könnte. Das führte dazu, dass ich bei meiner ersten Festanstellung in Wattwil im Toggenburg fast zehn Jahre lang meine Homosexualität versteckte. Ich outete mich im Jahr 1991, weil ich eine Beziehung mit einer ehemaligen Schülerin führte. Das wollte und musste ich transparent machen, was aber zur Folge hatte, dass mir der Vater meiner Freundin mit dem Anwalt drohte. Es blieb zum Glück bei der Drohung, und wir beide, meine damalige Freundin und ich, waren fünf Jahre lang ein Paar, bis sie mich 1996 wegen eines Mannes verliess.

Heute bin ich 64 Jahre alt. Ich bin zufrieden mit mir und meinem Leben. Ich durfte eine gute Ausbildung geniessen und habe einen Job ausgeübt, den ich geliebt habe. Ich war eine beseelte Lehrerin. Nun bin ich aufgrund meiner Gesundheit frühpensioniert, lebe in Zürich, mit meiner Ehefrau, die ich nach meinem 40. Geburtstag näher kennengelernt habe. Irene ist auch eine ehemalige Handballerin, und wir kennen uns seit über vierzig Jahren. Seit 22 Jahren sind wir nun ein Paar. Auch wenn es in meinem Leben sehr schwierige Phasen gab, hatte ich doch immer wieder Glück. Ich bin wiederholt auf grossartige Menschen getroffen. Das ist ein unglaubliches Privileg.

— Jacqueline Blatter, *1956
— Aufgewachsen in Zofingen, Kanton Aargau
— Sportlehrerin
— Handball-Nationalspielerin von 1977–1981

Ramona Bachmann, *1990, dreifache Schweizer Fussballerin des Jahres

«Ob ich ein Vorbild bin? Ja, ich denke schon.»

Innert einer Woche hat sich meine Welt verändert. Das war im Herbst 2005. Ich kam vom Training nach Hause, als mir meine Eltern erzählten, dass ein College aus dem US-Bundesstaat Indiana und ein Verein aus Umeå in Schweden angerufen hätten. Umeå habe von mir gehört und wolle mich für zehn Tage ins Probetraining einladen. Meine einzige Frage war: «Wann geht es los?» Als ich allein im Flugzeug nach Stockholm sass, konnte ich es kaum glauben. Ich war sehr nervös, aber voller Selbstvertrauen. Mein Flug hatte Verspätung, und es war bitterkalt. Noch nie im Leben hatte ich so viel Schnee gesehen. Nach meiner Ankunft musste ich gleich ins Training. Ich kam in diese Kunstrasenhalle – und überall waren Kameras. Das war eine komplett neue Welt. Nach zwei Trainings und einem Gespräch teilten mir die Verantwortlichen mit, dass sie mich ab Januar 2006 verpflichten wollten. Ich war aber noch nicht volljährig, und so musste mein Vater anreisen, um den Vertrag zu unterschreiben. An den Moment der Unterzeichnung kann ich mich noch gut erinnern. Das war verrückt. Es war das, was ich mir immer gewünscht hatte. Mein Traum ging schneller in Erfüllung, als ich erwartet hätte. Das Abenteuer Schweden konnte beginnen – auch neben dem Platz.

Dass ich in Schweden war, hat es vielleicht ein bisschen vereinfacht. Die Menschen dort sind sehr offen. Dass ich Frauen liebe, war für mich vor Schweden schon klar. In den Fussballkreisen ist es auch kein Thema, das wurde von Anfang an akzeptiert, und wir sind alle offen damit umgegangen. Und ja, ich hatte damals lesbische Teamkolleginnen. Aber das Klischee, dass alle Fussballerinnen lesbisch sind – ich kann es nicht mehr hören. Ja, es gibt viele Lesben. Aber es gibt auch viele Spielerinnen, die Männer lieben. Das ist das Schöne am Frauenfussball: Es ist kein Thema. Ich habe viele Kolleginnen, die nicht lesbisch sind. Das ist normal, genauso wie es für sie normal ist, dass ich auf Frauen stehe. Ich glaube, wir Fussballerinnen können offener damit umgehen, weil es für uns selbstverständlich ist. Sobald man in ein Team kommt, wird man vermutlich damit konfrontiert. Und je eher man damit konfrontiert wird, desto früher ist es klar, dass es auch Lesben gibt.

Darüber habe ich mir als Kind natürlich noch keine Gedanken gemacht. Da gab es nur einen Traum: Fussballprofi werden. Damals habe ich mir nie überlegt, dass es einmal anders sein könnte. Oder dass es nicht gehen würde, weil ich ein Mädchen war. Meine Idole waren der Brasilianer Ronaldo und der Italiener Francesco Totti. Das ist das Schöne am Kindsein, man verfolgt einen Traum

Ramona Bachmann hatte einen Traum: Seit sie beim FC Malters als Mädchen ihre ersten Tore schoss, wollte sie Fussballprofi werden. Sie hat es geschafft, so jung wie noch keine andere Schweizerin zuvor. Mittlerweile spielt sie beim FC Chelsea in London. Mit ihrem explosiven Antritt, ihren unglaublichen Dribblings und Toren ist die Luzernerin seit Jahren auch für das Nationalteam ein unverzichtbarer Wert.

so intensiv, egal, ob er realistisch ist oder nicht. Ich wollte einfach nur Fussball spielen – und Profi werden. Das Ziel war klar, der Weg dorthin allerdings sehr weit.

Heute bin ich Fussballprofi und habe in meiner Karriere bereits in Schweden, den USA, Deutschland und England gespielt. Seit 2017 spiele ich beim Spitzenklub Chelsea in London. Ich fühle mich wohl, in der Stadt, im Klub und auch sonst. Und seit Sommer 2018 noch ein bisschen mehr, weil ich mit meiner Freundin Alisha Lehmann zusammengezogen bin. Sie ist auch Profi und spielt beim Ligakonkurrenten West Ham United. Dort spielt sie meistens im offensiven Mittelfeld, ich bin Stürmerin. Das heisst, wir sind auf dem Platz nicht direkte Konkurrentinnen. Aber es ist trotzdem seltsam, wenn ich gegen Alisha spielen muss. Und es ist auch nicht einfach, vor allem für diejenige von uns beiden, die das Spiel verliert. Nach solchen Partien ist es bei uns zu Hause dann eher ruhig und jede mit sich selbst beschäftigt.

Für mich gab es nie etwas anderes als Fussball. Jede freie Minute habe ich gespielt, immer zusammen mit den Jungs. Entweder bei uns im Garten oder auf dem Rasenplatz im Dorf. Als ich etwa sechs Jahre alt war, trat ich dem FC Malters bei. Das Talent habe ich von meinem Vater geerbt, der einst in der Nationalliga B aktiv war. Auch mit ihm spielte ich oft, und er hat mir gezeigt, wie gut er Fussball spielen kann. Das hat mich genervt, weil ich es damals nicht konnte. In den Sommerferien 1998, da war ich sieben Jahre alt, hat er zu mir gesagt: «Du hast jetzt sechs Wochen Zeit. Wenn du bis zum Ende der Ferien 100 Mal jonglieren kannst, bekommst du 100 Franken.» Und so übte ich pausenlos, bis ich es konnte. Jeden Tag. Ich nahm es sehr ernst, und nach fünf Tagen hatte ich es bereits geschafft.

Zu Hause gab es hin und wieder auch Diskussionen. Vor allem mit meiner Mutter hatte ich am Anfang zu kämpfen. Nicht, weil ich Fussball spielte, sondern weil ich in ihren Augen zu viel spielte. Und im Nachhinein muss ich ihr recht geben: Ich habe zu wenig für die Schule gemacht. Zu meiner Mutter sagte ich jeweils: «Ich will Fussball spielen, die Schule interessiert mich nicht so sehr.» Sie erwiderte dann: «Doch, das muss dich interessieren.» Damals konnte ja noch niemand ahnen, dass Frauen irgendwann Profis sein könnten. Mein Vater war da offener und sagte, ich könne die Hausaufgaben auch machen, wenn es draussen dunkel sei. Das versprach ich natürlich hoch und heilig und habe es meistens auch gemacht.

2002 kam ich ins Fussballausbildungszentrum nach Huttwil. Das bedeutete: Von Montag bis Freitag lebte ich bei einer Gastfamilie, ging in die Schule und hatte viele Trainings. Rückblickend war dies der schwierigste Schritt von allen, die ich bisher gemacht habe. Ich war zwölf Jahre alt und zum ersten Mal weg von zu Hause. Als mich meine Eltern nach Huttwil fuhren, kam mir das vor wie eine Reise nach Amerika. Ich musste weinen, bekam Heimweh. Hinzu kam, dass ich in der Sekundarschule überfordert war, weil ich wegen des Fussballs so viel Stoff verpasst hatte. Das Pensum war auch so schon anstrengend genug, und abends war ich einfach nur müde. Nach dem Wechsel in die Realschule hat sich alles gebessert, und im Abschlusszeugnis stand die Note 5,7.

Bei der Post begann ich 2006 eine Lehre als Logistikassistentin. Eigentlich wollte ich das gar nie wirklich machen. Es hat sich einfach so ergeben. Ich musste um vier Uhr morgens in Luzern mit der Arbeit beginnen, bis um zehn Uhr, danach ging ich direkt ins Training mit den Junioren des FC Luzern. Am Abend folgte das Training mit meinem Verein, dem SC Luwin. Die Tage waren unglaublich lang. Fünf Monate habe ich das mitgemacht. Aber in der Schule war ich enorm schlecht, auch, weil ich wegen des Nationalteams viel fehlte. Irgendwann kam der Lehrmeister zu mir und sagte, so könne es nicht weitergehen, ich müsse mit dem Fussball zurückstecken. Da war für mich klar, dass es so wirklich nicht weitergehen konnte. Ich ging nach Hause und sagte: «Ich höre auf. Also mit der Lehre.» Meine Eltern sind mir bei meinen Entscheidungen nie im Weg gestanden, sie haben mir sogar geholfen, die Kündigung zu schreiben.

In Schweden bin ich sehr schnell selbstständig geworden. Und habe mich auch zum ersten Mal in eine Frau verliebt. Sie war Italienerin und spielte Fussball in Dänemark. Kennengelernt haben wir uns an einem Turnier mit dem U19-Nationalteam. Drei Jahre lang haben wir uns täglich geschrieben, sahen uns aber selten. Trotzdem war es eine sehr intensive Zeit. Ich war erstmals so richtig verliebt. Im Sommer 2007 war sie in Malters zu Besuch und hat auch meine Eltern kennengelernt. Zuerst sagte ich, es sei eine Kollegin. Doch meine Eltern haben sofort begriffen, was da lief. Als sie wieder nach Italien zurückgekehrt war, habe ich sie sehr vermisst und war an jenem Abend sehr ruhig. Meine Eltern kamen zu mir auf mein Zimmer und fragten mich: «Habt ihr euch gestritten?» Nein. «Hast du dich verliebt?» Ja. Mein Vater dachte zuerst, es sei eine Phase. Der Klassiker. Meine Mutter zeigte viel Verständnis und fand es schön. Ich bin froh, dass meine Eltern und ich von Anfang an eine gute und offene Kommunikation hatten. Damit war das Thema erledigt und auch später nie ein Problem.

Ich könnte mich nicht verstecken. Darauf habe ich keine Lust. Ich möchte einfach sein, wie ich bin. Entweder es passt den Leuten oder eben nicht. Wer es wissen wollte, konnte es bei mir schon immer wissen. Auch, weil ich häufig Bilder in den sozialen Medien veröffentliche. Dass ich lesbisch bin, hat die breite Öffentlichkeit während der Weltmeisterschaft 2015 in Kanada erfahren. Camille, meine damalige Freundin, besuchte mich manchmal im Hotel – man hat uns also zusammen gesehen. Ein Journalist hat mich darauf angesprochen, und ich habe offen Antwort gegeben. Das Interview war der Aufmacher in der Sonntagsausgabe. Dass die Geschichte so stark gewichtet würde, hätte ich nicht gedacht.

Negative Reaktionen sind ausgeblieben. Ich habe auch sonst nie schlechte Erfahrungen gemacht bezüglich meiner Homosexualität. Je nachdem, wo ich mit meiner Freundin gerade bin, schauen die Leute mehr oder weniger. Manchmal drehen sich Typen um. Da weiss ich allerdings nicht, ob sie uns komisch oder cool finden. Wahrscheinlich das Zweite. Nach dem Interview in Kanada und dem öffentlichen Coming-out habe ich sehr viele positive Reaktionen bekommen. Auch von Leuten, die ich nicht kenne, oder von jungen Männern, die mir geschrieben haben, dass ich ihnen geholfen hätte, sich ihren Familien gegenüber zu öffnen. Ob ich ein Vorbild bin? Ja, ich denke schon. Das war und ist auch mein Ziel. Ich versuche, so zu leben, wie es für mich stimmt, und nicht so, wie es jemand anderem passt.

— Ramona Bachmann, *1990
— Aufgewachsen in Malters, Kanton Luzern
— 2006: Lehre als Logistikassistentin abgebrochen, seither Profifussballerin
— Dreifache Schweizer Fussballerin des Jahres (2009/2015/2019)
— Vierfache Meisterin in Schweden
— 2015: erstmalige WM-Teilnahme mit der Schweiz
— 2017: erstmalige EM-Teilnahme mit der Schweiz; Double-Gewinnerin in Deutschland (Meisterschaft und Pokal)
— 2018: Double-Gewinnerin in England

Marianne Rossi, *1977, ehemalige Spitzentriathletin

«Bin ich vielleicht lesbisch? Was mache ich jetzt?»

Es gibt Momente, die verändern das Leben und prägen einen für immer. Einen solchen erlebte ich mit zwölf. Ich kniete vor unserem Haus auf dem Garagenplatz und mistete den Hamsterkäfig aus, als unsere Nachbarin aufgeregt auf mich zulief und nach meiner Mutter fragte. Beide, meine Mutter und die Nachbarin, verliessen wenig später das Haus, während ich vor der Garage sitzen blieb, weiter den Käfig putzte und spürte: Es ist etwas Schlimmes passiert.

An diesem Tag ist mein Vater gestorben. Er ist auf der Strasse zusammengebrochen. Herzstillstand. Er war auf der Stelle tot. Der Tod meines Vaters hat mich verändert: Aus dem fröhlichen, wilden Kind wurde auf einen Schlag ein trauriges, eher zurückgezogenes Mädchen. Bis zu diesem Moment lebte ich eine unbeschwerte Kindheit in Tagelswangen, im Zürcher Oberland. Ich war schon immer ein Bewegungsmensch, verbrachte viel Zeit draussen im Wald, spielte Fussball mit den Jungs oder Pingpong auf dem Pausenplatz. Ich gehörte zu den Alphatierchen und fühlte mich in der Schule, in meinem Freundeskreis und im Turnverein aufgehoben, und auch zu Hause war ich wohlbehütet und wurde geliebt.

Mein Vater war ein hervorragender Geschichtenerzähler, und ich liebte seine Geschichten. Normalerweise erzählte er sie mir am Abend vor dem Einschlafen. Ich liebte es auch, wenn mein Vater etwas mit mir unternahm: Einen Ausflug ins Hallenbad etwa oder «Böötli» fahren auf dem Walensee. Einmal hat er mich mit einem Gummiboot begleitet, als ich schwimmend den Walensee überquerte. Ich war damals erst etwa zehn Jahre alt. Mein Vater hat mich oft bestärkt und mir viel zugetraut. In diesem Fall hat er einfach gesagt: «Komm mit, du schaffst das schon.» Ich habe es geschafft. Doch auch wenn Wasser und das Schwimmen mit schönen Erinnerungen an meinen Vater verbunden sind: Beim Triathlon war Schwimmen immer meine schwächste Disziplin.

Zwei Jahre nach seinem Tod, mit 14, absolvierte ich im Turnverein meinen ersten Triathlon. Damals hatte ich kein Rennvelo, sondern fuhr mit meinem normalen Velo. Trotzdem war ich bei den Frauen eine der Besten. Wenn man erfolgreich ist, macht Sport noch mehr Spass, und so fokussierte ich mich immer mehr auf Triathlon und Strassenläufe. Gerade in der Zeit, in der ich meinen Vater fest vermisste und kaum wusste, wie ich mit der Trauer umgehen sollte, gab mir der Sport Halt und das Gefühl, lebendig zu sein. Denn ein Teil in mir war wie abgestorben. Vielleicht bin ich auch deswegen in eine Magersucht hineingerutscht. Vielleicht half sie mir, den seelischen Schmerz auszublenden, und gab mir das Gefühl, weiterhin Kontrolle über meinen Körper zu haben. Anfänglich habe ich Kalorien gezählt – 1000 Kalorien pro Tag waren das Maximum. Mit der Zeit habe ich dann Süsses und Fettiges weggelassen. Mit 14 wog ich nur noch 39 Kilo. Zuerst hatte die Magersucht keine negative Auswirkung auf meine Leistung. Im Gegenteil: Je dünner ich wurde, desto schneller war ich. Irgendwann reagierte mein Körper aber mit einem Ermüdungsbruch auf den Raubbau. Wegen des gebrochenen Schienbeins musste ich mich behandeln lassen, und so wurde auch die Magersucht zum Thema. Dank meinem Arzt und meiner Mutter erkannte ich, dass es so nicht weitergehen konnte. Dazu kam ein Schlüsselerlebnis: Im Training schlug mich ein übergewichtiges Mädchen im Sprint, und ich realisierte schlagartig, dass ich wieder ein gesundes Verhältnis zum Essen entwickeln musste, wollte ich eine erfolgreiche Triathletin werden.

Dem Triathlon ordnete ich alles unter. 1994 wechselte ich vom Turnverein zum Triathlonclub Winterthur und schloss mich zudem einem Schwimmklub an. Ich gab Vollgas, trainierte mit 16 Jahren rund 15 bis 20 Stunden pro Woche. Mein Alltag war durchgeplant, es gab kaum Lücken zum Nachdenken. Von der Magersucht zur Sportsucht. Doch diese Entwicklung lohnte sich leistungsmässig – zumindest kurzfristig. Mit 17 Jahren kam ich ins Junioren-Nationalkader. Darauf war ich sehr stolz. Rückblickend weiss ich und kann das auch so formulieren, dass ich die Anerkennung, die mit meinem Erfolg zusammenhing, genoss. Gerade im Teenageralter war ich dadurch etwas Besonderes und hob mich vom Durchschnitt ab. In besonderer Erinnerung geblieben ist mir die Juniorinnen-Europameisterschaft 1997 in Finnland. Die ganze Schweizer Delegation war dabei, auch die Elite. So nah an den Triathletinnen und Triathleten zu sein, die ich bewunderte, war eine schöne Erfahrung. Es war eine Ehre, Teil des Schweizer Teams zu sein. Aus zwei Gründen denke ich gerne an die EM in Finnland zurück: Erstens war ich mit meinem siebten Platz zufrieden. Zweitens fühlte ich mich zu diesem Zeitpunkt in der Triathlonfamilie so richtig wohl und zugehörig – was normalerweise nicht der Fall war.

Die Triathlonszene empfand ich als Teenager als steif, leistungsorientiert und oberflächlich. Alle Frauen waren sehr feminin, schlank und extrem aufs Äussere fixiert. Ich habe da nicht hineingepasst. Mir fehlten die Tiefe und das Persönliche. Verstärkt wurde dieses Gefühl, als ich mich mit 17 Jahren in eine Frau verliebte und mir zum ersten Mal die Frage stellte: Bin ich vielleicht lesbisch? Der Gedanke löste Panik aus: Scheisse, was mache ich jetzt? Ich

Marianne Rossi fasziniert die Vielseitigkeit des Triathlons: schwimmen, Velo fahren, laufen. 2005 trainierte sie während fünf Monaten in Australien, wo beide Bilder entstanden: das untere während eines Sprinttriathlons an der Gold Coast, das obere während eines Intervalltrainings auf der 400-Meter-Bahn.

unternahm nichts, behielt meine Ängste für mich, denn ich wusste nicht, mit wem ich darüber hätte sprechen sollen. Im Triathlon war Homosexualität kein Thema, und auch ausserhalb des Sports kannte ich keine lesbische Frau. Ich dachte, ich sei die einzige auf dieser Welt, und so verdrängte ich das Gefühl und ging weiterhin mit Männern aus. Zeit, mir wirklich Gedanken darüber zu machen, hatte ich sowieso nicht.

Es gab aber Orte, an denen ich lockerer war als im Triathlon und besser ich selbst sein konnte. Beim Korbball zum Beispiel. Ich spielte Korbball, seit ich zwölf Jahre alt war. Mein Team holte sieben Mal den Schweizer Meistertitel in der Nationalliga A. Warum ich mich im Korbball wohler fühlte, weiss ich nicht genau. Ich vermute, die Szene ist weniger elitär und leistungsorientiert. Es gab mehr Raum für Zwischenmenschliches. Trotzdem blieb Korbball zwanzig Jahre lang einfach nur ein zeitintensives Hobby, während ich Triathlon leistungssportmässig betrieb. Unterstützt wurde ich dabei von meiner Mutter. Sie war stolz auf mich und begleitete mich praktisch an jeden Wettkampf. Unsere Beziehung wurde dadurch nach dem Tod meines Vaters noch enger. Ich denke, in dieser schwierigen Zeit hat mein Sporttreiben auch ihr Halt, Struktur und eine Aufgabe gegeben. Das zu spüren, war schön, denn als Teenager war es mir wichtig, dass es meiner Mutter gut ging. Mit 22 wurde mir dann doch alles zu viel, und ich beendete meine Triathlonkarriere. Ausschlaggebend für diesen Entscheid war der Beginn meines Sportstudiums. Mit 21 verliess ich mein Elternhaus und zog nach Magglingen. Die geografische Entfernung half mir, mein eigenes Leben aus der Distanz zu betrachten. Endlich hatte ich Raum zum Nachdenken und um zu spüren, wer ich bin und was ich möchte. Ich realisierte, dass die Doppelbelastung von Sportstudium und Triathlontraining zu viel war. Ich realisierte auch, dass mein Talent ausgeschöpft war und nicht für eine internationale Karriere reichte. Dazu kam die Tatsache, dass ich es in der Triathlonszene nie schaffte, so zu sein, wie ich war. Beim Triathlon fühlte ich mich oft als Einzelkämpferin. Mir fehlte eine Bezugsperson, mit der ich vielleicht auch einmal über mein Lesbischsein hätte sprechen können. Das alles führte zum Entschluss, mit dem Leistungssport aufzuhören. Es war eine grosse Erleichterung. Für meine Mutter hingegen war es anfänglich schwierig. Sie bedauerte meinen Entscheid, auch weil sie dadurch Halt verlor. Doch ich wollte mich abgrenzen und meinen eigenen Weg gehen und liess mich vom Bauchgefühl leiten. Und das sagte mir, dass ich etwas in meinem Leben ändern musste, denn jahrelang stellte ich mir immer wieder dieselbe Frage: Bin ich lesbisch? Zwar hatte ich mich mit 18 in einen Mann verliebt, einen Triathleten, aber während unserer zweijährigen Beziehung spürte ich tief in mir drin, dass es sich nicht richtig anfühlte. Körperliche Nähe zuzulassen, fiel mir schwer. Und so fasste ich an Silvester 1997 einen Vorsatz: Im darauffolgenden Jahr wollte ich mich auf eine Frau einlassen. Weil ich keine lesbische Frau kannte, habe ich mich über ein Inserat in der Zeitschrift *Annabelle* mit einer Fremden verabredet. Als ich sie am vereinbarten Treffpunkt am Bahnhof Zürich erblickte, mit ihren Cowboystiefeln, wäre ich am liebsten sofort umgekehrt. Das habe ich aber nicht gemacht, und so verbrachten wir den Nachmittag miteinander – und, obwohl ich nicht wirklich wollte, später auch die Nacht. Ich dachte mir einfach: jetzt oder nie.

Diese Nacht brachte nicht die erwünschte Erkenntnis. Mein Aha-Erlebnis hatte ich erst während des Sportstudiums. Es war die Zeit meines Befreiungsschlags: Ich löste mich vom Triathlon, vom Elternhaus und von den Männern. Während des Studiums verliebte ich mich in eine Kommilitonin. Und sie sich in mich. Unsere Beziehung hat sich langsam entwickelt, denn für mich war das alles neu. Ich war schüchtern und zurückhaltend. Und obwohl in dieser Beziehung nicht alles harmonisch war, fühlte ich mich wohl. Mit 23 kam der Tag, an dem ich meiner Mutter erzählte, dass ich lesbisch sei und eine Freundin hätte. Sie hatte Mühe, das zu akzeptieren. Einerseits machte sie sich Sorgen, dass ich es als lesbische Frau schwer haben könnte im Leben. Andererseits hatte sie Angst, mich zu verlieren. Sie spürte, dass ich mich langsam abgelöst hatte, weniger nach Hause kam. Ich vermute, dass sie meine Freundin am Anfang als ihre Konkurrentin sah. Mit der Zeit hat sich unser Verhältnis wieder entspannt. Heute hat meine Mutter keine Probleme mehr damit.

Das Leben entdeckte mich und ich entdeckte das Leben. Nach dem Sportstudium, meinem absoluten Traumstudium, reiste ich 2005 für fünf Monate nach Australien. Dort schloss ich mich einer Trainingsgruppe an und trainierte für den Ironman. Schon immer wollte ich einen Ironman absolvieren – also erfüllte ich mir diesen Traum. Zusammen mit anderen Athletinnen und Athleten lebte ich in einem Ressort an der Gold Coast und verbrachte eine unglaublich gute Zeit. Ich war entspannt und hatte Spass am täglichen Training. Dass ich die Triathlonszene dort anders empfunden habe, hatte nicht nur mit Australien zu tun, sondern auch mit mir. Ich hatte mich verändert. Nun war ich geoutet und hatte zu mir selbst gefunden. Das ermöglichte mir, offener zu sein und Begegnungen zuzulassen. In Australien habe ich mich erneut mit dem Triathlon angefreundet, sodass ich, zurück in der Schweiz, wieder intensiver trainierte – mit dem Ziel, mich für den Ironman auf Hawaii zu qualifizieren. Nach zwei Teilnahmen am Ironman Zürich merkte ich aber, dass der Wiedereinstieg doch nicht das Richtige für mich war, und beendete das intensive Training. Dank dieser Ironman-Erfahrung hatte ich aber einen schönen, zweiten Abschluss mit dem Triathlon gefunden.

Mein Verhältnis zum Triathlon ist facettenreich. Als Teenager war er mein Rettungsanker. Später bot er Ablenkung und brachte Anerkennung. Ich bin dankbar für den Weg, den ich als Triathletin gegangen bin. Der Leistungssport hat mich an meine physischen und emotionalen Grenzen gebracht und mir auch geholfen, so zu werden, wie ich heute bin. Als Chefin Leistungssport von Swiss Triathlon bin ich mit diesem Sport immer noch sehr verbunden. In meiner Funktion gelingt es mir meistens gut, zu mir zu stehen. Ich fühle mich im Job und der Triathlonszene wohl, erlebe sie offener – und trotzdem gibt es Situationen, in denen ich unsicher bin. Zum Beispiel habe ich nach meinem Amtsantritt 2017 einen neuen Trainer eingestellt. Ich überlegte mir, ob ich ihm erzählen sollte, dass ich eine Freundin hatte. Ich tat es nicht, weil ich Angst vor seiner Reaktion hatte. Einige Monate später rief er mich in meinen Ferien an, und meine Partnerin nahm das Telefon entgegen. Bis heute habe ich ihm nicht direkt gesagt, dass ich lesbisch bin. Nach diesem Telefonat war die Situation aber unausgesprochen geklärt.

Das passt zu meiner Art: Ich verheimliche meine sexuelle Orientierung nicht, konfrontiere aber auch niemanden damit. Trotzdem prägt meine Vergangenheit mein heutiges Schaffen als Chefin Leistungssport. Ich möchte dazu beitragen, dass sich die Athletinnen und Athleten wohlfühlen und so sein können, wie sie sind.

— Marianne Rossi, *1977
— Aufgewachsen in Tagelswangen, Kanton Zürich
— Kaufmännische Lehre mit Berufsmatur; Sportlehrerin FH mit Master of Science EHSM
— Chefin Leistungssport Swiss Triathlon seit 2017
— 1995: Teilnahme Junioren-Weltmeisterschaften im Duathlon
— 1997: 7. Rang an Junioren-Europameisterschaften im Triathlon
— 1999, 2001, 2004–2008: Schweizer Meisterin im Korbball

Barbara Ganz, *1964, sieben WM-Medaillen im Radsport

«Es ist so, weil es so ist.»

Manchmal ist es ein Staunen. Bis heute. Dass mich früher viele Leute beim Velofahren bewundert haben, das ist mir oft nicht bewusst. Ich staune, dass ich als Velorennfahrerin ein Vorbild gewesen sein soll. Dabei fuhr ich aus reiner Freude am Sport. Dass ich nach meiner Karriere eine Vorbildfunktion einnahm, als ich mich in eine Frau verliebte, das war mir schon eher bewusst. Für mich war klar, dass ich damit an die Öffentlichkeit wollte, weil ich noch nie ein Mensch war, der etwas versteckte, was sich in meinem Herzen richtig anfühlte. Mit dem Lesbischsein hatte ich nie ein Problem. Ich habe mich auch nie gefragt, was das alles soll und warum es so ist. Es ist so, weil es so ist.

Ich habe mir auch über das Wort Vorurteil eingehend Gedanken gemacht. Der Ausdruck besagt ja, dass es ein Urteil ist, bevor man etwas genauer weiss. Das habe ich auch erlebt, als ich mich in eine Frau verliebte. Damals konnte ich glücklicherweise viel Aufklärungsarbeit leisten, denn wir Menschen sind geprägt von Werten und Urteilen. Wir alle haben sicher schon einmal gegen irgendwen oder irgendetwas Vorurteile gehabt. Doch mir ist wichtig, urteilsfreier zu werden.

Früher hatte ich zum Beispiel noch Vorurteile gegenüber Fussballern. Das waren für mich die faulen Sportler, die viel Geld verdienen. Und dann war meine erste Partnerin eine Fussballerin. Fränzi lernte ich im Sommer 1996 kennen, zwei Jahre nach meinem Rücktritt. Ich arbeitete als Masseurin in einer Praxis in Geroldswil. Die Inhaberin war lesbisch, das wusste ich zuerst nicht, und es spielte auch keine Rolle. Was aber sehr wohl eine Rolle spielte, war, dass sie beim FC Blue Stars Fussball spielte und ihre Teamkolleginnen zu uns in die Praxis zur Massage kamen. Eine dieser Fussballerinnen war Fränzi.

Irgendwann fuhr ich nach dem Feierabend mit dem Velo an einen Match der Blue Stars. Es war an einem Freitagabend, und ich hatte überhaupt keine Absichten. Aber auf dem Nachhauseweg dachte ich, dass die Welt nun irgendwie verkehrt war. Ich fühlte mich wie ein Teenager. Die Liebe hatte wie ein Blitz eingeschlagen. Und ich wusste: Das ist keine Phase. Am nächsten Morgen sollte ich mit meinem Ehemann Joe eine Velotour rekognoszieren. Dazu war ich allerdings nicht fähig. Mir war übel, und ich sagte ihm, dass es mir nicht gut gehe. Er ging alleine, und ich rief Fränzi an. Am Nachmittag sass ich bei ihr im Garten, und wir haben geredet. Es war Mitte Juli. Es war heiss. Mir war auch heiss. «Ich muss dich etwas fragen», sagte ich zu ihr. Und sie erwiderte: «Ich stehe auf

Frauen.» Nachdem ich eine halbe Flasche Amaretto getrunken hatte, gestand ich ihr, dass ich mich in sie verliebt hätte.
Ein paar Tage später haben sich Fränzi und ihre Freundin voneinander getrennt. Und ich sagte Joe, dass ich mich in eine Frau verliebt hätte. Er meinte nur, dass es eine Phase sei, die vorbeigehen werde. Aber ich spürte, dass es nicht so war. Ich wusste: Jetzt verändert sich mein Leben. Dank Fränzi bekam ich ein total anderes Bild vom Fussball. Ich möchte nie mit diesen Schuhen auf den harten Böden umherrennen müssen und in die Beine gekickt werden. Vor dieser Sportart habe ich grossen Respekt bekommen. So, wie ich das grundsätzlich vor jeder Sportart habe. Auch vor Autorennen: Die finde ich zwar nicht toll, aber es ist unglaublich, was die Fahrer als Athleten leisten.

Und so, wie ich mich von Vorurteilen befreien möchte, ist es mein Ziel, auch andere Menschen davon zu befreien – gegen was oder wen auch immer, auch gegenüber Homosexuellen. Bei meinem öffentlichen Coming-out im Jahr 2000 hatte ich das Glück, dass ich viele positive Reaktionen erhielt und nicht mit Vorurteilen konfrontiert wurde. Dumme Sprüche bekam ich nie direkt zu hören, weil ich dafür wohl zu stark bin. Ich habe das Gefühl, das trauen sich die Leute bei mir nicht. Nur einmal erhielt ich einen anonymen Brief, in dem stand, dass «es» nicht in Ordnung sei. Aber ich habe mir noch nie Gedanken darüber gemacht, was andere von mir denken. Für mich sind Ehrlichkeit und Authentizität wichtiger. Jeder soll nach seinen Möglichkeiten und seinem Wissen handeln und leben. Eine positive Grundeinstellung hatte ich schon immer, doch früher war ich viel rebellischer. Mit den Jahren kam die Lebenserfahrung hinzu, und heute fühle ich mich gelassen und entspannt.

Mein Lebensmotto lautet: Ich vertraue auf meine innere Führung und weiss, dass ich auf dem richtigen Weg bin. Und wenn ich gefragt werde, was ich mir für mich und die Welt wünsche, dann antworte ich frei nach Peter Maffay: Frieden. Egal, was passiert, ich kann nur für mich schauen und nicht überall auf der Welt helfen. Aber ich kann Frieden und Liebe in mir tragen und aussenden. Je mehr Leute das in sich tragen, desto besser. Denn wenn man kämpft, gegen was auch immer, dann ist man verbissen und verliert sich im Kampf und im Widerstand. Als Masseurin und Coach beschäftigt mich vor allem die Gesundheit des Menschen. Das ist mein Beruf und mein Leben – und ein Geschenk. Früher habe ich die Medizin stärker kritisiert oder eben verurteilt. Heute respektie-

Barbara Ganz und die Liebe zum Velofahren: Ihre Karriere begann genau genommen in der Migros, dort kaufte sie sich 1980 ihren ersten Halbrenner. Vom Zürcher Oberland aus eroberte sie auf zwei Rädern nicht nur die Schweiz, sondern auch die internationalen Rennbahnen. Noch heute fährt sie regelmässig Velo – allerdings vermehrt mit dem E-Bike. Die Rennveloposition ist ihr zu unbequem geworden.

re ich diese Auffassungen. Alle sollen ihren eigenen Weg gehen und können selbst entscheiden, was ihnen guttut. Bei meiner Arbeit sind mir Wertschätzung, Anerkennung und Respekt wichtig, genauso wie Freiheit und Selbstständigkeit. Auch wenn ich mich an Termine halten muss, brauche ich einfach die absolute Unabhängigkeit. Das war mir schon immer sehr wichtig.

Auch während meiner Karriere ging ich immer meinen eigenen Weg. 1985, mit 21 Jahren, stellte ich den Stundenweltrekord auf. Bereits zu diesem Zeitpunkt arbeitete ich mit einem Mentaltrainer zusammen. Ich weiss zwar nicht mehr, ob er sich damals bereits Mentaltrainer nannte. Auf alle Fälle war dieser Ansatz neu. Einige Leute fanden das seltsam und liessen Sprüche fallen wie «Die andere wieder ...». Aber damit konnte ich umgehen, denn die Zusammenarbeit mit Herrn Frei hat mir geholfen. Dank ihm habe ich mit Affirmationen gearbeitet. Beim Training auf der offenen Rennbahn in Oerlikon fuhr ich beispielsweise hinter einem Töff her, auf dem ein Schild mit dem Spruch angebracht war: «Ich schaffe es, ich halte durch.» Ich habe auch früh mit Stretching und Yoga begonnen, war einfach offen für Neues und anderes. Wenn es aufgegangen ist, war es gut, wenn nicht, habe ich es wieder verworfen oder geändert.

Aufgewachsen bin ich in Schlatt bei Winterthur. Schon als Kind war für mich Bewegung sehr wichtig, und zusammen mit den Nachbarskindern verbrachten wir viel Zeit draussen in der Natur. Mit dem Radsport kam ich erst später in Kontakt. Zuerst waren da die Lehre als Radio- und Fernsehverkäuferin und mein Töffli, das ich zur Konfirmation geschenkt bekommen hatte und mit dem ich täglich von Schlatt nach Oberwinterthur zur Arbeit fuhr. Erst durch meinen ersten Freund begann ich mit dem Velofahren. In der Migros kaufte ich mir einen Halbrenner, mit dem ich 1980 zum traditionellen Pfingstrennen in Winterthur-Hegi fuhr – noch als Zuschauerin. Doch danach fand ich es so richtig Gefallen daran. Unsere Nachbarn waren leidenschaftliche Velofahrer, und so begann ich, mit den Söhnen zu trainieren. Sie waren es auch, die mir beim Veloservice halfen. Im Herbst 1980 fuhr ich meine ersten Rennen, die Thurgauer Meisterschaften zum Beispiel. Ab Frühling 1981 startete ich für den Motorrad- und Rennsportverein Frauenfeld, weil es dort eine Frau im Verein gab. Dort entdeckte ein Trainer mein Talent – und meine Karriere nahm ihren Lauf.

An meine erste Weltmeisterschaft 1984 kann ich mich kaum mehr erinnern. Meine Selektion war einfach eine logische Folge der Resultate. Mehr Erinnerungen habe ich an die Bahn-WM 1986 in Colorado Springs. Dieser Anlass war etwas vom Schönsten in meiner Karriere. Ich gewann meine erste internationale Medaille, wurde Dritte in der Einzelverfolgung. Vielleicht halfen da auch die Anfeuerungen meines Masseurs Pierre. Ich muss heute noch lachen, wenn ich daran denke. Kurz vor dem Rennen hatte ich in der Zeitung *Sport* einen Bericht über einen holländischen Leichtathletiktrainer gelesen. Dieser beschimpfte seine Athletinnen jeweils und rief ihnen unanständige Dinge zu, um sie so zu motivieren. Ich sagte zu Pierre, dass ich genau so auch angefeuert werden wolle: mit Schimpfwörtern. Gesagt, getan. Pierre rief mir während der Verfolgung zu: «Fahr emal, du fuuli Sau!» So laut, dass ihn alle anderen ungläubig angeschaut haben. Nur ich habe es nicht gehört. Die Medaille gewann ich trotzdem.

Während meiner Aktivzeit war ich noch schwer verliebt in Joe. Bei der Bahn-WM 1988 hat mir diese Verliebtheit einen grossen Schub gegeben und mir zwei Medaillen eingebracht. Danach fragten mich alle, was denn mit mir los sei. Ein Jahr später haben wir geheiratet. Joe war mir in dieser ganzen Zeit eine enorme Stütze, auch beim Entscheid, meine Laufbahn zu beenden. Wir sind noch heute beste Freunde. Während meiner Karriere war ich gesegnet mit einer guten Portion Renninstinkt, aber mein Ehrgeiz war eher gemütlich, auch hatte ich Mühe, mitten im Feld zu fahren. Das konnte ich einfach nicht. Ich hatte immer grosse Freude am Velofahren und überhaupt am Leben. Die Freude gehört zu meinem Leben, so wie Velofahren und Sport immer ein Teil davon sein werden. Meine Karriere beendete ich 1994, danach öffnete sich Raum für Neues. Dank dem Sport habe ich heute noch einen gesunden Körper und fahre regelmässig Velo – allerdings vermehrt mit dem E-Bike. Die Rennveloposition ist mir mittlerweile zu unbequem geworden.

Noch viel lieber als auf dem Velo bin ich in unserem Garten. Mit den Händen zu arbeiten, ist wichtig für mich, das gibt mir Energie. Die Freude am Garten teile ich mit meiner Partnerin Bernadette. Ein eigenes Zuhause und eine geerdete Partnerin geben mir Ruhe. So gesehen hat Velofahren nicht mehr den Stellenwert von früher, aber Bernadette und ich unternehmen hin und wieder eine Tour im Zürcher Oberland. Mit Bernadette bin ich sehr glücklich, und wir wünschen uns, gemeinsam 150 Jahre alt zu werden. Wenn wir zusammen unterwegs sind, stelle ich sie überall als meine Partnerin vor. So ist unsere Beziehung von Anfang an klar. Die Leute können entweder nachfragen oder sich abwenden. Letztlich gibt es an anderen Lebensentwürfen doch nichts zu bewerten oder zu beurteilen. Alle leben ihr Leben, wie sie es für richtig halten. Mein Weg ist geradeaus und nach vorne gerichtet. Gibt es einmal Probleme, arbeite ich daran und suche nach Lösungen. Mein jetziges Leben ist, wie es ist – und es ist gut so.

— Barbara Ganz, *1964
— Aufgewachsen in Schlatt, Kanton Zürich
— Masseurin und Coach mit eigener Praxis
— Neun Schweizermeistertitel; sieben WM-Medaillen (4 Silber / 3 Bronze); diverse Siege an nationalen und internationalen Wettkämpfen
— 1985: Stundenweltrekord im Hallenstadion Zürich
— 1988: Teilnahme an den Olympischen Spielen in Seoul

Tanya Ertürk, *1985, Weltmeisterin im Unihockey

«Ich weiss nicht, wo ich sexuell stehen würde, wäre ich in der Schweiz geblieben.»

Eigentlich wollte ich für einen Sprachaufenthalt nach Australien reisen, ich hatte schon alles gebucht. Aber als das Angebot aus Schweden kam und der dortige Klub mir vorschlug, alle Reiseausgaben zu erstatten, sagte ich zu. Ich war 19 Jahre alt, und wir hatten gerade den ersten und bisher einzigen WM-Titel für die Schweiz im Unihockey gewonnen. In jener Saison 2004/05 gewannen wir mit Klub und Nationalteam alles, was es zu gewinnen gibt: Wir wurden Schweizer Meisterinnen, gewannen den Cuptitel, siegten im Europacup und wurden in Singapur Weltmeisterinnen. Ich kann mich sehr gut an viele Situationen dieser WM erinnern und weiss noch genau, wie es sich angefühlt hat. Wir hörten das Lied «We are the champions» – und es stimmte, wir waren die Besten! Ein absoluter Hühnerhautmoment. Mein persönlicher Erfolg war zudem, dass ich im Finalspiel zum Best Player gewählt wurde. Diese Erfolge waren nicht einzelnen Spielerinnen zu verdanken, sondern dem ganzen Team. Der Teamgeist war einzigartig. Wir hatten in allen Spielen ein Siegesgefühl, eine Überzeugung, dass wir die Goals schiessen werden. Egal, wer von uns. Ich bin beispielsweise weniger Technikerin, vielmehr Kämpferin. Aber in dieser Saison wusste ich, dass ich die versiertesten Technikerinnen austricksen konnte. Ich gewann jedes Bully, den Ballgewinn nach einer Unterbrechung, und besiegte die Besten im Dribbling. Nicht, weil ich dermassen von mir überzeugt gewesen wäre, sondern weil ich wusste: Unser Team ist unschlagbar. Dieses Gefühl war unglaublich, wir holten alle Rückstände auf, manchmal auch noch kurz vor Schluss. Eigentlich ist das der Topzustand einer Sportlerin, vor dem Wettkampf sollte genau dieser «state of mind» erreicht werden. Mit einer solchen Einstellung kann man gar nicht verlieren. Unglaublich, was wir als Team geschafft haben. Darauf bin ich sehr stolz.

So bin ich nach der Weltmeisterschaft in die schwedische Kälte anstatt in die australische Wärme geflogen. Ganz in den Norden an die finnische Grenze nach Boden, wo es im Winter immer dunkel und im Sommer immer hell ist. Das Team der obersten schwedischen Liga hiess IBK Boden, und der Empfang am Flughafen war überwältigend. Als ich aus dem Flugzeug stieg, empfingen mich Radio und Fernsehen, ein riesiger Trubel. Ich zog mir den Pullover des Teams über und gab Interviews auf Englisch. In meinem Schulenglisch! Unihockey ist in Schweden viel populärer als in der Schweiz. Zusammen mit Fussball, Eishockey und den Skidisziplinen gehört es zu den grossen Sportarten. In der Stadt Boden lebt man Unihockey, man kennt die Spielerinnen und Spieler. An jeden

Match kamen rund 1000 Zuschauerinnen und Zuschauer. Nach den Spielen gehörte die erste Seite der Tageszeitung dem lokalen Team. Das ist eine total andere Wahrnehmung als in der Schweiz, wo nur etwa 100 Personen, meist Familienangehörige, ein Spiel verfolgen. In Schweden ist man bekannt. Zum Beispiel wollte ich dort ein Bankkonto eröffnen. Ohne schwedischen Pass braucht man jemanden, der für einen bürgt. Ich wusste das nicht, war schon auf der Bank und hatte natürlich keine solche Person bei mir. Da kam irgendeine Angestellte vorbei und rief dem Beamten zu: «Ah ja, das ist Tanya Ertürk, sie spielt für IBK Boden, ich bezeuge das.» Ich hatte diese Frau vorher noch nie gesehen, aber ich war dort eine bekannte Unihockeyspielerin. Das war schon toll.

Als ich 2005 in Boden ankam, konnte ich fast vom Sport leben. Mir wurden Flüge, Unterkunft und Material bezahlt. Fürs Essen musste ich ein paar Stunden pro Tag in einem Restaurant arbeiten. Schweden ist in vielerlei Hinsicht anders. Ob man einen Freund oder eine Freundin hat, interessiert niemanden. Ich weiss nicht, wo ich sexuell stehen würde, wäre ich in der Schweiz geblieben. Schweden bot mir eine zweite Chance, meine Sexualität zu entdecken – ohne dass es mir bewusst war. Nach einer Weile lernte ich Mia kennen. Sie hatte nichts mit Unihockey zu tun, das war für mich eine erholsame Abwechslung. Während unserer fünf gemeinsamen Jahre hat sich für mich eine neue Normalität geformt. Geoutet war ich damals in der Schweiz noch nicht. Mia studierte und wohnte vier Stunden entfernt von Boden. Um an den freien Wochenenden zu ihr fahren zu können, kaufte ich mir mein erstes Auto: einen alten VW Golf mit vier Gängen und einem Choke, einer Starthilfe. An dieses Auto erinnere ich mich gerne, es war Teil meiner ersten Schritte in die Unabhängigkeit.

Es war nicht nur easy und toll in Schweden. Die fremde Sprache und das Leben alleine, fern von der Familie, waren anfänglich sehr schwierig. Aber auch neue, zwischenmenschliche Herausforderungen in Beruf und Beziehung, auf die man im Leben zwangsläufig stösst, prägten mich. Ich habe extrem viel über mich selbst gelernt, auch für mich einzustehen und Nein zu sagen. Was kann ich? Wodurch definiere ich mich? Welche Ansprüche habe ich an mich selbst? Was erwarte ich von meinen Mitmenschen? Wo sind meine Grenzen? Mit all diesen Fragen sah ich mich in Schweden konfrontiert. Ich bin ein sehr offener Mensch, aber das Gegenüber muss mir auch zeigen, dass es das Vertrauen verdient. Meine Erfahrungen gehen weit über den Sport hinaus, und dafür bin ich dankbar.

Ich hatte stets Einjahresverträge, weil ich es so wollte. Natürlich hatte ich Heimweh, der Kontakt zu Familie und Freundeskreis war beschränkt. Facebook und Whatsapp existierten noch nicht, und eine E-Mail-Schreiberin war ich noch nie. SMS schreiben war damals sehr teuer. Als Nicht-EU-Bürgerin war es nur schon schwierig, überhaupt zu einem Handyvertrag zu kommen. Erst zwei Jahre später fiel mir ein, dass ich ja mit meinem EU-Pass diese Dinge hätte beantragen können. Meine Mutter ist Italienerin, und ich besitze den italienischen Pass. Vom Moment an, als ich mit diesem Pass unterwegs war, wurde vieles einfacher. Auf einmal hatte ich andere Rechte. Vorher musste ich mich jedes Jahr neu anmelden, superkompliziert. Mit dem EU-Pass waren diese Probleme verflogen.

Lange wusste ich nicht, ob und wann ich in die Schweiz zurückkehren wollte. Natürlich war auch die Beziehung mit Mia ein Grund. Irgendwann musste ich mich aber entscheiden: Ausbildung in Schweden oder Rückkehr in die Schweiz? Körperlich kam ich im Sport an meine Grenzen, ich hatte immer mehr Schmerzen: Knie-, Hüft- und Leistenprobleme. Das ging so weit, dass ich mir die Socken nicht mehr selbst anziehen und das Bein nicht mehr heben konnte – mit knapp 25 Jahren! Damals hatte ich keine Ahnung, woher das kam. Heute weiss ich, dass es diverse Faktoren waren, welche zusammenkamen: Hektische Bewegungen wie «Stop and go», schnelles Bremsen und dann sofort wieder losrennen sind ganz normal im Unihockey. Zudem bin ich ein verschleissstarker Spieltyp, ich gebe mich körperlich also voll rein. Auch hatte ich bereits mit 15 Jahren gegen 30-Jährige gespielt, da wird man doppelt so oft angerempelt. Natürlich machte sich diese Belastung in den Gelenken bemerkbar. Gegen Ende meiner Karriere war ich die ganze Woche in der Physiotherapie, damit ich am Wochenende spielen konnte. Ich benötigte viel Kraft für den Sport, und gleichzeitig kostete mich die nicht immer ganz einfache Beziehung zu Mia sehr viel Energie. Da fasste ich einen Entschluss: Ich wollte die Entscheidung für oder gegen Schweden in der Schweiz treffen. Ich sagte Mia, dass ich für eine Saison in die Schweiz zurückkehren würde. Sie wollte keine Fernbeziehung führen, deshalb war klar, dass ein Entscheid für die Schweiz das Ende unserer Beziehung bedeuten würde.

Stark verunsichert kehrte ich für einige Wochen in die Schweiz zurück, um diese eine Saison aufzugleisen. Um etwas gegen meine innere Zerrissenheit zu unternehmen, sprach ich mit meiner Mutter. Auf ihren guten Rat konnte ich schon immer zählen. Das war der

Tanya Ertürk wurde mit 19 Jahren Weltmeisterin im Unihockey mit dem Schweizer Team. Von 2005 bis 2010 lebte sie als Profispielerin in Schweden. Die Stürmerin gewann mit ihren Teams in der Saison 2004/05 neben der WM auch alle anderen wichtigen Turniere: Schweizermeistertitel, Cuptitel, Europacuptitel.

Moment, in dem ich meiner Mutter sagte, dass ich auf Frauen stehe. Ich weiss es noch genau: Februar 2010, mit 25 Jahren, in einem Einkaufszentrum in Zug. Ich sagte: «Mami, ich zweifle an der Rückkehr in die Schweiz, weil ich in Schweden eine Freundin habe.» Sie erwiderte nur: «Oh, Meitli, was machsch du.» Das war alles. Einerseits war die Reaktion schön, denn meine Mutter hat nicht gewertet, mich nicht verurteilt. Andererseits hätte ich mir gewünscht, mit ihr über meine bevorstehende Entscheidung sprechen zu können. Heute weiss ich, dass ich ihr dies einfach hätte sagen müssen. Ich wusste immer, dass ich auf meine Eltern zählen kann. Sie haben mich und meinen Bruder schulisch, sportlich und bei allem, was wir uns vornahmen, immer unterstützt. Vielleicht hatte ich gerade wegen dieses bedingungslosen Rückhalts Angst, zurückgewiesen zu werden, wenn ich mich outen würde. Diese Angst war jedoch unbegründet. Auch wenn wir nicht weiter darüber gesprochen haben, spürte ich die Unterstützung meiner Mutter. Ich wusste, egal, wie ich mich entscheide, sie stand hinter mir und blieb mein grösster Fan. Das war ein wichtiger Moment in meinem Leben.

Und so fuhr ich schliesslich nach Schweden, um meine Sachen für diese «Entscheidungssaison» in die Schweiz zu holen – in einem Seat Alhambra, dem Geschäftsauto meiner Eltern. Die Fahrt dauerte ewig. Ich packte die fünf Jahre Schweden in das Auto. Alles, ausser einer Tasche. Mit dieser Tasche verbrachte ich die restlichen drei Monate bei meinen neu gewonnenen Freunden, Teamkameradinnen und natürlich bei Mia. Das war sehr speziell. Ich wollte mit ihr zusammen sein, doch für sie war ganz klar: Wenn ich gehe und in der Schweiz bleibe, ist Schluss. Trotz dieses Ultimatums musste ich mir selbst treu bleiben und auf mein Bauchgefühl hören. Am Tag X fuhr ich los. Während der Saison in der Schweiz festigte sich in mir der Entscheid, hierzubleiben. Ich spielte noch ein paar Jahre Unihockey, beendete aber mit 29 Jahren aufgrund gesundheitlicher Probleme meine Karriere. Heute spiele ich zum Spass Fussball in einer Alternativliga.

Vor meinem Schweden-Abenteuer hatte ich 2002 eine KV-Lehre bei einer Firma für Inneneinrichtungen und Design abgeschlossen. Nach Schweden arbeitete ich während fünf Jahren bei meinen Eltern in der Baubranche. Ihr Geschäft ist spezialisiert auf Decken und Beleuchtungen. Dort lernte ich das Tätigkeitsfeld kennen und absolvierte eine Lichtplanungsschule. Es gefiel mir. Nach einer Weile wechselte ich zu einer Firma, die Metalldecken herstellt. So konnte ich ein gutes Netzwerk aufbauen. 2017 machte ich mich zusammen mit zwei Partnern selbstständig. Heute sind wir eine Firma mit neun Angestellten. Es ist eine riesige Chance, in meinem Alter eine Firma mit aufzubauen, vor allem als Frau in einer männerdominierten Branche. Wenn ich die Erfahrungen in Schweden nicht gemacht hätte, könnte ich mich jetzt nicht so behaupten und meine Werte nicht so durchsetzen, wie ich es tue, da bin ich mir sicher.

Schon bevor ich für ein paar Jahre im hohen Norden lebte, interessierten mich Frauen. Mit 15 Jahren habe ich zum ersten Mal eine Frau geküsst, aber in einer Beziehung mit einer Frau war ich vor Schweden nicht. Mit meinen Eltern sprach ich damals nie darüber. Unbewusst ging ich davon aus, dass sie ein Problem damit hätten. Mein Vater stammt aus der Türkei und ist Moslem, meine Mutter ist Katholikin. Drei Jahre nach meiner Rückkehr in die Schweiz lernte ich meine damalige Freundin kennen. Wir waren vier Jahre zusammen. Zu dieser Zeit arbeitete ich bei meinen Eltern und erzählte von den Menschen, die mir nahestanden. Natürlich kam meine Freundin oft vor, aber über unseren Beziehungsstatus sagte ich nichts. Meine Eltern fingen von sich aus an, sie an Familientreffen einzuladen. Als wir uns schliesslich trennten, war es genauso. Sie wurde eingeladen, ich sagte, sie käme nicht mehr, und das Thema war erledigt. Seit 2017 bin ich mit Ayesha zusammen. Als mein Vater einmal krank im Spital lag, fuhr ich mit ihr hin, um ihn zu besuchen. Aber nur ich ging in sein Zimmer, Ayesha wartete im Aufenthaltsbereich. Nie werde ich vergessen, was er dann zu mir gesagt hat, mein Vater, der nie über Gefühle spricht: «Warum kommt sie nicht ins Zimmer? Ich habe kein Problem mit ihr. Ich möchte, dass du weisst, dass ich zu dir stehe, zu euch, ob du auf Frauen stehst oder nicht. Sag ihr, sie soll hereinkommen.» Wir hatten all die Jahre nie darüber gesprochen, und dann so etwas. Ich war sprachlos. In meiner Familie gibt es keine grossen Redner, und so wurde meine Sexualität nach diesem Erlebnis auch nicht wieder thematisiert. Aber ich brauche das auch nicht.

— Tanya Ertürk, *1985
— Aufgewachsen in Zug
— KV-Lehre Inneneinrichtungen und Design; heute leitet sie zusammen mit Partnern eine eigene Firma
— 2003: Länderspieldebut im Nationalteam
— Saison 2004/05: Schweizermeistertitel, Cuptitel, Europacuptitel und 2005 Weltmeisterin mit dem Schweizer Team
— 2005–2010: Profispielerin in Schweden

Renata Bucher, *1977, dreifache Europameisterin Cross-Triathlon

«In Australien lernte ich die Frauen lieben.»

Um das Glück zu finden, musste ich in die Ferne ziehen. In Australien habe ich das geschafft, was in der Schweiz nicht möglich war: Ich habe die Liebe gefunden. Dafür liess ich meine Familie und meine Freunde zurück. Es gibt Momente, da wünsche ich mir, dass ich nicht eine 24-Stunden-Reise von der Heimat entfernt wohnen würde. Einerseits vermisse ich meine Familie und die Berge, andererseits fühle ich mich in Australien sehr wohl.

Belinda und ich haben uns quasi im Vorbeigehen kennengelernt. In der Wechselzone eines Rennens in Australien haben wir beide unsere Fahrräder bereit gemacht – dann sah ich sie neben mir stehen. Zuallererst dachte ich: Oh, wow! Ich wusste, dass Belinda in Australien eine Triathlon-Ikone ist, dass sie ein paar Jahre lang Profi auf der Ironman-Distanz war. Ich sagte zu ihr: «Endlich treffe ich dich einmal persönlich.» Und sie antwortete mir das Gleiche. Mehr hatten wir uns in diesem Moment nicht zu sagen.

Bis ich ihr dann irgendwann einmal eine Nachricht geschickt habe. Nach einer Weile antwortete sie endlich und lud mich sogleich zum Surfen bei ihr an der Küste ein. Es war ihr Geburtstag und ein sehr schöner Nachmittag am Strand. Danach fiel es mir schwer, ihr «Goodbye» zu sagen und nicht zu wissen, wann wir uns das nächste Mal sehen würden. Belinda hatte immer viel zu tun, und ich war als X-Terra-Triathletin auf der Asien-Tour unterwegs. Trotzdem blieben wir in Kontakt und sahen uns, wann immer möglich. Wir waren damals beide in einer Beziehung. Sie mit einer Frau, ich noch mit einem Mann. Das haben wir beide respektiert und akzeptiert. Aber wir wussten bereits zu diesem Zeitpunkt, dass wir mehr füreinander empfanden. Es hat aber eine Weile gedauert, Geduld gebraucht und Energie gekostet, bis wir ein Paar wurden.

Klärung brachte der April 2014. Nach meinem Aufenthalt in Australien und einem X-Terra-Rennen in Malaysia stand ich am Flughafen in Kuala Lumpur und wollte eigentlich nach Europa weiterreisen, weil ich dort ein wichtiges, internationales Rennen bestreiten sollte. Doch ich stieg nicht ins Flugzeug nach Zürich, sondern kaufte mir ein Ticket nach Melbourne – und verbrachte danach mit Belinda zwei unglaublich schöne Wochen. Das ist jetzt fünf Jahre her, seit 2018 wohnen wir in unserem gemeinsamen Haus an der Surf Coast in Jan Juc, etwa eine Stunde von Melbourne entfernt.

Heimatbesuche bei meiner Familie sind mir sehr wichtig. Jedes Jahr komme ich ein bis zwei Mal für mehrere Wochen in die

Schweiz. Ansonsten lebe und arbeite ich in Australien und bin beruflich auch viel in Asien als Technische Direktorin der Rennserie X-Terra unterwegs. X-Terra ist Cross-Triathlon mit 1500 Metern Schwimmen, 30 Kilometern Mountainbiken und 10 Kilometern Cross-Lauf. In der Schweiz ist diese Triathlonart leider nicht so bekannt, dafür umso mehr im asiatischen und pazifischen Raum. Weltweit gibt es 72 Rennen, sieben Millionen Sportlerinnen und Sportler nehmen daran teil. Ab 2009 war ich selbst jahrelang X-Terra-Athletin und habe 35 Weltcuprennen in 15 Ländern gewonnen. Das ist ein Rekord, und darauf bin ich stolz. Zusammen mit den drei Europameistertiteln im Cross-Triathlon ist es das schöne Ergebnis meiner Karriere.

Sport war schon immer wichtig, für mich und für meine Familie. Wir sind fünf Geschwister, aufgewachsen auf einem Bauernhof in der Nähe von Luzern. Schon allein deswegen waren wir sehr aktive Kinder und verbrachten viel Zeit draussen in der Natur. Ich war im Turnverein und habe bei Volksläufen mitgemacht. In der Schule hatte ich im Sport immer die Note 6. Irgendwann begann ich mit Handball, war Juniorin bei Spono Nottwil und spielte, bis ich 19 war, in der Nationalliga A. Daneben war ich im TV Inwil aktiv als Leichtathletin im Siebenkampf, habe an Stadtläufen und Halbmarathons mitgemacht – mit Freude und Erfolg. Nachdem ich mir das Kreuzband gerissen hatte, wechselte ich 1997 mit zwanzig Jahren zum Mountainbike, später kam dann Triathlon hinzu.

Fast zehn Jahre lang war ich Mountainbikerin, ab 2003 auch während fünf Jahren als Profi in einem Team sowie in der Nationalmannschaft. Ich war zweifache Vize-Schweizermeisterin und fuhr im Weltcup knapp unter die Top 15. Mein grosses Ziel, die Olympischen Spiele in Peking 2008, habe ich leider verpasst, weil ich ein halbes Jahr zuvor gestürzt war, mich am Handgelenk verletzt hatte und mich nicht mehr qualifizieren konnte. Das war das Ende meiner Mountainbikekarriere. Das war okay, denn ich fühlte mich in dieser Sportart nie so richtig zu Hause. Ich war eine Einzelgängerin und konnte mich nur schwer in die Gruppe einbringen. Trotz meiner Erfolge: Die Rennen haben mir nicht sehr viel bedeutet. Im Training habe ich mich zwar gequält, fragte mich aber zugleich, wofür. In meinem Team war ich zudem die einzige Frau, die Männer waren sehr dominant.

Ich hatte zunehmend das Gefühl, nicht in dieses Schema hineinzupassen. Das war dann auch in der Triathlon-Nationalmannschaft so. Ich fühlte mich als Aussenseiterin – auch weil ich

Renata Bucher kam auf Umwegen ans Ziel: Im Mountainbiken war sie zwar gut, aber nicht glücklich. Genauso im Triathlon. Erst mit der Disziplin Cross-Triathlon fand sie ihre Berufung: 1500 Meter Schwimmen, 30 Kilometer Mountainbiken und 10 Kilometer Cross-Lauf, das ist die Welt der Luzernerin.

Cross-Triathletin war und regelmässig alleine auf dem Mountainbike statt auf der Strasse trainierte. Die Trainingslager waren oft der Horror, obwohl mir das Training gefiel. Aber ich war manchmal nur schon nervös wegen der Zimmereinteilung. Mich beschäftigten Fragen wie: Wo soll ich mich beim Essen hinsetzen? Was soll ich reden? Und was soll ich essen? Ich fühlte mich zu dick und wollte leicht und schnell sein. Es war schwierig, vor allem auch, weil ich niemanden hatte, mit dem ich mich hätte austauschen können. Ich fragte mich: Verdammt noch mal, bin ich asozial? Ich wusste ja selbst lange Zeit nicht, warum ich irgendwie anders war. Heute vermute ich, dass ich damals bereits unbewusst auf Frauen stand und nicht auf die coolen und gut aussehenden Typen. Ich weiss es nicht. Ich weiss nur, dass ich mich oft überhaupt nicht wohlgefühlt habe zu dieser Zeit zwischen 2003 und 2009. Gute Erinnerungen habe ich an Trainer Brett Sutton. Er gab mir immer das Gefühl, dass er an mich glaubte, und lobte mich gelegentlich auch vor der Gruppe. Das hat mir gutgetan. Denn Lob, das bekam ich selten zu hören. Wenn man nicht zu den Topathleten gehörte, war man einfach eine Nummer. Und wenn man sonst noch ein bisschen von der Norm abwich, sowieso.

Alles war an den Triathlon-Trainingslagern aber nicht schlecht. Damit verbinde ich auch meine erste Erfahrung mit einer Frau. 2004 waren wir mit dem Nationalteam in Australien und wurden Gastfamilien zugewiesen. Mir wurde allerdings gesagt: «Sorry, für dich hatte es in den Familien in der Umgebung keinen Platz. Du wohnst bei einer älteren Frau etwas ausserhalb.» Am Anfang fand ich das überhaupt nicht lustig. Ich fragte mich, wie das wohl werden würde, sechs Wochen lang bei dieser fremden Frau zu wohnen? Sie war Schulleiterin an einem Gymnasium, ihr Mann hatte sie verlassen, und sie war fast zwanzig Jahre älter als ich. Dank ihr habe ich herausgefunden, wie schön es ist, mit einer Frau eine Beziehung zu führen. Kathy hat mir viel über die Liebe erzählt, und nein, unsere Beziehung war nicht rein freundschaftlich. Es hat sich einfach so ergeben, wir hatten eine wunderbare Zeit zusammen. Für mich war es das Schönste, nach dem Training nach Hause zu kommen und mit Kathy Zeit zu verbringen. Und auch wenn wir unsere Beziehung nicht publik gemacht haben, so fühlte sich dieses Leben mit einer Frau total normal an. Ich lebte dann ein Jahr später nochmals ein paar Monate bei ihr. Heute schreiben wir uns gelegentlich Weihnachtskarten. Dass ich nicht bei einer Gastfamilie unterkam, war also eine glückliche Fügung.

In Australien lernte ich die Frauen lieben. Doch kaum zurück in der Schweiz, lebte ich wieder ein anderes Leben, ging Beziehungen mit Männern ein. Ich wurde immer wieder rückfällig. Für mich ist die Zeit bis 2010 ein dunkles Kapitel. Die Heimlichtuerei hat mir nicht gutgetan, ich war schwach, physisch und psychisch, weil ich nicht glücklich war. Es war mir alles zu viel, das Sportstudium an der ETH, die Trainings als Mountainbikeprofi, der Triathlon und dann noch die Beziehungen mit den Männern. Meine Freunde waren toll, und wir haben schöne Sachen zusammen unternommen. Aber es dauerte nie lange, bis ich innerlich wieder ausbrechen wollte. Ich hatte immer das Gefühl, dass ich mich der Norm anpassen müsste. Es war einfacher, einen Freund zu haben, als alleine zu sein. Ich wusste, es funktionierte nicht mit den Männern, je länger ich wartete, desto schlimmer wurde es – für ihn und für mich. Ich hatte eine glückliche Kindheit verbracht, gute Noten in der Schule erreicht, mich zur Lehrerin ausbilden lassen, war sportlich erfolgreich. Und trotzdem konnte ich in der Schweiz nie wirklich Fuss fassen. Weder in der Beziehung noch beruflich. Ich wollte immer wieder weg. Jetzt lebe ich in Australien und komme dafür gerne nach Hause zu meiner Familie.

In meiner Familie habe ich mich erst mit Belinda geoutet. Mit ihr wusste ich: Das ist sie, die Frau meines Lebens. Wir haben das beide von Anfang an gespürt. Das hat mein Coming-out vereinfacht. Auch wenn Belinda nur Englisch und meine Eltern nur Deutsch reden, verstanden wir uns alle auf Anhieb sehr gut. Belinda arbeitet in Australien als Notfallsanitäterin und hat meinem Vater sogar einmal Erste Hilfe geleistet.

Mein öffentliches Coming-out hatte ich bewusst erst nach der aktiven Karriere. Auch wegen der Sponsoren. Als aktive Athletin hatte ich oft Existenzängste und Angst, nicht zu genügen. Ich habe versucht, mich als Person und mit meinen guten Resultaten zu vermarkten. Aber ich konnte mich nicht zu allem so äussern, wie ich das vielleicht gerne getan hätte, und habe deshalb aus Selbstschutz geschwiegen. Nach meiner Karriere führte ich einmal ein Gespräch mit einem ehemaligen Sponsor, der mir damals als Athletin ein Auto zur Verfügung gestellt hatte. Er fragte mich direkt: «Was ist mit dir passiert? Wieso hast du einfach die Seite gewechselt?» Damit war unser Gespräch beendet. Ich hatte eine Zeit lang auch einen Käsesponsor, irgendwann passte die Zusammenarbeit aber nicht mehr. Ich war nun einmal nicht das «Bauernmeitschi», das im Sport super ist, eine Familie hat und angepasst ist. Ich lebte nicht das klassische Schweizer Leben. Im Nachhinein bereue ich es, dass ich zu sehr die Musterathletin sein wollte – aber es nie gewesen bin. Heute würde ich früher sagen, was Sache ist. Das hätte mein Leben wahrscheinlich angenehmer gemacht. Heute bin ich glücklich und gelöst. Seit ich Belinda kenne, hat sich mein Leben verändert. Ich bin angekommen. Das Schönste für mich ist, dass auch meine Eltern realisiert haben, dass ich nun glücklich bin. Und für mich persönlich, dass ich alle Krisen überwunden habe und jetzt die Liebe leben kann. Ich bin dankbar, dass ich das doch noch geschafft habe. Jetzt ist es einfach gut.

— Renata Bucher, *1977
— Aufgewachsen in Luzern
— Technische Direktorin X-Terra Asien-Pazifik; Gründerin von «Aloha Racing» (Frauen Elite-Team und Coaching-Business)
— 35 X-Terra-Weltcupsiege in 15 verschiedenen Ländern; dreifache Siegerin X-Terra European Tour (2005–2009)
— Zweifache Vize-Schweizermeisterin Mountainbike (2006 und 2007)
— Dreifache Europameisterin Cross-Triathlon
— Ehemaliges Mitglied der Schweizer Nationalmannschaft Leichtathletik, Mountainbike und Triathlon

Bettina Schelker, *1972, Schweizer Meisterin im Boxen

«Was mich am Boxen am meisten fasziniert, ist das Gefühl des Alleinseins.»

Sport ist in meinem Leben immer wichtig gewesen. Meine Mutter war Speerwerferin in der Schweizer Nationalmannschaft, aber auch passionierte Kugelstosserin und Diskuswerferin. Mein Bruder und ich waren von klein auf sportlich aktiv. Er hat es im Handball als Torhüter bis in die oberste Liga der Schweiz geschafft. Als kleines Mädchen war ich Wettkampfschwimmerin, dann wechselte ich auch zu Handball. Diese Sportart war keine bewusste Wahl: Auf dem Schulweg haben mich Klassenkameradinnen eingeladen, mit ihnen Handball spielen zu gehen. So war das damals, ich bin einfach mitgegangen. Und schaffte es bis in die Juniorinnen-Nationalmannschaft. Zwei- bis dreimal pro Woche habe ich trainiert. Am Wochenende spielten wir während der Handballsaison jeweils mindestens einen Match. Mit 18 Jahren habe ich aufgehört, Handball zu spielen, und eine Sportpause eingelegt.

Musik war auch immer wichtig in meinem Leben. Nach den damals noch obligatorischen zwei Jahren Blockflötenunterricht, habe ich gelernt, Klavier zu spielen. Gesungen habe ich schon immer, mit 15 Jahren startete ich meine Sängerinnenkarriere in einer Schülerband. Musik machte ich täglich. Ich übte jeden Tag Gitarre und spielte so viele Konzerte wie möglich. Damals, als Jugendliche, habe ich mich entschieden, diese Leidenschaft ernsthaft zu verfolgen. So wurde ich, nachdem ich das Lehrerseminar abgeschlossen hatte, als Singer/Songwriterin Profimusikerin. Ich mache Folk-Pop-Musik. Mitte zwanzig bin ich mit Fussball sportlich wieder aktiv geworden. Sport spielte aber für mich zwischen zwanzig und dreissig nur eine Nebenrolle – ich war ganz und gar auf meine Musikkarriere fokussiert. Durch die Musik bin ich auch zum Boxen gekommen. Angelo Gallina, der über Basel hinaus bekannte Boxtrainer, hat mich als Musikerin für einen Event angefragt. Er hat in den 1990er-Jahren als erster Trainer in der Schweiz offizielle Frauenboxtrainings angeboten und galt lange als der Frauenförderer im Boxsport. Natürlich musste er gegen enorme Widerstände kämpfen, der Schweizerische Boxverband erlaubte Olympisches Frauenboxen offiziell erst ab 1992. Und eben dieser Angelo Gallina hat in Basel eine Veranstaltung organisiert, «Boxeo» hiess sie, um das 10-Jahr-Jubiläum seines Frauenboxtrainings zu feiern. Mich wollte er als Musikerin und Powerfrau im Ring haben. Er konnte keine Gage bezahlen, doch sein Herzblut fürs Boxen floss sozusagen durch den Telefonhörer hindurch. Ich habe zugesagt. Vom Boxen hatte ich keine Ahnung, ausser, dass ich ein grosser Fan der «Rocky»-Filme war und wusste, wer Muhammad Ali ist. Als Dankeschön erhielt ich im Anschluss an das Fest Boxbandagen und zehn Privatstunden. Nach dem ersten Training war ich einfach nur kaputt. Aber es hat mir so gut gefallen, dass ich nach den geschenkten Privatlektionen zum offiziellen Training ging. Es hatte mich vom ersten Moment an gepackt, und ich habe auch gemerkt, dass ich Talent fürs Boxen habe.

All die Sportarten, die ich vorher ausgeübt hatte, halfen mir beim Boxen: die Körpertäuschung aus dem Handball, die Beinarbeit aus der Zeit meiner Breakdance-Erfahrungen, die Grundfitness, die ich mir über all die Jahre aufgebaut hatte. Ich wurde schnell besser und habe viel trainiert – die Trainingszeiten konnte ich mir gut freihalten, da ich als Musikerin tagsüber nicht an fixe Termine gebunden war. Je mehr ich trainierte, umso besser wurde ich, und ich wünschte mir, endlich einen richtigen Boxkampf zu bestreiten. Aber ich habe niemandem davon erzählt, auch meinen Eltern nicht. Nach dem ersten Kampf wusste ich: Ich will Schweizer Meisterin werden! Ziemlich schnell hatte ich dann alle Gegnerinnen derselben Gewichtsklasse in der Schweiz besiegt und wurde im Jahr 2004 tatsächlich Schweizer Meisterin. Das nächste Ziel war klar: Europameisterin. Für eine Boxerin war ich leider schon alt, 32 Jahre – damals durfte man in der Schweiz nur bis 35 boxen. Deshalb wollte der Boxverband wohl nicht mehr viel in mich investieren. Mit 35 stieg ich das letzte Mal in den Ring – an der Mustermesse in Basel. Es war ein internationaler Kampf, und ich habe ihn gewonnen. Aber Europameisterin wurde ich nicht mehr. Meine steile Boxkarriere nahm mit dieser Altersbeschränkung ein jähes Ende. Meine Boxhandschuhe habe ich ungeschlagen an den Nagel gehängt. Zuerst ging ich weiter ins Training, doch es war nicht mehr dasselbe. Boxen ohne Ziel war für mich wenig interessant, und so habe ich damit aufgehört.

Mitte dreissig wurden auch andere Dinge wichtig in meinem Leben. Meine Partnerin Ina Nicosia und ich haben unsere Beziehung rechtlich abgesichert, wir leben nun seit über zehn Jahren in einer sogenannt eingetragenen Partnerschaft, ich sage aber: Wir sind verheiratet. Ina war früher Profibasketballerin in den USA und kam 2001 als Spielerin in die Schweiz. Da sie auch Lehrerin ist, hat sie zusätzlich an der International School unterrichtet. Wir kamen auf die Idee, dass wir beide eine eigene internationale Schule gründen könnten, in der auf Sport und Musik fokussiert würde. Die Idee haben wir kurzerhand umgesetzt und die Kids Camp International School eröffnet. Heute führen wir diese Schule gemeinsam und sind daneben nebenberuflich tätig, Ina als Basketballspielerinnen-Agentin für eine Agentur in Miami und ich als Singer/Songwriterin.

In unserer Schule wissen alle, dass wir ein Paar sind. Ich bin sowieso immer sehr offen mit meiner Sexualität umgegangen. Mit Mitte zwanzig verliebte ich mich zum ersten Mal so richtig in eine Frau und war danach auch sechs Jahre mit ihr zusammen. Wenn ich darüber nachdenke, war ich schon früher ab und zu in Frauen verknallt. Aber verliebt habe ich mich erst später und es auch gleich allen gesagt. Es war ein schönes Coming-out mitten im überwältigenden Gefühl der Verliebtheit. Natürlich hatte ich auch Glück mit meinem Umfeld und meinen Eltern, es war für niemanden ein Problem. Klar, meine Eltern habe ich ins kalte Wasser geworfen, aber sie sind toll damit umgegangen. Sie haben meinem Bruder und mir auch keine klassischen Geschlechterrollenbilder vorgelebt. Wie ich schon sagte, meine Mutter war Sportlerin und ist handwerklich sehr begabt. Mein Vater ist eher ein kreativer, künstlerischer Typ.

Als ich mit dem Boxen anfing, war ich schon lange geoutet. Alle wussten, dass ich auf Frauen stehe, und es war auch überhaupt kein Thema. Interessanterweise war es das aber vorher, mit meiner ersten Freundin. Die Fussballtrainerin hat uns verboten, Händchen zu halten. Und zwar wegen der Juniorinnen und deren Eltern, es schädige den Ruf des Frauenfussballs, meinte sie. Das war vor zwanzig Jahren, hoffentlich ist das heute nicht mehr so.

Was mich am Boxen am meisten fasziniert, ist das Gefühl des Alleinseins. Beim Teamsport kann man einen schlechten Tag haben, und die Kolleginnen kompensieren die Leistung – und umgekehrt natürlich. Aber beim Boxen ist man total auf sich gestellt, jeder Fehler wird bestraft, für jede Unachtsamkeit steckt man ein, genau das hat mich angetrieben. Ich vergleiche die Situation im Ring jeweils mit einem Tiger hinter einer Glaswand. Wenn man davorsteht und das Glas zerbricht, man also alleine vor dem wilden Tier steht, dann muss man total fit sein, körperlich wie auch geistig. Wenn ich an diese Situation denke, bekomme ich noch heute Gänsehaut. Was es aber auch braucht, um eine gute Einzelsportlerin zu sein, ist ein sehr starkes Team. Man braucht Trainer, auf die man sich verlassen kann, Sparring-Partnerinnen und -partner, die einen fordern, und eine Lebenspartnerin, die einen unterstützt. Um Höchstleistungen erbringen zu können, benötigt man also viele Menschen, die einen stützen – im Sport wie auch in der Musik. Natürlich nützt zwischendurch auch ein Tunnelblick, um

Bettina Schelker bei einem Kampf für den Boxclub Basel. Beim Boxen wird den Kämpferinnen die rote oder die blaue Ecke zugewiesen. Das bedeutet, dass der Helm, das T-Shirt und auch die Handschuhe diese Farbe haben müssen, damit die Punktrichter die Kämpferinnen klar auseinanderhalten können.

potenzielle Schwierigkeiten auszublenden. So rennt man vielleicht ein paar Mal gegen die Wand, aber schlussendlich braucht es das wohl, um an die Spitze zu kommen.

Ich bin Rechtsauslegerin. Im Boxen heisst das, dass die Führhand die rechte und die Schlaghand die linke ist. Normalerweise ist das umgekehrt, die Führhand ist links und die starke Hand, also die Schlaghand, ist rechts, weil die meisten ja Rechtshänder sind. Als Rechtsauslegerin ist man im Vorteil, weil man immer mit Linksauslegerinnen trainiert. Vor allem in der ersten Runde im Kampf hat man den Überraschungseffekt auf seiner Seite. Zu meinen Trainingspartnerinnen gehörten Sonja Tuor und Sandra Brügger. Sonja hat zur ersten Generation der olympischen Boxerinnen in der Schweiz gehört, Sandra und ich zur zweiten, wobei Sandra elf Jahre jünger ist als ich und noch immer boxt. Sie gehört zu den besten Schweizer Boxerinnen und hat bereits zehn Schweizermeisterinnentitel geholt. Heute können Frauen und Männer in der Schweiz übrigens bis zum Alter von vierzig Jahren boxen.

Boxen, auch nur als Training, tue ich schon lange nicht mehr, aber ein Bewegungsmensch bin ich geblieben. Die Umstellung von Leistungssport auf Sport für die persönliche Gesundheit war ein nicht ganz einfacher Prozess und hat mich Überwindung gekostet. Nun trainiere ich in einem Fitnesscenter diverse Sportarten: Intervalltraining, Fit-Boxen, Yoga, Pilates ... Einfach in Bewegung bleiben, aber nicht mehr mit dem Ziel, zu gewinnen, sondern um meine Gesundheit zu fördern.

Woher man kommt oder wer man ist, das spielt beim Boxen keine Rolle. Wichtig ist, wie hart man schlägt und wie taktisch man sich im Ring verhält. Das finde ich toll. Wenn ich jünger gewesen wäre und mehr Zeit gehabt hätte, hätte ich bestimmt einen Europa- und später einen Weltmeisterinnentitel angestrebt. Obwohl, im Boxen und gerade im Frauenboxen kann man vom Sport nicht leben; man zahlt sogar noch drauf. Aber mit viel Leidenschaft und Hingabe für den Sport wäre es machbar – und daran hat es mir nie gefehlt.

- Bettina Schelker, *1972
- Aufgewachsen bis 13 Jahre in Langnau am Albis, danach Umzug nach Oberwil, Kanton Basel-Landschaft
- Musikerin und Schulleiterin
- 1985–1990: Handballspielerin beim Handballclub Oberwil (1. Liga), später beim ATV Basel (Nat. A) und in der Auswahl der Juniorinnen-Nationalmannschaft
- 2004: Schweizer Meisterin im Olympischen Boxen, Gewichtsklasse: Halbwelter

Isabel Jud, *1976, Nationaltrainerin Snowboard Freestyle Frauen

«Auch als Trainerin wollte ich nie ein Geheimnis aus meinem Lesbischsein machen.»

241  Simona Meiler, *1989, dreifache Olympionikin Snowboardcross

«In der Snowboardszene werten wir das Anderssein nicht.»

Carla Somaini, *1991, Weltcupsieg 2017, Snowboard Big Air

«Wir haben meistens getrennt geschlafen.»

Snowboard ist eine junge Sportart. Die Disziplin Halfpipe wurde als erste 1998 olympisch. Später kamen 2002 Parallel-Riesenslalom, 2006 Snowboardcross, 2014 Slopestyle und 2018 Big Air dazu. Während beim Freestyle Ausdruck und Stil im Fokus stehen, geht es beim Snowboardcross und beim Parallel-Riesenslalom um Geschwindigkeit. Das zieht unterschiedliche Typen von Menschen an. Eines eint die Snowboardszene: Sie ist dynamisch und im Grundsatz offen und liberal. Das zumindest sagen Carla Somaini, Isabel Jud und Simona Meiler.

Was macht die Snowboardszene für euch zu einer liberalen Welt?

Simona Meiler: Im Winter reisen wir von Rennen zu Rennen. Für uns ist es selbstverständlich, dass wir mit Athletinnen und Athleten aus anderen Nationen Kontakt haben. Obwohl wir alle unterschiedlich sind, respektieren wir einander. Es ist ein familiärer und freundschaftlicher Umgang.

Ist das nicht normal in der Sportwelt?

Carla Somaini: Ich habe das auch immer als selbstverständlich erachtet. An den Olympischen Spielen in Südkorea musste ich aber feststellen, dass dieser freundschaftliche Umgang mit anderen Teams nicht selbstverständlich ist. In anderen Sportarten bleiben die Schweizer Teams nur unter sich.
Simona Meiler: Ich mag zum Beispiel die Amerikanerinnen und Amerikaner – die sind einfach laut und auf eine gute Art komisch. Mein Eindruck und meine Erfahrung: In der Snowboardszene werten wir das Anderssein nicht.

Wenn die Snowboardszene so liberal und offen ist, dann ist es also kein Problem, sich zu outen?

Carla Somaini: Es kommt darauf an, ob es ein Mann oder eine Frau ist, ob in der Schweiz oder in einem anderen Land.
Simona Meiler: Ich kenne keinen schwulen Snowboarder. Weder in der Schweiz noch in anderen Nationen. Bei uns im Snowboardcross sind Männer gegenüber Schwulen nicht homophob, aber auch nicht homofreundlich.
Isabel Jud: Ich kann nur für die Schweizer Szene sprechen. Wie liberal andere Nationen in Bezug auf die Homosexualität sind,

darüber weiss ich zu wenig. In der Schweiz sind wir liberal, das stimmt, aber auch hier fällt oft der Kommentar: «Dieser Trick ist schwul.» Das Wort «schwul» wird sehr oft abwertend verwendet.

Carla Somaini: Bei uns im Team nehmen die Jungs eine eher ablehnende Haltung gegenüber Schwulen ein. Sie finden es «grusig». Wir reden im Team viel darüber. Ich möchte die Jungs sensibilisieren und erkläre ihnen, dass es keinen Unterschied gibt zwischen Frauen, die Frauen lieben, und Männern, die Männer lieben. Ich mache ihnen klar: Wenn sie nur Lesben akzeptieren und Schwule ablehnen, sind sie homophob. Und das möchten sie nicht sein.

Ihr habt euch alle geoutet – Lesbischsein ist demnach kein Problem?

Isabel Jud: Ich bin im Verband für die Ausbildung von Schneesportlehrerinnen und Schneesportlern gross geworden. Auch als Trainerin wollte ich nie ein Geheimnis daraus machen. Jede und jeder weiss, dass ich lesbisch bin. Lesbischsein war hier bis jetzt für mich nie ein Problem. In anderen Ländern sieht das wahrscheinlich anders aus. Ausserdem beobachte ich, dass es für Schwule generell viel schwieriger ist, sich zu outen.

***

Isabel Jud ist 1976 geboren und hat in Zürich an der ETH Sport studiert. Sie unterrichtete an der Kantonsschule Wiedikon Sport, leitete die Snowboardabteilung der Schweizer Schneesportschule Davos und bildete Snowboardlehrerinnen und -lehrer aus. Nebenbei absolvierte sie die Ausbildung zur Diplomtrainerin Swiss Olympic. Isabel Jud nahm an den Hochschulmeisterschaften und an diversen Wettkämpfen für Snowboardlehrerinnen teil, an denen sie sowohl mehrere Male Schweizer Meisterin und 2009 sogar Weltmeisterin wurde. Seit 2006 arbeitet sie als Trainerin und setzt sich insbesondere für die Förderung der Mädchen und Frauen im Sport ein. Seit 2014 ist sie Trainerin des Nationalkaders der Frauen im Bereich Freestyle. 2018 nahm sie als Trainerin der Schweizer Snowboarderinnen an den Olympischen Spielen in Pyeongchang teil. Isabel Jud ist in Wallisellen zusammen mit drei Geschwistern aufgewachsen. Geoutet hat sie sich mit 24 Jahren.

Wie hast du dich geoutet?

Isabel Jud: Ich habe es relativ spät bemerkt. Ich habe mit 24 eine Frau kennengelernt, mich verliebt und gedacht: «Scheisse, ich bin lesbisch.» Das konnte ich nicht für mich behalten, und so habe ich es meinen Freundinnen vom Sportstudium erzählt. Die haben locker darauf reagiert. Schwieriger war es in meinem Eishockeyteam, damals spielte ich noch aktiv beim EHC Wallisellen.

Warum?

Isabel Jud: Wir zelebrierten es, dass wir das einzige Team der Liga waren, in dem es keine Lesbe gab. Als ich mich aber in meine erste Freundin verliebt habe, verbrachten wir viel Zeit miteinander und waren ständig unterwegs. Das ist meinen Teamkolleginnen aufgefallen, und sie haben mich darauf angesprochen. Das war während der Fahrt an einen Eishockeymatch. Sie wollten wissen, wo ich denn immer sei. Da bin ich in Tränen ausgebrochen und habe ihnen erzählt, dass ich mich in eine Frau verliebt hätte. Zu meinem Erstaunen reagierten alle Teamkolleginnen herzlich und umarmten mich. Ich bin extrem dankbar, dass ich solch positive Erfahrungen machen konnte.

Und wie war das Outing in deiner Familie?

Isabel Jud: Ich bin in einer konservativ-katholischen Familie aufgewachsen. Über Dinge wie Homosexualität haben wir nicht gesprochen. Einmal sass ich am Mittagstisch, zusammen mit meiner Mutter. Auch sie fragte mich – wie meine Eishockeykolleginnen – wo ich denn ständig unterwegs sei. Ich habe ihr direkt gesagt, dass ich mich in eine Frau verliebt hätte und sie meine Freundin sei. Meine Mutter meinte darauf nur: «So was habe ich befürchtet.» Das war aber das einzig Negative, was meine Eltern jemals geäussert haben.

Und dein Vater und deine Geschwister?

Isabel Jud (lacht): Das ist etwas speziell. Ich habe einen zwei Jahre älteren Bruder, der schwul ist. Er hat sich bei mir unter Tränen geoutet, als ich 18 Jahre alt war. Für mich war das jedoch überhaupt keine Überraschung, denn er war schon immer der klassi-

Isabel Jud verwandelte ihre Leidenschaft zum Beruf. Die Sportlehrerin trainiert heute das Frauennationalteam Freestyle. Auf dem unteren Bild ist sie am Laax Open 2017 mit Celia Petrig zu sehen. Isabel Jud ist aus beruflichen Gründen oft im Ausland unterwegs, trainiert wird aber auch in der Schweiz, beispielsweise in Saas Fee (oben).

sche schwule junge Mann. Aus diesem Grund war ein Coming-out bei uns in der Familie nichts Neues. Und wahrscheinlich war es für mich einfacher, mich zu outen, weil sich mein Bruder bereits sechs Jahre vor mir geoutet hatte. Ich habe dadurch miterlebt, dass er weiterhin genauso geliebt wurde. Bei mir war das gleich: Meine Partnerinnen waren in meiner Familie immer willkommen. Ich fühlte mich immer geliebt und akzeptiert, auch wenn es für meine Eltern phasenweise schwierig war, wie ich später erfuhr. Sie mussten sich zuerst damit auseinandersetzen, haben das aber auf eine sehr gute Art und Weise getan.

Ist dein Bruder ein Vorbild?

Isabel Jud: Ja, das ist er. Er war für mich immer der intellektuelle Bruder, der sich alles selbst beibringen konnte. Er wusste immer alles und hat mir mein Coming-out vereinfacht.

Dein Umfeld scheint sehr offen zu sein. Gibt es dennoch Situationen, in denen du deine sexuelle Orientierung verheimlichst?

Isabel Jud: Sowohl als Trainerin als auch als Ausbilderin an internationalen Anlässen in China, Russland oder anderen östlichen Staaten habe ich festgestellt, dass Privates keinen Platz hat. Man spricht nicht über Religion, Politik und in diesen Regionen auch nicht über sexuelle Neigungen.

Und wenn dich jemand direkt nach deinem Ehemann oder Freund fragt?

Isabel Jud: Grundsätzlich verleugne ich mich nicht. In einem heiklen, internationalen Umfeld, in dem nicht über die sexuelle Neigung gesprochen wird, verhalte ich mich dementsprechend anders und beeinflusse das Gespräch allenfalls so, dass es inhaltlich um die Sache und ums Snowboarden geht und nicht ums Private. In einem solchen Umfeld bin ich einfach die Ausbilderin Isa. Punkt.

***

Carla Somaini ist 1991 geboren und begann mit fünf Jahren Snowboard zu fahren. Am Anfang unterrichtete sie ihr Vater, weil sie zu klein und zu leicht war für die Snowboardschule und den Skilift. Zu

Beginn ihrer Karriere fuhr Carla auch Snowboard-Alpin-Rennen, bis sie sich immer mehr auf den Freestyle-Bereich fokussierte und sich 2018 für die Olympischen Spiele qualifizierte. Der Höhepunkt ihrer Karriere war der Weltcupsieg 2017 im Big Air. 2019 trat Carla Somaini wegen einer Knieverletzung mit Langzeitschäden aus gesundheitlichen Gründen vom Profisport zurück. Sie studierte während ihrer aktiven Sportzeit an der Universität Basel Sportwissenschaften und schloss mit einem Bachelor ab. Seit 2019 studiert sie an der Zürcher Hochschule für Angewandte Wissenschaften Physiotherapie. Carla Somaini ist zusammen mit einem Bruder und einer Schwester – später kam noch ein Halbbruder dazu – in der Stadt Zürich aufgewachsen. Das städtisch-liberale Umfeld habe sie in Bezug auf ihr Coming-out positiv geprägt.

Ist es ein Problem für dich, lesbisch zu sein?

Carla Somaini: Nein, auf keinen Fall. Und wenn ich das so sagen darf: Simona Meiler war für mich ein Vorbild. Noch bevor ich sie persönlich kannte, wusste ich, dass sie homosexuell ist. Diese Tatsache hat es für mich etwas leichter gemacht, zu meinem Lesbischsein zu stehen, denn ich habe gesehen, dass nichts passiert, wenn man sich outet. Und so habe ich noch nie ein Geheimnis daraus gemacht, ausser einmal – das war ganz am Anfang.

Wann war das?

Carla Somaini: Ich habe mich im engeren Umfeld geoutet, als ich 19 Jahre alt war. Kurz darauf verbrachte ich eine Saison in Laax und habe in der Gastronomie gearbeitet. Ich verbrachte viel Zeit mit den Snowboarderinnen und Snowboardern. Ich hatte den Mut nicht, ihnen zu sagen, dass ich auf Frauen stehe, denn ich fürchtete mich vor ihren Reaktionen. Es gab zwar immer wieder Situationen, in denen ich von «meiner Freundin» sprach, aber die Leute um mich herum meinten, ich spreche von einer Kollegin. Ich habe sie in ihrem Glauben gelassen, weil ich Angst hatte, dass ich durch mein Coming-out Menschen verliere.

Haben sich nach deinem Coming-out Leute von dir abgewandt?

Carla Somaini: Ja, eine Person. Diese Kollegin ist sehr christlich aufgewachsen und konnte offenbar nicht damit umgehen. Sie hat

Carla Somaini zeigte 2017 bei ihrem Weltcupsieg im Big Air in Mönchengladbach einen Frontside 720 Tail und erhielt dafür 92.50 von möglichen 100 Punkten. Sie begann mit Alpin-Rennen. Am Ende ihrer Karriere fokussierte sie auf Freestyle und flog durch die Lüfte wie hier bei einer privaten Trainingssession auf dem Stubaier Gletscher.

sich abgewandt. Als ich sie später fragte, ob der Kontaktabbruch mit meinem Lesbischsein zu tun habe, sagte sie: «Nein.» Wir sprachen nicht weiter darüber. Für mich ist jedoch klar, dass sie mit meinem Coming-out nicht umgehen konnte, denn davor waren wir enge Freundinnen.

Und wie hat deine Familie reagiert?

Carla Somaini: In der Familie musste ich mich nicht wirklich outen, sie wussten das alle vor mir. Als ich meine erste Freundin hatte, da war ich 19, sagte ich zu Hause: «Ich muss euch etwas erzählen...» Ich konnte den Satz nicht beenden, denn meine Eltern und Geschwister haben das Weitererzählen für mich übernommen, indem sie sagten: «Du bist lesbisch.» Ja, so war das... Es war für mich einfach, weil mein Umfeld extrem offen ist.

Wie Isabel Jud bist du ja auch nicht die einzige homosexuelle Person in der Familie.

Carla Somaini: Meine Schwester ist ebenfalls lesbisch. Sie ist älter als ich, hat sich aber etwa drei Jahre nach mir geoutet. Für meine Eltern spielt das Geschlecht unserer Partnerinnen und Partnern keine Rolle.

Und trotzdem hast du Mühe mit dem Wort «Lesbe»?

Carla Somaini: Erstens finde ich das Wort hässlich. Zweitens fühle ich mich als Lesbe in eine Schublade gedrückt. Ja, ich bin lesbisch und stehe zu 99 Prozent auf Frauen, dennoch schränkt mich das Wort ein. Ich interessiere mich für Menschen, egal, ob Frau, Mann, Transgender. Jeder Mensch, den ich treffe, hat das Potenzial, mich zu «flashen», und ich könnte mich auch verlieben.

Isabel Jud hat Carla Somaini als Trainerin für ein Nachwuchsförderprojekt mit Mädchen engagiert und war von Anfang an überzeugt von ihrem Potenzial. Mit Unterbrüchen hat Isabel Carla als Trainerin bis zum Nationalteam begleitet. Während dieser Zeit waren die beiden drei Jahre lang, von 2012 bis 2015, ein Liebespaar.

Führte eure Beziehung zu Problemen innerhalb des Teams?

Isabel Jud: Nein, ich habe nie etwas Negatives erlebt. Wir haben die Beziehung aber auch immer klar getrennt: in eine private und eine berufliche Beziehung.
    Carla Somaini: Wir haben meistens getrennt geschlafen, wenn wir mit dem Team unterwegs waren.

Kam es nie zu Vorwürfen der Bevorteilung?

Isabel Jud: Als Carla aufgrund ihrer Leistungen den Sprung ins B-Kader schaffte, war ich sehr froh. Denn von diesem Moment an haben auch andere Trainer Carla betreut und konnten erkennen, dass sie grosses Potenzial hat. Das war schon eine Erleichterung und hat Druck von mir genommen. Ich wollte nicht, dass es heisst, ich würde sie bevorteilen.
    Carla Somaini: Ganz am Anfang, als ich noch mit dem Nachwuchsteam trainierte, haben wir die Beziehung verheimlicht. Das hatte einen einfachen Grund: Ich war zwanzig und eigentlich zu alt für dieses Team. Allein diese Tatsache hätte eine Angriffsfläche geboten. Die wollte ich nicht vergrössern, indem man Isabel und mir hätte unterstellen können, dass ich nur in diesem Team sei, weil ich eine Beziehung mit der Trainerin hatte. Später, als wir unsere Beziehung kommunizierten und sie offen lebten, hatte ich nie das Gefühl, dass das Team ein Problem damit hatte.
    Isabel Jud: Im Gegenteil. Ich glaube, wir waren für Athletinnen, die bis zu diesem Zeitpunkt nicht mit Homosexualität in Berührung gekommen waren, Vorbilder. Durch uns wurden sie offener in ihren Ansichten.

Wie hat sich eure Trennung auf die Zusammenarbeit ausgewirkt?

Carla Somaini: Überhaupt nicht negativ. Isabel und ich haben die Trennung gut gemeistert und sind seither sehr eng befreundet.

\*\*\*

Simona Meiler ist 1989 geboren und zusammen mit zwei Schwestern in Flims aufgewachsen. Mit 16 Jahren debütierte sie im Weltcup im Snowboardcross. Im Lauf ihrer Karriere nahm Simona Meiler an drei Olympischen Spielen teil: 2010 in Vancouver, 2014 in

Sotschi und 2018 in Pyeongchang. Nach der Saison 2018 trat sie vom Spitzensport zurück und fokussiert sich seither auf die Wissenschaft. Sie studierte Umweltwissenschaften an der ETH Zürich. Bereits während ihrer aktiven Zeit als Snowboardcrosserin machte sie kein Geheimnis aus ihrer sexuellen Orientierung.

Siehst du dich als Vorbild?

Simona Meiler: Ja, schon. Mein Einflussbereich ist zwar klein, weil ich keine Sportlerin mit einem hohen Bekanntheitsgrad bin. Aber im Kleinen bewege ich etwas, und darum geht es mir auch hauptsächlich. Weil ich offen lesbisch bin, wurde Homosexualität bei uns im Team immer wieder zum Thema. Ich finde es super, wenn junge Athletinnen und Athleten mir Fragen stellen.

Im Vorfeld der Olympischen Spiele in Sotschi hast du im Film «To Russia With Love» mitgewirkt. Dieser Dokumentarfilm geht der Frage nach, wie es für lesbische und schwule Athletinnen und Athleten ist, in einem Land an den Start zu gehen, das Homosexualität nicht duldet. Was wolltest du mit diesem Film bewirken?

Simona Meiler: Ganz ehrlich, ich bin da hineingerutscht, weil meine damalige Liaison, eine Australierin, dafür angefragt wurde. Aber ich hatte nichts dagegen, denn ich verstecke mich und meine sexuelle Orientierung nicht. Im Gegenteil: Ich habe durch meine Qualifikation für die Olympischen Spiele eine Plattform erhalten, die ich gerne genutzt habe, um zu zeigen, dass man als lesbische Sportlerin und Frau sehr gut lebt. Zumindest als Schweizerin und als Schweizer Snowboarderin.

Konntest du dank deiner Offenheit schon etwas bewirken?

Simona Meiler: Ich glaube schon. Nachdem ich in einem Zeitungsartikel als eine von 13 geouteten Athletinnen und Athleten, die an den Olympischen Spielen 2018 teilnehmen, erwähnt wurde, hatte ich etwa 200 Follower mehr auf Instagram. Die Präsenz in den Medien war klein, wenn ich aber dadurch nur schon ein, zwei Menschen bestärken konnte, dann ist das super. Mehr kann ich nicht machen.

Simona Meiler – zweite von rechts auf dem oberen Bild und unten die unterste Fahrerin links – am Weltcupfinal 2013 in der Sierra Nevada. Sie klassierte sich dort auf dem 6. Rang. Im Snowboardcross starten meist sechs Fahrerinnen gleichzeitig. Aufgrund der anspruchsvollen Streckenführung sind Stürze nicht selten. So hat sich Simona Meiler wiederholt Knochenbrüche zugezogen.

Gibt es auch Situationen, in denen du verheimlichst, lesbisch zu sein?

Simona Meiler: Nein. Es gibt aber Situationen, in denen ich einfach keine Lust habe, mein Gegenüber aufzuklären. Zum Beispiel korrigiere ich meinen Gesprächspartner nicht mehr, wenn ich drei Mal «meine Freundin, meine Freundin, meine Freundin» sage und er drei Mal «deine Kollegin, deine Kollegin, deine Kollegin» sagt. Dann will er weder hören noch verstehen, und dann lasse ich ihn in seinem Glauben, dass meine Partnerin meine Kollegin ist.

Konntest du schon immer so selbstbewusst zu deinem Lesbischsein stehen?

Simona Meiler: Das war ein Prozess. Meine erste Freundin hatte ich mit 19. Ich sagte es zuerst meinen Freunden und der Familie und hatte schon etwas Respekt vor den Reaktionen.

Und wie haben sie reagiert?

Simona Meiler: Mein Vater fragte mich als Erstes, ob ich glücklich sei. Als ich dies bejahte, hat er mich umarmt, und die Sache war erledigt. Meine Schwestern haben ähnlich reagiert. Meine Mutter hat zu Beginn Bedenken geäussert, ich könnte es als lesbische Frau schwieriger haben. Diese Bedenken blieben aber unbegründet, und sie freute sich bald mit mir.

***

Olympische Spiele sind der Höhepunkt eines Sportlerinnenlebens. Simona Meiler durfte drei Mal daran teilnehmen. Carla Somaini und Isabel Jud waren 2018 in Pyeongchang das erste Mal mit dabei. Die letzten beiden Austragungsorte der Winterspiele gelten nicht als Länder, die Lesben und Schwulen gegenüber offen eingestellt sind. In Südkorea wird das Thema in der Gesellschaft tabuisiert und gilt als private Angelegenheit. In Russland ist die Homofeindlichkeit offiziell: Vor den Olympischen Spielen in Sotschi hat Russland ein Anti-Homosexuellen-Gesetz verabschiedet, das unter anderem Äusserungen über die gleichgeschlechtliche Lebensweise in Gegenwart von Minderjährigen unter Strafe stellt.

Simona, hast du dir jemals überlegt, die Olympischen Spiele in Sotschi zu boykottieren, um ein Zeichen zu setzen?

Simona Meiler: Im Vorfeld von Sotschi wurde ich viel mit dieser Frage konfrontiert. Aber ich sagte mir, dass ich in einer Randsportart zu Hause, kein Star und keine Berühmtheit bin. Wäre ich nicht hingefahren, wen hätte das interessiert? Niemanden.
Isabel Jud: Ich finde es problematisch, dass man das von Sportlerinnen und Sportlern erwartet. Sie arbeiten vier Jahre oder länger auf ihr grosses Ziel hin, und dann sollten sie darauf verzichten? Ich habe Mühe damit, dass man Sport für die Politik missbraucht.
Simona Meiler: Ich teile diese Meinung. Ich hätte höchstens ein Zeichen setzen können, wenn ich eine Medaille gewonnen hätte und so die Medienaufmerksamkeit hätte nutzen können, um das Thema anzusprechen. Mit einem Boykott hätte ich nichts erreicht.
Carla Somaini: Simona, du wolltest aber beim Rennen ein Zeichen setzen und mit Regenbogenhandschuhen starten, oder?
Simona Meiler: Ich habe zwar Regenbogenhandschuhe, die sind aber gestrickt, und ich kann mit ihnen keine Rennen fahren. Lustiger ist aber die Geschichte mit meiner Schwester und ihrem Regenbogenschal: Den hat sie nach Russland mitgenommen. Als die russischen Zollbeamten am Flughafen das Gepäck durchsuchten, ist meine Mutter vor Nervosität fast gestorben.
Carla Somaini: Noch eine Ergänzung zu dem, was Simona gesagt hat. Der grösste Erfolg meiner Karriere war mein einziger Weltcupsieg im Big Air 2017. Nach dem Sieg gab ich etwa zehn Interviews. Insgeheim hoffte ich auf eine Frage der Journalisten, die auf mein Lesbischsein abzielen würde. Denn ich dachte, wenn ich schon einmal die Medienpräsenz habe, gebe ich Vollgas. Ich hätte mich geoutet und darüber geredet. Nur leider kam die Frage nicht.

Simona, hattest du Angst in Sotschi, da ja bekannt war, dass du lesbisch bist?

Simona Meiler: Nein, überhaupt nicht. Während der Olympischen Spiele lebt man als Sportlerin in einer Blase und ist fokussiert auf den Sport. Das war an allen Spielen gleich: in Vancouver, Sotschi und auch in Südkorea.

Wie war Südkorea für euch?

Isabel Jud: Ich machte ähnliche Erfahrungen wie Simona. Ich konzentrierte mich auf meine Funktion als Betreuerin. Für Privates blieb kaum Zeit. Als Trainerin habe ich mich wohlgefühlt in diesem Land, und die Einheimischen waren sehr gastfreundlich.

Carla Somaini: Ich erlebte Südkorea wohl gleich wie jemand, der nicht lesbisch ist. Tinder funktionierte wie in jedem anderen Land auch (lacht). Mich interessierte aber, wie Südkoreanerinnen über das Lesbischsein denken, und unterhielt mich mit ihnen darüber. Sie meinten, es gäbe lesbische Südkoreanerinnen, und sie würden auch akzeptiert, darüber gesprochen werde aber nicht.

Simona Meiler: Auch in Südkorea überlegte ich mir, ob ich ein Zeichen setzen sollte oder müsste. Ich entschied mich jedoch dagegen, weil ich einfach Snowboard fahren und nicht Menschen bekehren wollte.

Isabel Jud: Ich bin glücklich, in der Schweiz leben zu dürfen und ein gutes soziales Umfeld zu haben. Hier ist für mich als Frau alles Friede, Freude, Eierkuchen. Ich denke aber, dass meine Situation nicht repräsentativ ist für Lesben im internationalen Snowboardsport und auch nicht für alle homosexuellen Frauen in der Schweiz. Wir sind alle drei in einem städtischen oder zumindest offenen und liberalen Umfeld aufgewachsen.

Simona Meiler: Ja, wir sind privilegiert.

Carla Somaini: Und dafür bin ich dankbar. Trotzdem hat die Schweiz noch viele notwendige Schritte zu tun!

Das Gespräch wurde in der Wohnung von Simona Meiler und Carla Somaini geführt, die während ihrer Karriere gemeinsam in einer Profisportlerinnen-WG in Zürich wohnten.

— Isabel Jud, *1976
— Aufgewachsen in Wallisellen, Kanton Zürich
— Sportlehrerin; Nationaltrainerin Snowboard Freestyle Frauen; Verantwortliche Ausbildung Snowboard bei Swiss Ski und Swiss Snowsports
— Weltmeisterin Internationaler Skilehrerverband (ISIA) 2009, Snowboardcross

— Simona Meiler, *1989
— Aufgewachsen in Flims, Kanton Graubünden
— Umweltnaturwissenschaftlerin ETH; Doktorandin
— Gesamtweltcup: 5. Platz 2009/10, Weltcup: zwei Mal 2. Rang 2010
— Olympische Spiele: Vancouver 2010 (9.), Sotschi 2014 (10.), Pyeongchang 2018 (22.)

— Carla Somaini, *1991
— Aufgewachsen in Zürich
— Sportwissenschaftlerin (Bachelor)
— Weltcup: Gold 2017, Snowboard Big Air
— Olympische Spiele: Pyeongchang 2018 (15.)

# Die unerzählten Geschichten des Spitzensports

Patricia Purtschert

Das Verhältnis zwischen Sport und Lesben ist in der Schweiz ein besonderes, und das hat historische Gründe: Die in der Einleitung beschriebene Auflösung des Frauenteams des FC Wettswil-Bonstetten katapultierte Lesben 1994 in die Schweizer Öffentlichkeit.[1] Das Ereignis verhalf der drei Jahre zuvor gegründeten und noch kaum bekannten Lesbenorganisation Schweiz (LOS) zu schweizweiter Publizität. Barbara Brosi, die Mediensprecherin der LOS, trat im Fernsehen und Radio auf und musste in Zeitungen Stellung nehmen zu Aussagen wie «Lesben missbrauchen Mädchen» oder «Lesben sind ‹abverheite› Männer».[2] Es war, schreibt Brosi, als ob die Schweizer Medien «eine ganz neue Spezies Mensch entdeckt» hätten.[3] Diese Formulierung ist zutreffend, denn die Diskussion um den Fussballklub markiert eine Zäsur. Zum einen wurden Lesben durch den Skandal im Fussballklub auf eine gänzlich neue Weise sichtbar. Zum anderen zeigen die Medienberichte, dass die mediale Öffentlichkeit tatsächlich mit der Frage rang, was für eine «Spezies Mensch» Lesben sind. Krude Vorurteile wechseln sich darin mit einem aufklärerischen Gestus ab, Sympathiekundgebungen mit einer grossen Erleichterung darüber, dass Lesben freundliche Menschen bleiben, auch wenn sie über erfahrenes Unrecht sprechen. Das Eintrittsticket zu den Medien, resümiert Brosi, besteht in der Kunst, «massiv diskriminiert zu werden, darauf jedoch stets nur frisch und positiv hinzuweisen».[4] In dieser Haltung gegenüber Lesben kam ein Normalisierungsangebot zum Ausdruck, das bis heute besteht: «Ihr dürft zu uns gehören, wenn ihr uns und unsere Welt unverändert lässt.»

Gerade wegen der Tendenz, die Erfahrungen frauenliebender Frauen nach einer langen und längst nicht beendeten Geschichte des Unsichtbarmachens und Pathologisierens nun allzu schnell als «Variante unserer Normalität» einzuordnen, ist ein Buch wie das vorliegende so wertvoll. Denn es beinhaltet Geschichten von Sportlerinnen, die aus *deren* Perspektive erzählt werden: Geschichten von Frauen, die erst die Schweiz verlassen und in die USA, nach Schweden oder Australien reisen mussten, um herauszufinden, wie sie lieben und leben wollen. Es sind Geschichten, die zeigen, dass die Diskriminierung von Lesben nicht einfach Geschichte ist. So haben die Tänzerinnen Jasmin Hauck und Cecilia Wretemark, die gemeinsam ein Kind bekommen, genug von der Ungleichbehandlung hetero- und homosexueller Menschen in der Schweiz.

Sie ziehen um in ein Land, das ihr Familienmodell unterstützt. Es sind Geschichten, die zeigen, wie schwer es war, ohne homosexuelle Vorbilder im Sport aufzuwachsen, als es, wie die Fussballerin Lara Dickenmann erzählt, keine Person in der Öffentlichkeit gab, «die dazu stand, lesbisch oder schwul zu sein». Dokumentiert wird auch, wie lesbischen Frauen Sexualität zu- und abgesprochen wird. So negierte der Vater der Handballerin Jacqueline Blatter die sexuelle Dimension der lesbischen Beziehung seiner Tochter, indem er sie als Geschwisterliebe bezeichnete. Gleichzeitig behauptete ihre Mutter, eine Lesbe sollte nicht Sportlehrerin werden. Beides, die Sexualisierung ihrer beruflichen Tätigkeit und die Entsexualisierung ihrer Liebesbeziehung zielte an ihren eigenen Erfahrungen vorbei, verletzte und verunsicherte sie aber nachhaltig.

Es ist wichtig, solche Geschichten zu erinnern, weil sie die verbreitete liberale Erzählung verkomplizieren, wonach Lesben heutzutage in der Schweiz kaum oder gar nicht mehr diskriminiert würden. Sie machen deutlich, dass die vielen kleinen und grossen Unrechtserfahrungen, die frauenliebende Frauen in ihrem Leben gemacht haben, nicht einfach verschwunden sind. «Heute würde ich früher sagen, was Sache ist», sinniert Renata Bucher, die ihr Coming-out auch aus Angst vor der Reaktion ihrer Sponsoren aufgeschoben hatte. Für eine heterosexuelle Öffentlichkeit mag es einfach sein zu vergessen, dass viele frauenliebende Frauen in einer Welt gross geworden sind, die Lesben feindlich gesinnt war. Die betroffenen Frauen leben aber weiter mit diesen Erinnerungen, die sich oftmals nicht vom Gang, den ihr Leben genommen hat, trennen lassen.

Die Geschichten in diesem Buch erzählen auch vom Widerstand und der Gestaltungskraft frauenliebender Frauen, die vieles zur Veränderung der Sportwelt in den letzten Dekaden beigetragen haben. Das betrifft zum einen die Bekämpfung der patriarchalen Machtstrukturen und der vielfältigen Formen des Sexismus im Sport. Eindrücklich ist die Geschichte von Katharina Sutter, die in den 1990er-Jahren die alten Bobschlitten der Männer mit Klebeband flickte, um Rennen fahren zu können. Sie musste sich als Frau die Bedingungen für die Teilnahme am Bobfahren von Grund auf und gegen grossen Widerstand selbst erschaffen. Zum anderen wehrten sich frauenliebende Frauen erfolgreich gegen die weitverbreitete Lesbenfeindlichkeit im Sport. Denn in einer patriarchalen Sportwelt, in der Frauen weiblich bleiben und dennoch männlich definierte Höchstleistungen erbringen sollen, steht die Figur der

Lesbe für eine besondere Gefahr. Insbesondere in Sportarten, die als «hart» gelten und entsprechend prestigeträchtig sind, verkörpert sie in abwertender Weise eine Athletin, die ihre Weiblichkeit zu verlieren und zu «vermännlichen» droht. So wurde die Boxerin Bettina Schelker, die als Jugendliche auch Fussball gespielt hatte, von ihrer Trainerin angewiesen, das Händchenhalten mit ihrer Freundin zu unterlassen, weil es dem «Ruf des Frauenfussballs» schade. Frauenliebende Frauen bringt diese Situation in eine schwierige Lage: Sie können sich nicht nur, wie ihre heterosexuellen Kolleginnen, von einem solch verzerrten Lesbenbild distanzieren, sondern müssen gleichzeitig um die Anerkennung eines anderen Bildes von frauenliebenden Frauen ringen, eines, das mit *ihrem* Leben, *ihren* Erfahrungen und *ihrer* Selbstwahrnehmung zu tun hat.

Dieses Buch erzählt ganz unterschiedliche Geschichten davon, wie das gelingen kann. Einige porträtierte Frauen schafften es, trotz der Präsenz diskriminierender Vorstellungen vom Lesbischsein «gerade heraus und ehrlich» damit umzugehen, wie es die Kickboxerin Eveline Lehner formuliert. Der Mountainbikefahrerin Nathalie Schneitter gelang es, die Kraft der Wut, die sie nach einem schwierigen Coming-out in sich trug, für einen Medaillengewinn zu nutzen. Sie wollte und konnte es damit «allen beweisen», dass nämlich ihre Liebe zu einer Frau sie nicht von sportlichen Höchstleistungen abhielt. Die Orientierungsläuferin Tyna Fritschy vermochte es, ihr Anderssein für ihre Kritik am Spitzensport und für das Aufkünden der geforderten Komplizität mit einem System zu nutzen, das sie als einengend und ungesund erlebte. Das Buch erzählt aber auch auf berührende Weise von kollektiven lesbenfreundlichen Räumen im Sport. Für Tatjana Haenni war es nicht schwierig, ihren Gefühlen für Frauen Raum zu geben, weil lesbische Begehrensweisen im Umfeld des Frauenfussballs «total natürlich» seien. Gerade weil er in der öffentlichen Wahrnehmung inexistent war, entstand ein Freiraum, den es in einer Zeit, in welcher der Frauenfussball zunehmend entdeckt, beworben und vermarktet wird, in dieser Weise nicht mehr gibt. Solche Erzählungen fordern uns auf, nicht vorschnell davon auszugehen, dass alles einer progressiven Logik folgend immer besser wird, sondern auch darüber nachzudenken, wie es frauenliebenden Frauen immer schon gelungen ist, Räume zu erschaffen, in denen andere Formen von Sexualität, Begehren und Liebe gelebt werden konnten. Auch diese wichtige Geschichte erzählt dieses Buch. Und verweist damit auf all die vielen Geschichten, die noch unerzählt sind.

# Anmerkungen

1 Sex-Skandal im Fussballklub, in: Blick, 02.04.1994.
2 «Lesben sind ansteckend!»... und 6 weitere Vorurteile, in: Blick, 14.04.1994, S. 6.
3 Geduld und Heiterkeit, in: WoZ Die Wochenzeitung, 24.06.1994.
4 Ebd.

# Autorinnen und Fotografin

Das Autorinnenquintett: Seraina Degen, Marianne Meier, Corinne Rufli, Monika Hofmann und Jeannine Borer (von links oben im Uhrzeigersinn).

Jeannine Borer (B.A., 1982) ist im Kanton Basel-Landschaft aufgewachsen und lebt heute in Zürich. Sport ist der rote Faden in ihrem Leben – als Leichtathletin wurde sie in ihrer Jugend zwei Mal Schweizer Meisterin im Weitsprung und qualifizierte sich für die Jugend-Weltmeisterschaften. Nach dem Sportstudium an der Universität Basel arbeitete sie als Sportlehrerin am Gymnasium Münchenstein. Danach war sie mehrere Jahre beim Sportamt Basel-Stadt zuständig für politische Geschäfte. Seit 2013 ist sie beim Schweizer Radio und Fernsehen tätig: zuerst als Produzentin, Moderatorin und Redaktorin beim Regionaljournal Basel, heute als Produzentin bei SRF Sport. Daneben ist sie Geschäftsführerin der kommUniq GmbH.
Porträts: Jacqueline Blatter, Sabina Hafner, Isabel Jud / Simona Meiler / Carla Somaini, Maja Neuenschwander, Marianne Rossi, Katharina Sutter, Christa Wittwer

Seraina Degen (BLaw, 1986) spielte als Torhüterin lange leidenschaftlich Fussball, heute bleibt sie beruflich am Ball. Im Kanton Basel-Landschaft aufgewachsen und in Basel wohnhaft, erwarb sie an der Universität Basel 2012 den Bachelor of Law und schloss 2015 den Diplomlehrgang Journalismus am MAZ in Luzern ab. Sie war

langjährige Mitarbeiterin auf der Sportredaktion der *Basler Zeitung,* Redaktorin bei Telebasel und schrieb ehrenamtlich für das *Frauenfussball Magazin*. Seit Januar 2017 ist sie Redaktorin bei SRF Sport und ist daneben für diverse Fussballmagazine sowie als Kolumnistin tätig. 2017 gab sie als Co-Autorin «Das goldene Buch des Schweizer Frauenfussballs» heraus.
Porträts: Ramona Bachmann, Renata Bucher, Lara Dickenmann, Barbara Ganz, Tatjana Haenni, Nora Häuptle, Nathalie Schneitter, Emilie Siegenthaler

Monika Hofmann (M.A., 1982) ist in Bern geboren und aufgewachsen, hat Germanistik, Hispanistik und Gender Studies studiert und arbeitet am Interdisziplinären Zentrum für Geschlechterforschung der Universität Bern. Neben ihrer Tätigkeit als wissenschaftliche Mitarbeiterin engagiert sie sich als Kulturjournalistin beim nicht kommerziellen Berner Radio RaBe und im Literaturverein Literaare. Sportlich ist sie seit gut 18 Jahren dem klassischen Boxen treu; ab 2002 als Studentin beim Unisport, 2013 als lizenzierte Boxerin, seit 2016 als Punktrichterin des Schweizerischen Boxverbands SwissBoxing und seit 2017 zusätzlich auch als Boxtrainerin.
Porträts: Tanya Ertürk, Jasmin Hauck / Cecilia Wretemark, Eveline Lehner, Bettina Schelker, Evelyne Tschopp

Marianne Meier (Dr. phil., 1976) ist Historikerin und Sportpädagogin. Im Kanton Freiburg aufgewachsen, befasst sie sich seit Jahren mit dem facettenreichen Wandel durch, im und um den Sport. Ihre Schwerpunkte umfassen dabei Diversität, Menschenrechte, Empowerment, Inklusion sowie Monitoring und Evaluation. Nach ihrem Studium an den Universitäten Freiburg, Bern, Siena und North Carolina promovierte sie an der TU München über «Vorbilder im Sportkontext» mit Fokus auf Sambia, Malawi und Südafrika. Zuvor beleuchtete sie mit ihrem Buch «Zarte Füsschen am harten Leder» (2004) die Geschichte des Schweizer Frauenfussballs. Zurzeit ist sie am Interdisziplinären Zentrum für Geschlechterforschung der Universität Bern tätig und unterrichtet im In- und Ausland.
Porträt: Ruth Meyer und Einführungstext «Über lesbische Heldinnen im Spitzensport»

Corinne Rufli (lic. phil., 1979) schloss ihr Geschichtsstudium an der Universität Zürich mit einer Oral-History-Studie zu älteren, lesbischen Frauen in der Schweiz ab. Diese Arbeit diente ihr als

Basis für ihre Publikation «Seit dieser Nacht war ich wie verzaubert. Frauenliebende Frauen über siebzig erzählen» (2015). Sie arbeitete als Redaktorin für Tageszeitungen und leitete ein Kulturmagazin. Seit Jahren setzt sich die Badenerin für die Sichtbarkeit lesbischer Frauen ein, hält Vorträge und macht Lesungen im In- und Ausland, führt Lesbenspaziergänge durch Zürich und ist Mitinitiantin der Plattform www.l-world.ch. Sie forscht nun als Doktorandin in einem Nationalfondsprojekt zur Schweizer Lesbengeschichte. In ihrer Fussballkarriere als Stürmerin kam sie nie über die Amateurliga hinaus, spielt aber bis heute aktiv und passioniert in einem Verein. Ihr ursprünglicher Beweggrund, in den FC zu gehen, war, andere lesbische Frauen kennenzulernen. Das hat geklappt.
Porträts: Martina Aeschlimann, Monika Bühlmann, Tyna Fritschy, Rosmarie Oldani

Lilian Salathé Studler (1988) lebt und arbeitet in Bern. Die gelernte Polygrafin setzte sich bereits während ihrer Ausbildung mit Fotografie auseinander und erweiterte ihre Kompetenzen beim Fotografen Ruben Ung. Seit 2015 arbeitet sie selbstständig in den Bereichen Fotografie und Grafik. Menschen stehen in ihren Arbeiten im Fokus, und es ist ihr wichtig, die Porträtierten in ihrer vertrauten Umgebung nahbar abzulichten. www.liliansalathe.ch

# Abbildungsverzeichnis

Wenn nicht anders vermerkt, stammen die Fotografien aus den Privatarchiven der Porträtierten.

S. 42, unten: Lara Dickenmann, fotografiert von Seraina Degen
S. 86: Nathalie Schneitter, fotografiert von Michele Mondini
S. 122, unten: Tatjana Haenni, fotografiert von Peter Ganser
S. 149: Maja Neuenschwander, fotografiert von Norbert Wilhelmi
S. 156: Ruth Meyer, fotografiert von Daniel Käsermann
S. 165, oben: Nora Häuptle, fotografiert von Chris Blattmann
S. 175: Jasmin Hauck und Cecilia Wretemark, © Theater St.Gallen, Andreas J. Etter
S. 193, unten: Ramona Bachmann, fotografiert von Stephanie Sonderegger
S. 219, oben: Tanya Ertürk, fotografiert von Damian Keller
S. 226: Renata Bucher, fotografiert von Takamitsu Usami
S. 254: Simona Meiler, fotografiert von FIS/Oliver Kraus

# Dank

Die Autorinnen danken von Herzen:
Sarah Akanji für den wunderschönen Auftakt | Bänz Friedli für den unermüdlichen Einsatz im Hintergrund und für alle Quotes und Goodies | Elia Meier, unser Brain und Inputer*in in Sachen Social Media und Crowdfunding #swisslesbianathletes | Eva Neugebauer, die uns stets so wertvoll und engagiert mit Rat und Tat zur Seite gestanden und alle unsere Texte gelesen und beurteilt hat | Patricia Purtschert für das wichtige Nachwort | Gabriela Rauber für das Catering an der Vernissage | Lilian Salathé Studler für den grossartigen Einsatz und die wunderbaren Porträtfotos | Stephanie Sonderegger für das mitreissende Video und die zuverlässige Hilfe bei Social Media | Aissa Tripodi fürs Mitdenken, Dabeisein und die Gastfreundschaft während der Sitzungen in Basel | Team Verlag Hier und Jetzt für die stets gute und produktive Zusammenarbeit.

Der grösste Dank gebührt allen porträtierten Sportlerinnen für ihre Offenheit und das entgegengebrachte Vertrauen. Danke für die wunderbaren Begegnungen.

Ein weiteres grosses Dankeschön geht an die Menschen, die uns während des ganzen Projekts auf unterschiedlichste Weise immer wieder unterstützt haben: Michèle Amacker, Nadja Grossen, Sandra Hegnauer, Janine Lüthi, Gwendolin Mäder, Vanessa Näf, Doris Ramseier, Zeinab Serage, Léa Spirig und Joel Studler; unsere Familien und unsere Freundinnen und Freunde.

Vielen Dank allen grosszügigen Geldgeber\*innen, die zur Realisierung dieser Publikation beigetragen haben:

Schweizerischer Nationalfonds (SNF), Agora
E.E. Zunft zu Hausgenossen
Paul Schiller Stiftung, Zürich
Swisslos-Fonds Aargau
Burgergemeinde Bern
SwissBoxing
Fonds Respect – Der LGBT+ Fonds von LOS, TGNS & Pink Cross
Tanzleila

Stiftung Interfeminas
Verein Frauenzentrum Zürich
Stiftung für staatsbürgerliche Erziehung und Schulung
Stiftung für Erforschung der Frauenarbeit
Swiss Olympic
Schweizerischer Fussballverband SFV
FELS – Freundinnen, Freunde, Eltern von Lesben und Schwulen
Gemeinnütziger Frauenverein Baden

Alle Booster\*innen auf Crowdify
Alle privaten und anonymen Gönner\*innen

# Impressum

Der Verlag Hier und Jetzt wird vom Bundesamt für Kultur mit einem Strukturbeitrag für die Jahre 2016–2020 unterstützt.

Dieses Buch ist nach den aktuellen Rechtschreibregeln verfasst. Quellenzitate werden jedoch in originaler Schreibweise wiedergegeben. Hinzufügungen sind in [eckigen Klammern] eingeschlossen, Auslassungen mit [...] gekennzeichnet.

Umschlagbild: Bettina Schelker, fotografiert von Matthias Willi
Porträtfotografie: Lilian Salathé Studler, Bern
Lektorat: Stephanie Mohler, Hier und Jetzt
Gestaltung und Satz: Simone Farner, Naima Schalcher, Zürich
Druck und Bindung: CPI books GmbH, Ulm

2. Auflage 2020
© 2020 Hier und Jetzt,
Verlag für Kultur und Geschichte GmbH,
Baden, Schweiz
www.hierundjetzt.ch

ISBN Druckausgabe 978-3-03919-502-2
ISBN E-Book 978-3-03919-962-4